GEORGES GUIONIC

CHEF DE BATAILLON BREVETÉ
au 69ᵉ Régiment d'Infanterie

De Bourges

à Villersexel

(20 DÉCEMBRE 1870 — 10 JANVIER 1871)

8 CROQUIS ET 1 CARTE D'ENSEMBLE

PARIS

HENRI CHARLES-LAVAUZELLE

Éditeur militaire

10, Rue Danton, Boulevard Saint-Germain, 118

—

(MÊME MAISON A LIMOGES)

DE BOURGES A VILLERSEXEL

GEORGES GUIONIC

CHEF DE BATAILLON BREVETÉ
au 69ᵉ Régiment d'Infanterie

De Bourges à Villersexel

(20 DÉCEMBRE 1870 — 10 JANVIER 1871)

8 CROQUIS ET 1 CARTE D'ENSEMBLE

PARIS

HENRI CHARLES-LAVAUZELLE

Éditeur militaire

10, Rue Danton, Boulevard Saint-Germain, 118

—

(MÊME MAISON A LIMOGES)

AVERTISSEMENT

L'auteur avait eu d'abord simplement l'idée d'étudier au point de vue tactique quelques détails du combat de Villersexel. Il a été bientôt conduit à étendre le champ de ses recherches : il en est résulté le travail qui va suivre.

C'est qu'en effet, si le combat de Villersexel n'est, en lui-même, qu'un épisode de la lutte dans le bassin de la Saône, il prend une importance singulière dès qu'on en considère les causes et les conséquences; et, en méditant sur l'enchaînement, si bizarre en apparence, mais en définitive si logique, des faits qui se sont succédé sur ce théâtre d'opérations depuis le 20 décembre jusqu'à la fin de janvier, plus d'un militaire se demandera comme nous si, dès le 9 janvier à 7 heures du soir, le destin de l'armée de l'Est n'était pas irrévocablement arrêté, de même que le sort de l'armée de Châlons fut virtuellement déterminé dès le 27 août.

Il a donc paru utile de faire précéder l'examen détaillé du combat du 9 janvier d'un exposé, aussi court que possible, de l'ensemble des circonstances dans lesquelles il s'est produit et des événements dont il a été la conséquence.

Dans l'essai que nous présentons aujourd'hui, nous avons cherché à rétablir aussi exactement que possible les faits qui se sont passés, et, par conséquent, à mettre un peu d'harmonie dans les multiples récits qui en ont été donnés.

Les sources auxquelles on a puisé, en particulier dans la riche collection de la bibliothèque de l'Ecole supérieure de guerre, sont nombreuses : on pourra s'en rendre compte par un coup d'œil jeté sur l'index bibliographique. Elles sont loin d'avoir toutes la même valeur. Aussi, sans vouloir faire ici une critique complète de ces divers documents, on croit cependant convenable d'en dire quelques mots.

Les publications allemandes qui traitent de la campagne de 1870-1871 peuvent se diviser en deux catégories distinctes dont la première comprend l'ouvrage du grand état-major et ceux qui en dérivent : c'est la plus abondante. La seconde renferme tous les travaux qui ont été établis soit antérieurement, soit postérieurement à la publication de la relation officielle et qui, basés tantôt sur des récits de témoins oculaires, tantôt sur des relations ou des rapports émanant d'unités secondaires, sont plus ou moins en désaccord dans le fond et dans la forme avec les ouvrages de la première catégorie.

La relation du grand état-major, on l'a dit souvent, est un remarquable traité de tactique générale. Elaboré avec une rapidité qui fait le plus grand honneur à ses auteurs, elle offre, pour cela même, certaines obscurités, certaines contradictions qui n'échappent plus aujourd'hui au lecteur attentif. Sans vouloir citer tous les écrivains qui ont constaté ces imperfections, — absolument excusables d'ailleurs, — rappelons seulement, avec les études passionnées de M. le capitaine allemand F. Hœnig, le livre magistral que M. le général Bonnal a consacré à la bataille de Frœschwiller (1).

Les ouvrages qui ont pris pour base la relation officielle renferment évidemment les mêmes inexactitudes de détail et l'on peut dire d'eux comme du premier que, s'ils offrent de la lutte un tableau exact dans ses grandes lignes, le détail en est trop flou et souvent insuffisamment étudié.

Pour les documents rentrant dans la deuxième catégorie, il faut encore faire une distinction entre les historiques qui ont paru avant la publication de « *La Guerre franco-allemande* » et les œuvres de critique militaire postérieures.

En ce qui concerne la période qui nous occupe, il faut ranger dans les premiers un certain nombre d'historiques de corps de troupe, l'ouvrage de Löhlein et quelques autres. Précieux pour certains détails, ils pèchent généralement au regard des vues d'ensemble. Ils n'en sont pas moins très utiles à consulter et donnent au sujet des stationnements, des marches et des combats, des indications de temps et de lieux extrêmement précieuses. Quelques-uns fournissent même sur l'état d'âme des troupes des renseignements tout à fait importants.

Quant aux autres, et spécialement pour les opérations du XIVᵉ corps, nous donnerons une mention particulière aux livres de M. de Wengen et à celui de M. le major Kunz.

Les livres de M. de Wengen ont quelque peu l'allure et le ton d'œuvres de polémique. Il s'agissait pour l'auteur, tout au moins dans le premier de ses ou-

---

(1) Les nombreuses et remarquables monographies que publie depuis quelque temps le grand état-major de Berlin semblent prouver que cette opinion est partagée à l'hôtel de la Moltke-strasse.

vrages, de s'élever vigoureusement contre ce qu'il appelle le « *Belfort Kultus* ». C'était un état d'âme qui existait dans le grand-duché de Bade et en Wurtemberg vers l'année 1875 et qui faisait considérer le général de Werder et le XIVe corps comme les seuls et véritables sauveurs de l'Allemagne du Sud en janvier 1871.

Réclamant sans se fatiguer des renseignements à tous les officiers qui avaient participé aux opérations, doué d'un sens critique développé, servi d'ailleurs par une plume élégante, M. de Wengen s'est efforcé, avec la patience d'un bénédictin passionné, de rétablir les faits « dans le temps et dans l'espace ». Sur bien des points, il semble avoir réussi; et, en définitive, les auteurs qui étudieront désormais cette période de notre histoire contemporaine devront lui faire plus d'un emprunt. La vivacité de son style, comme son argumentation quelque peu agressive, lui ont valu, dit-il, beaucoup d'ennemis, à commencer par le général de Werder lui-même. Il n'en est pas moins vrai que ses livres fourmillent de renseignements précieux et que ses adversaires eux-mêmes ont dû rendre hommage à son amour de la vérité historique.

De tout autre allure est l'ouvrage de M. le major Kunz. C'est là de l'histoire étudiée avec une soigneuse impartialité (1).

M. Kunz a eu à sa disposition les archives militaires de Berlin; il s'en est servi avec méthode. Sans doute, il a subi — (et qui l'en blâmerait ?) — l'influence du général de Leczynski, l'ancien chef de l'état-major du général de Werder. Son âme d'historien a su résister

____

(1) Disons cependant que cette impartialité ne nous semble pas absolument complète vis-à-vis des jeunes troupes de l'armée de l'Est.

presque toujours victorieusement à ces subjectivités, et, en dernière analyse, il faut convenir que son œuvre est encore ce qui a été écrit de plus sérieusement étudié sur cette période de la campagne.

Les documents français, eux aussi, sont nombreux mais d'importance bien inégale. Mettons à part dès maintenant l'histoire générale de M. le colonel Rousset dont l'abondance d'informations inédites, la sûreté de documentation et la précision narrative ont été déjà appréciées de tous.

En fait de renseignements de première main, nous n'avons que les historiques des corps, des relations assez nombreuses dues à des officiers de la garde mobile, les documents bien écourtés et bien incomplets en ce qui regarde la période du commencement de janvier, fournis par l'enquête parlementaire, et quelque rares « Souvenirs », sérieusement écrits, comme le *Journal de marche de la division Penhoat.*

Les historiques des corps sont, pour le plus grand nombre, d'une insuffisance lamentable. Beaucoup consacrent tout juste quatre ou cinq pages à toute la campagne de l'Est. Il faut cependant faire une exception pour celui du 42ᵉ de marche qui, rédigé d'après les notes journalières prises par le colonel, présente une précision remarquable.

Les historiques des régiments d'artillerie sont muets, pour la plupart, sur le combat du 9 janvier, ou disent tout simplement que la nᵉ batterie « a tiré le canon ».

Quant aux relations dues aux officiers de la garde mobile, elles sont surtout anecdotiques. Rédigées presque toutes dans un excellent esprit, elles donnent l'impression d'avoir été écrites par de très braves gens, ne marchandant ni leurs peines ni leurs fatigues, ne connaissant d'ailleurs rien ou presque rien des choses militaires, mais supportant avec un courageux patriotisme, quelquefois même avec bonne humeur, les souffrances physiques qui leur étaient imposées. Sans doute elles renferment bien des exagérations; elles fourmillent d'inexactitudes. Les auteurs n'en sont-ils pas bien excusables, qui, pour la plupart, avaient quitté leur confortable foyer et toutes ses douceurs, pour être lancés, sans préparation, avec des jeunes gens qui n'étaient soldats que de nom, au milieu de la tourmente militaire la plus considérable du siècle ? Qu'on lise, par exemple, le petit livre que M. de Vaulchier a consacré à *ses mobiles*, aux mobiles du Jura, et l'on verra si ce récit alerte, marqué au coin du meilleur patriotisme, tout pénétré de sollicitude pour le « troupier », ne réconforte pas l'âme au milieu des émotions et des tristesses que cause l'étude de cette période.

Citons encore l'historique des mobiles du Cher qui, rédigé par le commandant du régiment, ancien officier de l'armée active, expose avec sobriété et exactitude les opérations du corps.

Les autres relations manquent généralement de précision. On y trouve cependant à glaner des indications importantes sur les points de stationnement, les routes suivies et quelquefois même sur les heures de départ des colonnes. Ce sont là des éléments de recoupement qui ne sont pas à dédaigner, surtout si l'on considère l'obscurité qui a régné jusqu'ici sur les opérations des armées de province.

Parlerons-nous maintenant des ouvrages écrits au lendemain même de la guerre, par des auteurs dont les tendances « justificatives » ne s'accusent que trop vite? Il faut les lire, assurément, mais les lire avec une certaine circonspection.

Nous devons aussi dire un mot de l'*Armée de l'Est*

du commandant Sergent (Grenest). C'est à proprement parler la juxtaposition des documents qu'avait réunis M. Amédée Le Faure lorsqu'il se mit à écrire l'histoire de la guerre. Conçue à un point de vue quelque peu étranger à la critique historique, cette compilation amusante n'a pas beaucoup de valeur absolue. On y trouve cependant, au milieu de récits plus ou moins dramatisés, quelques renseignements isolés dont l'intérêt n'est pas discutable.

Après cette courte revue, nous arrivons à deux ouvrages vraiment sérieux, parus depuis quelque temps. Le premier est l'*Armée de l'Est*, de M. le colonel fédéral Secrétan. C'est un bon livre, impartial et du meilleur esprit philosophique. De la hauteur à laquelle il s'est placé, l'auteur n'a eu ni la volonté ni la possibilité de scruter les détails de la campagne. Il a fait avant tout une œuvre d'ensemble démontrant victorieusement l'erreur de ces politiques à courte vue qui croient que, du sol, il est possible de faire sortir des armées de milices susceptibles de tenir la campagne en face d'armées permanentes.

Le second ouvrage, essentiellement narratif, est l'*Armée de l'Est*, de M. Pierre Lehautcourt. C'est aussi un bon livre qui résume très exactement tout ce qui a été publié sur la question. Mais c'est un ouvrage peu volumineux et, pour cela même, le récit que M. Lehautcourt fait de l'affaire de Villersexel n'a reçu qu'un développement relativement restreint.

Telles sont les sources auxquelles l'auteur a puisé. Il a complété ces renseignements en demandant à des témoins oculaires de lui faire part de leurs souvenirs. Qu'il lui soit permis de leur témoigner ici toute sa reconnaissance.

En rapprochant ces documents les uns des autres, en

contrôlant les unes par les autres les heures données pour certains événements par les diverses relations, il a cherché à rétablir, avec toute l'impartialité possible, les faits dans leur exactitude.

Les réflexions que lui a suggérées l'étude de cette période de la campagne lui feront peut-être encourir le reproche d'avoir voulu juger des hommes qu'il n'a pas connus et des événements auxquels il n'a point été mêlé. Il est nécessaire d'indiquer ici l'esprit dans lequel ces observations et ces réflexions sont présentées au lecteur.

Nul plus que l'auteur — et on le verra à la lecture de cet essai — n'éprouve de respect et même d'admiration pour les hommes, qui, dans des circonstances aussi pénibles, ont eu à organiser, diriger et conduire au feu les troupes du gouvernement de la Défense nationale. Pour l'accomplissement de leur mission, ils ont fait, certes, tout ce que leur conscience, leur éducation antérieure, le milieu même dans lequel ils se sentaient vivre, leur indiquaient comme la limite du possible. S'ensuit-il qu'ils ne se soient jamais trompés? N'a-t-il pas pu arriver que leur situation antérieure, les circonstances dans lesquelles ils avaient vécu jusqu'alors, la façon même dont ils avaient accoutumé de diriger leur pensée, les aient parfois conduits à envisager les événements sous un angle spécial et à adopter un système dont la doctrine militaire actuelle peut ne pas approuver tous les principes ?

Si l'étude concrète d'événements de cet ordre permet de mettre au jour tout ce qu'une nation, dans ses chefs comme dans ses plus humbles éléments, renferme d'énergie, d'intelligence et de ressort, seule aussi elle autorise à faire toucher du doigt ce qui a fait défaut pour assurer le succès. C'est là le privilège de l'histoire : c'est avec sérénité qu'il faut en faire ressortir

les enseignements; avec sérénité aussi qu'il faut les
recevoir. Les réflexions qu'inspirent les événements ne
touchent nullement les hommes : elles visent un ensemble, une époque, un milieu dont l'individu, en dehors
de l'exception du génie, subit inéluctablement les influences.

Quant à notre adversaire, on voudra bien nous pardonner de ne pas nous associer sans réserves au concert d'admiration qui a salué le retour en Allemagne du
général de Werder.

Quelquefois même nous nous trouvons en opposition, à ce sujet, avec les opinions généralement admises; nous donnons les raisons de nos appréciations :
on les jugera.

Certes, nous admirons le caractère, l'énergie, la souplesse d'intelligence du général allemand, comme aussi
son profond sentiment du devoir: nous reconnaissons
volontiers la « capacité opérative », suivant l'expression
allemande, qu'il a su donner à ses troupes; mais nous
nous permettons de penser que les combinaisons qui
ont voulu mettre ces qualités en œuvre sont loin d'échapper à toute critique; que souvent les conceptions
du commandant du XIVe corps ne correspondaient qu'à
une situation quelque peu « imaginative » et que, plus
d'une fois, les dispositions qui en étaient les conséquences n'ont trouvé leur réalisation que parce que les
hypothèses auxquelles elles devaient répondre ne se
sont pas vérifiées.

Mais, quoi qu'il pense de ces appréciations, que le
lecteur veuille bien être persuadé que l'étude de cette
courte période a trop bien montré à l'auteur les conditions extraordinairement pénibles dans lesquelles elle
s'est développée pour qu'il ait pu oublier un instant que
« la critique est aisée et l'art est difficile ».

Pont-Saint-Vincent, mars 1902.

BIBLIOGRAPHIE

Enquête parlementaire sur les actes du gouvernement de la Défense nationale.

Lieutenant-colonel Rousset : *Histoire générale de la guerre 1870-1871.*

De Freycinet : *La guerre en province.*

Lehautcourt : *L'Armée de l'Est.*

Colonel fédéral Secrétan : *L'Armée de l'Est (1894-95).*

Section historique du grand état-major allemand : *La guerre de 1870-71.*

Maréchal de Moltke : *La guerre de 1870-71.*

D'Eichtal : *Le général Bourbaki.*

Correspondance du maréchal de Moltke.

Capitaine Löhlein : *Les opérations du corps du général de Werder (1874).*

Major Kunz : *Les combats décisifs du général de Werder en 1871 (1895).*

Von der Wengen : *Les combats devant Belfort et la vérité historique (1899).*

Penhoat : *Journal des marches et combats de la 1re division du 18e corps (1871).*

Aube : Le 20e corps de l'armée de la Loire (*Revue des Deux-Mondes*, juillet 1871).

Henri Genevois : *Les dernières cartouches.*

D'Ussel : *Campagne d'un volontaire sur la Loire et dans l'Est.*

Historiques allemands.

30e régiment d'infanterie.

34e régiment d'infanterie.

25e régiment d'infanterie.

111e régiment d'infanterie (3e badois).

14e régiment d'artillerie.

Historiques français et documents analogues.

42ᵉ régiment d'infanterie.
44ᵉ régiment d'infanterie.
52ᵉ régiment d'infanterie.
92ᵉ régiment d'infanterie.
47ᵉ régiment d'infanterie.
 5ᵉ dragons.
 5ᵉ cuirassiers.
 2ᵉ d'artillerie.
 6ᵉ d'artillerie.
14ᵉ d'artillerie.
 3ᵉ zouaves.

Journal de marche du 2ᵉ bataillon des mobiles de la Meurthe.
Historique du 19ᵉ régiment de mobiles (Cher).
De Vaulchier : *Garde mobile du Jura. — Opérations militaires.*
Garde mobile de la Loire (1).
Garde mobile de la Haute-Garonne (1).
Garde mobile de la Savoie (1).
Garde mobile du Haut-Rhin (1).
1ʳᵉ légion de mobilisés du Rhône (1).
Grenest : *L'Armée de l'Est.*
Etc., etc.

----

(1) Nous n'avons pas jugé nécessaire de citer les titres des nombreuses brochures qu'on peut considérer jusqu'à un certain point comme constituant l'historique des diverses unités de la garde mobile. On pourra retrouver ces titres dans la *Bibliographie de la guerre de 1870-71*, de M. le colonel Palat.

INTRODUCTION

La défaite de l'armée de la Loire à Patay, la reprise d'Orléans par les Allemands, le recul général qui avait été la conséquence de ces deux événements, avaient placé les armées françaises dans la situation la plus triste. Sans doute le général Chanzy, avec son énergie admirable, avait réussi en peu de jours à remettre de l'ordre et de la cohésion dans les trois corps qui constituaient désormais la II⁰ armée de la Loire et il avait pu livrer, avec des troupes aussi éprouvées, les combats honorables des lignes de Josnes. Sans doute, on terminait à Lyon l'organisation d'un nouveau corps d'armée et le demi-succès remporté à Nuits le 30 novembre par le général Cremer était à considérer au point de vue moral. Sans doute Langres, Besançon et Belfort tenaient toujours suivant l'exemple de Mézières et de Bitche. Mais hélas ! c'était tout. Dans le Nord, l'armée en formation avait dû évacuer Amiens; en voie de réorganisation sous l'impulsion vigoureuse du général Faidherbe, elle devait se borner à préparer une offensive qui ne se produirait que vers la fin du mois de décembre.

Quant aux 15⁰, 18⁰ et 20⁰ corps d'armée que le Gouvernement, à la date du 10 décembre, avait réunis sous le nom de l'Armée de la Loire, aux ordres du général Bourbaki, ils paraissaient, au physique comme au moral, bien sérieusement atteints.

La retraite d'Orléans, exécutée avec une précipitation et un désordre d'autant plus regrettables qu'ils étaient peu justifiés, avait rompu presque entièrement les liens tactiques. Les subsistances, quoique réunies en abondance, ne parvenaient point aux corps trop disloqués pour supporter une administration régulière et un fonctionnement convenable des services; l'équipement et l'armement étaient dans le plus triste état; les attelages d'artillerie tenaient à peine sur leurs jambes; quant à ceux des convois, ils périssaient chaque jour en grand nombre.

Enfin, sauf dans quelques régiments exceptionnellement recrutés et commandés, l'état moral de la troupe n'avait pu résister aux influences déprimantes d'une situation à laquelle le commandement lui-même se croyait impuissant à porter un remède immédiat (1).

L'énergie de Gambetta, on le sait, ne fut en rien ébranlée par cet ensemble de circonstances si pénibles. La résistance du général Chanzy, en attirant vers l'Ouest la plus grande partie de l'armée du prince Frédéric-Charles, avait dégagé la route de Paris ; on escomptait l'issue de la bataille de Champigny ; on espérait que l'armée du général Ducrot avait réussi à rompre l'investissement : il fallait aller à sa rencontre. Aussi bien, il n'était pas possible de laisser accabler la II⁰ armée de la Loire et l'on ne pouvait permettre aux quelques fractions ennemies qui avaient franchi le fleuve de pousser impunément leurs patrouilles jusqu'aux environs immédiats de Bourges. Il fallait donc qu'on se ressaisisse rapidement et qu'on n'hésite pas à reprendre l'offensive.

---

(1) Voir à ce sujet le journal des marches de la division Penhoat (2⁰ division du 18⁰ corps).

Toutes ces raisons, le général Bourbaki les comprenait à merveille ; mais leur valeur ne faisait qu'augmenter à ses yeux la disproportion entre le but qu'on lui proposait et les moyens qu'il avait à sa disposition. Le brillant soldat des armées impériales, habitué à l'ordre et à la tenue de la Garde, considérait avec une stupeur affligée ces masses en désordre au milieu desquelles de rares unités avaient pu conserver un reste de cohésion et de discipline. Encore sous l'influence des échecs de l'armée de Metz, il lui était bien difficile de croire au succès avec des troupes d'une telle apparence, et qui lui inspiraient avant tout une immense compassion.

Et cependant, en quelques jours, sous la vive impulsion du ministère de la guerre, l'état-major de l'armée avec le général Borel, l'intendance avec l'intendant Friant, avaient fait des miracles pour remettre de l'ordre dans cette agglomération, pour la nourrir, la recompléter et la ravitailler.

Gambetta se rendit lui-même à Bourges pour essayer de convaincre le général en chef de la nécessité et de la possibilité d'une action vigoureuse. Il réussit à déterminer un mouvement en avant, peu étendu, il est vrai, qui suffit cependant pour obliger les fractions jetées par le prince Frédéric-Charles sur la rive gauche de la Loire à évacuer Vierzon et Salbris. Mais, quand il s'agit de faire adopter par le général Bourbaki l'idée d'une marche sur Montargis, le Ministre se heurta à une résistance positive que le général justifiait toujours par les mêmes arguments.

Sur ces entrefaites, on apprit d'une façon certaine l'échec de Champigny. La marche sur Montargis n'avait plus la même importance : le général ne manqua pas de le faire ressortir, en observant que l'offensive proposée pouvait se trouver en prise à un mouvement convergent du VIIe corps allemand, alors vers Auxerre, et du reste de l'armée du prince.

Gambetta n'en persistait pas moins dans son idée ; il faisait les plus grands efforts pour convaincre le commandant de la Ire armée, quand brusquement tout changea. M. de Freycinet venait d'envoyer à Bourges M. de Serres, chargé de proposer au Ministre un nouveau projet d'une envergure bien autrement vaste. Il s'agissait de porter rapidement dans le bassin de la Saône la plus grande partie de la Ire armée de la Loire, de la renforcer du 24e corps définitivement organisé à Lyon, et de donner pour objectif à cette masse le déblocus de Belfort et de Langres en même temps qu'une action vigoureuse contre les communications de l'armée allemande. La rapidité du mouvement, l'importance des effectifs, le prestige même du nom de Bourbaki devaient être les éléments du succès de cette manœuvre.

On a beaucoup discuté sur l'origine de ce plan. Les uns l'ont attribué au général Trochu ; les autres, à M. de Serres ou à M. de Freycinet.

Nous ne saurions donner place ici à une discussion de cette nature.

Bornons-nous à faire remarquer que théoriquement l'idée était acceptable ; que les ressources dont on disposait permettaient de l'entreprendre et qu'en définitive, avec un peu moins de désordre dans les transports, un peu plus d'énergie, de décision et..., il faut bien le dire..., d'entente de la guerre, il n'était pas téméraire d'espérer que, dans une certaine mesure, le succès pourrait répondre aux conceptions hardies du délégué à la guerre et à l'admirable ténacité du dictateur.

Quoi qu'il en soit, aux yeux du général Bourbaki cette combinaison présentait le grand avantage de reculer le moment où ses jeunes troupes, encore bien mal remises de leurs émotions, viendraient de nouveau au contact de l'adversaire. Il l'accepta donc le 19 décembre, mais sans aucune confiance dans le succès final. Il s'y résigna avec la suprême conviction de ne combattre que pour l'honneur, pour reculer le moment fatal et inéluctable où il faudrait se soumettre, persuadé, comme il l'a dit lui-même, qu'il faisait sur l'autel de la patrie le sacrifice de sa gloire passée et de sa vieille réputation militaire (1).

Inclinons-nous avec respect devant ces sentiments si nobles..., si profondément humains aussi, devant cette tristesse impuissante d'un soldat qui, six mois auparavant, n'avait encore connu que la victoire, d'un général dont toute l'armée révérait le caractère loyal et admirait la bravoure chevaleresque. Assurément, ces qualités du cœur ne désarmeront pas toujours le critique ; mais dans sa tombe, si récemment fermée, le général Bourbaki a emporté le respect de tous ceux qui sentent en leur poitrine battre un cœur de soldat, et certes sa gloire passée n'a subi en rien les conséquences des événements dans lesquels l'avait jeté la tourmente, et pour lesquels il n'était pas fait.

Ces justes hommages à une noble mémoire ne peuvent qu'augmenter encore l'admiration que doit inspirer le Ministre de la guerre.

Certes, il ne sait rien des choses militaires, ce jeune homme dont l'activité ne s'est encore manifestée que par des discours vibrants à coup sûr, mais dans lesquels l'exagération de l'expression a pu nuire quelquefois à l'impression d'ensemble; certes, ce n'est pas sans défiance que les « *exécutants* » regardent cet exubérant et écoutent cet infatigable orateur. Mais cet homme a deux qualités inappréciables : il sait vouloir, il sait sur-

____

(1) Voir *l'Armée de l'Est*, par le colonel fédéral Secrétan.

tout ne pas désespérer. Brusquement, il est transporté à Tours. Il y trouve un désordre lamentable, une agitation stérile. La situation militaire n'est pas moins triste. Partout, les armées de la France sont vaincues; les rassemblements que l'on constitue çà et là n'ont ni force ni cohésion. Bien plus, l'armement manque en partie, les effets d'habillement font défaut. Dans le pays même, la force morale commence à s'user, surtout dans cette bourgeoisie aisée qui est tout près d'accepter la défaite et d'ouvrir sa bourse pour en payer les frais.

Subitement tout change; la politique se tait, les partis oublient pour un moment leurs anciennes querelles et vont marcher coude à coude contre l'envahisseur ; les levées s'organisent, les corps se forment, la discipline renaît en même temps que les approvisionnements se constituent. Tout vibre à l'unisson de cette âme généreuse; la France s'est ressaisie et, pendant plus de cinq mois, elle va se donner tout entière à cet homme qui, presque seul alors, n'a pas voulu désespérer d'elle.

Sans doute, ces armées improvisées connaîtront la défaite; elles subiront même le désordre des retraites précipitées. Ces malheurs n'abattront pas le Ministre, et quand il aura la chance de trouver des chefs d'armée comme Chanzy et Faidherbe dont l'énergie, la volonté, la force d'âme aussi vivaces que les siennes, s'allient heureusement à l'art du commandement et au sentiment de la guerre, le désordre disparaîtra rapidement ; la cohésion, la discipline, la confiance même renaîtront, et après Patay et Pont-Noyelles nous connaîtrons encore Josnes et Bapaume.

Certes, Gambetta et ses collaborateurs directs ont commis au point de vue militaire des fautes indiscutables; leur conception du commandement était bien défectueuse; les différents plans qu'ils ont élaborés ne correspondaient pas à un juste sentiment de la situation pas plus qu'à une saine appréciation de la valeur des moyens disponibles; trop souvent aussi, ils ont fait litière des observations sages et vraiment pratiques que leur présentaient des hommes de la valeur du général Chanzy; ils n'en ont pas moins le mérite d'une énergie créatrice et d'une ténacité à laquelle depuis de longues années l'Europe n'était plus habituée (1), et l'on peut dire du célèbre dictateur que s'il a, suivant l'expression classique, galvanisé la France, il a aussi donné au monde une leçon que l'ennemi lui-même médite encore avec admiration.

(1) Voir Goltz, *Gambetta et ses armées*. Voir aussi la *Correspondance du maréchal de Moltke — Guerre de 1870-71, passim*, et en particulier la pièce n° 473.

PREMIÈRE PARTIE

I

SITUATION GÉNÉRALE VERS LE 20 DÉCEMBRE

EMPLACEMENTS ET EFFECTIFS.

Au moment où le Gouvernement et le général Bourbaki se mettaient d'accord pour l'adoption d'un plan d'opérations dans l'Est, les forces opposées, entre Orléans et Belfort, se trouvaient dans la situation suivante :

La *Ire armée de la Loire* (15e, 18e, 20e corps) était concentrée ou plutôt rassemblée entre Vierzon et Nevers avec des détachements à Vierzon, Salbris et Gien (rive gauche). Elle avait en face d'elle, de Beaugency à Châteauneuf-sur-Loire, trois corps d'armée allemands qu'éclairait une division de cavalerie patrouillant en Sologne, tandis que Gien était occupé par un petit détachement.

L'armée des Vosges, sous le commandement de Garibaldi, était restée autour d'Autun depuis le combat qu'elle y avait livré. Elle se couvrait à peine dans la direction de Dijon par des groupes de francs-tireurs, surveillant de loin les mouvements du VIIe corps prussien (1) qui venait de se porter de Châtillon à Auxerre.

De plus, au nord de Nevers, sur la rive droite de la Loire, commençait à se former un petit corps de gardes nationaux mobilisés et de francs-tireurs qui, sous le commandement du capitaine de vaisseau de la Pointe, devait occuper la Puisaye jusqu'à la fin de la guerre.

Dans le bassin de la Saône, la *division Cremer*, rattachée à l'armée de Lyon, avait livré, le 18 décembre, à Nuits, un combat très honorable contre deux brigades badoises. L'affaire s'était terminée par la retraite des deux adversaires, d'une part sur Beaune et Chagny, de l'autre sur Dijon. Le général de Werder avait concentré à Dijon toute la division badoise ; il faisait observer de près, par la brigade prussienne von der Goltz, les 17.000 hommes de la garnison de Langres, tandis que la 4e division de réserve, diminuée de moitié par un gros détachement laissé devant Belfort, assurait la sûreté des communications contre les 10.000 à 12.000 hommes de la garnison de Besançon, ainsi que contre les nombreux groupes de mobilisés établis entre cette place et Chagny.

La petite forteresse d'Auxonne était complètement négligée par les Allemands, et sa garnison peu nombreuse se bornait à faire exécuter quelques patrouilles aux environs immédiats de la place.

La garnison de Belfort (16.000 hommes) était bloquée par la 1re division de réserve grossie du détachement laissé par la 4e. Enfin, à Lyon, le 24e corps, organisé à trois brigades, comptait environ 20.000 hommes.

Pour plus de précision, voici d'ailleurs les emplacements et effectifs approximatifs de ces divers corps :

---

(1) Ce corps d'armée avait laissé en arrière la 13e division qui, pour le moment, avait entrepris le blocus de Mézières.

Français.

Ire armée de la Loire :

    15e corps : Bourges et à l'ouest.................... environ 35.000
    18e corps : Bourges et au nord...................   —   28.000
    20e corps : Bourges et à l'est...................   —   25.000
Troupes du général de la Pointe : Puisaye...................
Armée des Vosges : Autun. . . ..   —   20.000

Division Cremer (y compris les deux légions du Rhône) :

    Beaune et Chagny. 14.000
Corps Bourras : au sud de Saint-Jean-de-Losne...........   2.000
24e corps : Lyon. 20.000
Besançon. . . . . 10.000 à   12.000
Mobilisés du Jura et de la Haute-Saône...... (?) 10.000 à 12.000
Langres. 17.000
Belfort. 16.000
Fractions des mobilisés du Doubs : Blamont ...... (pour mémoire).

            TOTAL... 201.000

Allemands.

IXe corps : Beaugency et à l'est; Ier bavarois : Orléans;
    IIIe corps : Orléans et à l'est ; 6e division de cavalerie:
    au sud d'Orléans (au minimum). 50.000
VIIe corps (moins la 13e division) : Auxerre, détache-
    ments à Châtillon, Sens, Joigny. 20.000
XIVe corps :
    Division badoise : Dijon. 18.000
    4e division de réserve : au sud de Vesoul (moins le dé-
        tachement laissé devant Belfort) (1)..................   9.000
    Brigade von der Goltz : devant Langres.................   8.000
Corps de siège (1re division de réserve, etc., et détache-
    ment de la 4e division de réserve) : devant Belfort... 27.000

            TOTAL... 132.000

-----

(1) Dislocation de la 4e division de réserve :

Quartier général et artillerie : Gray.
Brigade Zimmermann : 6 bataillons, 3 escadrons, 1 batterie, devant Belfort ; 1 bataillon à Lure ; 1 bataillon à Vesoul.
Brigade Knappe de Knappstadt : 1 bataillon à Scey-sur-Saône;
3 bataillons à Dampierre et Gray; 3 bataillons à Mirebeau.
Cavalerie : Gros à Gray; le reste réparti entre les détachements.

L'effectif des forces allemandes établies, au 20 décembre, dans le bassin de la Saône s'élevait donc à 62.000 hommes, y compris le corps de siège de Belfort.

SITUATION MATÉRIELLE ET MORALE DES ARMÉES (1).

Comme nous le verrons plus loin, la Ire armée de la Loire devait, pour ses opérations dans l'Est, s'adjoindre le 24e corps (y compris la division Crémer) pour remplacer le 15e corps laissé aux environs de Bourges. L'opération devait être couverte par l'armée des Vosges, qui se porterait à Dijon.

Il y a donc lieu d'examiner le commandement, l'organisation et la valeur de ces différents éléments.

Le commandement. — Nous avons dit tout à l'heure dans quel état d'esprit le général Bourbaki allait entamer l'opération hardie qui lui était confiée. Pas d'espoir dans le succès, pas de confiance dans les moyens mis à sa disposition, le souci essentiel de ne pas compromettre le sort de l'armée dont il a le commandement, telles sont les trois idées prépondérantes dont l'influence se fera si tristement sentir dans toutes les résolutions qu'il prendra. Il essaiera de « manœuvrer » comme on « manœuvrait » au XVIIIe siècle ; il n'acceptera le combat que lorsqu'il ne pourra pas le refuser et dans sa bataille, simple série d'engagements parallèles, il n'osera pas mettre, suivant l'expression de Clausewitz, son enjeu sur une seule carte et lancer une attaque en masse, qui déciderait du sort de la campagne. Et c'est là cependant l'audacieux soldat d'Algérie, l'héroïque brigadier d'Inkermann et de Malakoff, l'intrépide divisionnaire d'Italie !

---

(1) Voir pour les détails les ordres de bataille.

A ses côtés immédiats nous trouvons d'abord M. de Serres. Ingénieur distingué, établi en Autriche depuis plusieurs années, il était accouru en France lors des premiers désastres, et avait séduit M. de Freycinet par ses combinaisons militaires, — plus ingénieuses que pratiques, d'ailleurs, — par son esprit entreprenant et audacieux, et par son ardeur infatigable au travail. Qu'il fût ou non l'inspirateur du plan de campagne, il avait été attaché au quartier général, où, sans jouer absolument le rôle d'un « commissaire de la Convention », il était l'interprète et le commentateur des volontés du Gouvernement en général, et du délégué à la guerre en particulier. On espérait, au ministère, qu'il serait le conseiller écouté du général en chef, et que son esprit d'entreprise et de décision aurait la plus heureuse influence sur le pessimisme du commandant de l'armée.

Mais la confiance du général Bourbaki n'allait guère qu'à son premier aide de camp, le colonel Leperche. L'intelligence de cet officier, son aptitude remarquable aux choses militaires, le dévouement absolu qu'il professait pour son chef, en avaient fait bien vite le véritable chef d'état-major de l'armée. Malgré toutes les grandes qualités du colonel Leperche, et peut-être aussi à cause d'elles, cet état de choses devait avoir les plus graves inconvénients, et influer d'une façon déplorable sur l'ensemble des opérations. Le chef d'état-major général, le général Borel, officier d'état-major aussi modeste que distingué, fut bientôt impuissant à coordonner l'action des divers services, pour des opérations dont il n'était le plus souvent avisé que trop tard ; l'intendant général Friant, malgré une activité infatigable mise au service d'un esprit fertile en ressources, ne put pas toujours réussir à assurer son service.

Il suffit de mentionner cette organisation du commandement pour faire entrevoir immédiatement toutes les déconvenues qui allaient en être le résultat.

Les commandants de corps d'armée étaient jeunes. Est-il nécessaire de nommer le général Billot, le général Clinchant, le général Bressoles? Le commandement des divisions et des brigades était exercé, le plus souvent, par des officiers vigoureux dont l'énergie réussissait souvent à pallier l'inexpérience du maniement de gros effectifs.

Quant aux états-majors, il faut bien le dire, ils étaient insuffisants. Quelques rares officiers étaient au courant du service (1); les autres ne pouvaient, malgré leur bonne volonté, remplir convenablement des fonctions exigeant une instruction et une éducation spéciales.

Nous avons parlé déjà de l'état moral des troupes.

L'infanterie, malgré la triste apparence que lui donnait, dans la plupart des corps, un équipement en mauvais état, résistait aux fatigues, aux intempéries, aux maladies. L'attitude même qu'elle eut au feu, nous le verrons plus loin, est certainement remarquable dans les conditions où elle se trouvait. Elle a exécuté des marches relativement longues, auxquelles d'ailleurs on n'a pas suffisamment fait attention, bien qu'elles soient, en quelque sorte, un témoignage de l'élasticité et de la force de notre tempérament national. La plupart de ses régiments étaient bien commandés, même dans la garde mobile. Dans les régiments de marche, bien des unités inférieures étaient très convenablement encadrées; les ba-

---

(1) Les chefs d'état-major des corps d'armée, et de quelques divisions, qui appartenaient au corps d'état-major (exception pour le général Varaigne). Il y avait aussi dans les états-majors quelques jeunes officiers récemment sortis de l'Ecole d'état-major. C'est ce petit noyau qui assurait le service, au prix de quelles fatigues!

taillons avaient le plus souvent à leur tête des officiers d'expérience; les compagnies soit d'anciens sous-officiers qui payaient noblement leur avancement, soit de jeunes officiers dont l'ardeur compensait le peu d'ancienneté. Il n'en était malheureusement pas de même dans la garde mobile. L'inexpérience y régnait en maîtresse, en dépit de la bonne volonté; et tout le dévouement des chefs de corps était impuissant à y porter remède.

La cavalerie était numériquement importante. Elle comprenait un certain nombre de bons cavaliers, provenant des dépôts, mais aussi beaucoup de jeunes gens sachant tout juste se tenir à cheval. Ses officiers, dont la plupart appartenaient à l'armée permanente et ne manquaient ni de vigueur ni d'esprit d'entreprise, s'essayaient au service de découverte. Mais leur bonne volonté était le plus souvent arrêtée par l'état déplorable des chevaux et du harnachement (1).

L'artillerie comprenait des batteries de 12, de 4, de 9 (Armstrong), quelques batteries de mitrailleuses, et sept batteries de 8 (Reffye) (2). La valeur de son encadrement variait avec l'origine des batteries. Ses attelages étaient en mauvaise condition, son ravitaillement difficile. Sa tactique n'existait pour ainsi dire pas du tout. Le plus souvent, les batteries agissaient isolément, et quelquefois successivement; ce n'est guère qu'au 18e corps qu'on les voit essayer de concentrer leur feu pour produire un effet d'ensemble.

Quant aux équipages, aux convois, enfin aux diverses organisations qui permettent le fonctionnement des services de l'arrière, leur insuffisance en nombre et en

---

(1) On sait que cette cavalerie manquait de crampons à glace.
(2) Dont 4 au 15e corps et 3 à la réserve générale.

qualité devait avoir pour conséquence de lier fatalement les mouvements de l'armée aux voies ferrées (1).

Jetons maintenant un rapide coup d'œil sur les troupes qui allaient être adjointes à l'armée de la Loire ou dont les opérations avaient été liées aux siennes.

La division Cremer, commandée par un jeune officier, naguère encore capitaine d'état-major à l'armée de Metz, comprenait deux très bons régiments de marche. La brigade de mobilisés du Rhône, dont l'attitude au combat de Nuits n'avait pas paru suffisante, avait été remplacée par une brigade de gardes mobiles. Le jeune général avait su communiquer à son monde un peu de son énergie et de son ardeur ; il avait fait de sa division une troupe sérieuse et capable d'opérations.

Le 24e corps, organisé à Lyon, au milieu de tiraillements incessants entre l'autorité civile et la militaire, se ressentait de sa laborieuse création. Il était loin d'avoir la valeur et la cohésion de la division Cremer et des autres corps d'armée (2),

Comme nous l'avons dit, c'était à l'armée des Vosges qu'était dévolue la mission de couvrir le flanc gauche et les derrières de la masse principale. Cette armée, où quelques bons éléments se trouvaient mélangés à nombre d'aventuriers cosmopolites, était commandée par un homme dont la valeur militaire consistait essentiellement dans le prestige dont son nom était revêtu. Assisté d'un état-major dont l'incapacité pouvait seule égaler

---

(1) L'intendant général Friant réussit, au prix des plus grands efforts, à réunir dans la région de concentration un nombre relativement considérable de voitures attelées ; mais ces véhicules, avec leurs chevaux très médiocres, encadrés d'une façon forcément très sommaire, ne purent assurer qu'avec des retards énormes un service que les conditions de terrain et de température rendaient encore plus pénible.

(2) Sa 3e division ne fut définitivement organisée qu'à Besançon, vers le 2 ou le 3 janvier.

les prétentions, le général Garibaldi se décidait difficilement à des opérations d'ensemble, et les ménagements dont le Gouvernement croyait devoir user vis-à-vis de lui ne semblaient pas devoir faciliter une action commune et concertante entre l'armée de l'Est et l'armée des Vosges. Depuis l'affaire d'Autun, sous prétexte de réorganisation et de ravitaillements, le général Garibaldi restait dans l'expectative, et ce n'est qu'à grand' peine qu'il avait consenti, sur les instances les plus chaleureuses du général Cremer, à une tentative de coopération avec ce général, en envoyant sur Nuits un petit détachement de 800 hommes, qui, d'ailleurs, n'arriva que trop tard à portée du champ de bataille.

Enfin, les mobilisés du Jura, du Doubs et de la Haute-Saône, — dont un certain nombre avait été placés sous les ordres du général Pélissier et les autres laissés à la disposition du gouverneur de Besançon, — mal habillés, mal équipés, mal armés, ne pouvaient guère rendre de services (1).

On voit en somme que dans l'ensemble l'opération projetée allait se heurter à de sérieuses difficultés d'exécution du fait même de son organisation. Pour l'armée de l'Est, en particulier, il fallait s'attendre à voir la constitution du commandement et celle des divers services permettre difficilement de mettre en valeur les qualités indiscutables qui se rencontraient dans beaucoup de ses éléments.

Les troupes que cette armée allait avoir à combattre comprenaient trois catégories :

Les troupes de ligne prussiennes (trois régiments

---

(1) Citons cependant un faible bataillon établi dans la région de Blamont, qui, de concert avec une compagnie de zouaves de marche, joua un certain rôle dans cette partie du théâtre des opérations.

d'infanterie) vigoureuses, solides, bien entraînées, bien commandées ;

La division badoise qui, peut-être moins bien instruite, avait cependant, dans les combats auxquels elle avait pris part, fait preuve de qualités sérieuses d'entrain et de résistance ; ces troupes marchaient bien, quoique les rigueurs de l'hiver les eussent quelque peu éprouvées ;

La landwehr prussienne, formant le gros de la 4e division de réserve. Les hommes n'étaient pas mauvais ; les commandants de bataillon et de compagnie étaient bons ; leurs officiers ne les valaient pas ; les cadres inférieurs étaient médiocres (1).

La cavalerie badoise, comme la cavalerie de réserve prussienne, attachée au XIVe corps, s'acquittait convenablement du service de reconnaissance, bien qu'il n'apparaisse pas qu'elle ait eu beaucoup de mordant. Il ne semble pas qu'on lui ait demandé, avant Villersexel, d'intervenir dans le combat. Elle servait très souvent à la transmission des ordres et des renseignements, et l'organisation des lignes de postes de correspondance, par son développement, lui enlevait beaucoup d'hommes.

En dehors des batteries badoises dont l'instruction était bonne, le reste de l'artillerie était constitué par des batteries de réserve prussiennes (2). Généralement bien commandées et suffisamment encadrées, ces unités manœuvraient convenablement et tiraient assez bien.

Le commandant du XIVe corps, le général de l'infanterie de Werder, déjà âgé, n'en avait pas moins une énergie et une vigueur remarquables. Chargé d'une

____

(1) Voir l'ouvrage du major Kunz.

(2) Il y eut aussi une batterie de réserve saxonne qui rejoignit Vesoul en même temps que le détachement d'étapes Paczynski, provenant des troupes du gouvernement de Lorraine.

mission complexe que les instructions du grand quartier général étaient loin de simplifier, tiraillé entre le souci d'exécuter des ordres donnés de loin, les nécessités du moment, et, qu'on nous permette de l'ajouter, le sentiment fort humain et fort naturel de ne pas engager une belle réputation militaire, il se laissait aller parfois à demander à Versailles des explications et des autorisations qui, si l'on s'en rapporte à la correspondance du maréchal de Moltke, semblent avoir quelque peu agacé le grand état-major. Il n'en montra pas moins, dans les circonstances critiques où il s'est trouvé, un esprit de décision et une fermeté de caractère qu'on peut citer en exemple.

Le chef de son état-major, le lieutenant-colonel de Leczynski, détaché déjà depuis quelque temps du grand état-major au service du grand-duc de Bade, esprit fin, pénétrant, décidé, peut-être un peu compliqué dans ses combinaisons, mais au demeurant plein de ressources, jouissait de la plus entière confiance de son chef et paraissait avoir sur lui une influence justifiée.

La division badoise était commandée, depuis le 10 décembre, par le général de Glümer, l'ancien chef de la 13e division prussienne. Il relevait à peine de maladie. Son état-major était exclusivement badois.

La 4e division de réserve avait pour chef le général de Schmeling. Agé, souvent malade, cet officier général ne devait qu'à son énergie de pouvoir supporter les fatigues d'une campagne d'hiver. Le major de Kretschmann, de l'état-major prussien, était l'officier d'état-major de la division. Rempli d'entrain et d'ardeur, il paraît s'être laissé dominer quelquefois par les impressions du moment, au détriment du fonctionnement général du service. A tort ou à raison, quelques écrivains allemands lui imputent la responsabilité de quelques-

unes des erreurs commises à Villersexel (1). Quant à la
brigade prussienne, elle était commandée par le général
baron von der Goltz, à qui les préliminaires de la bataille de Borny avaient déjà donné un certain renom
d'indépendance d'esprit et de décision rapide. Nous le
verrons justifier cette réputation en prenant l'initiative
de mesures théoriquement excellentes, mais qui avaient
le grave défaut de ne pas s'accorder complètement avec
les ordres, ni même avec les vues du commandement supérieur (2).

Tels sont à grands traits les caractères généraux de
cette petite armée qu'allait avoir en face d'elle la I^{ro}
armée de la Loire. L'état moral y était bon, encore bien
que chefs et soldats fussent quelque peu énervés de cette
guerre de petits paquets qu'ils faisaient depuis le mois
d'octobre. La confiance n'en régnait pas moins, et l'entraînement des troupes allait leur permettre d'exécuter,
sans trop de dommages, les marches et contre-marches
presque continuelles qui auront lieu jusqu'au 11 janvier.

---

(1) Voir les ouvrages du major Kunz et de M. de Wengen.
(2) S'il nous est permis de porter un jugement sur cet officier
général, nous dirons que nous nous le représentons comme un chef
expérimenté, saisissant avec justesse et rapidité l'ensemble d'une
situation souvent compliquée, mais, par une sorte de contradiction,
mettant son incontestable talent au service d'une application peut-
être trop subjective de ses déductions.

II

TRANSPORT ET CONCENTRATION DE L'ARMÉE DE L'EST

D'après l'ouvrage de M. de Freycinet, *La Guerre en province*, le plan d'opérations conçus pour l'armée de l'Est était le suivant :

« Porter rapidement en chemin de fer jusqu'à Beaune les 18e et 20e corps. Les faire agir contre Dijon conjointement avec les troupes de Garibaldi et de Cremer, et s'emparer de cette ville. Porter en chemin de fer le 24e corps à Besançon, et le renforcer d'une partie de la garnison. Constituer ainsi une masse compacte de 110.000 hommes qui n'aurait pas de peine à faire lever, même sans coup férir, le siège de Belfort, serait capable de couper les communications dans l'Est, malgré tous les efforts de l'ennemi ; par sa seule présence ferait lever le siège de toutes les places du Nord et permettrait au besoin de combiner plus tard une action avec Faidherbe (1). »

C'était là assurément une conception grandiose dont la réalisation pouvait paraître théoriquement possible, mais qui ne correspondait guère ni à l'état matériel et moral des troupes dont on disposait, ni à leur capacité

---

(1) La déposition de M. de Serres devant la commission d'enquête parlementaire indique plus expressément qu'on devait débloquer Belfort au passage et marcher droit au nord, la droite appuyée aux Vosges.

de marche, ni surtout au terrible hiver que l'on traversait (1).

Tout d'abord avait-on des moyens suffisants pour assurer d'une façon convenable un mouvement rapide de cette importance ?

En premier lieu, les lignes dont on disposait ne pouvaient se prêter qu'à une exploitation relativement restreinte; les moyens d'embarquement et de débarquement étaient tout à fait insuffisants; les véhicules étaient répartis sur tout le réseau, et la compagnie de Paris-Lyon-Méditerranée ne possédait même pas tous les wagons nécessaires. Personne enfin n'était préparé aux multiples nécessités d'un service aussi intensif.

Or, les conditions essentielles de rapidité et de bonne exécution d'un transport de cette envergure, surtout d'un transport en cours d'opérations, sont précisément celles qui manquaient dans la circonstance :

Préparation méthodique de l'exploitation ;

Rassemblement préalable du matériel en des points choisis ;

Fractionnement prévu des troupes en unités de transport et attribution à ces unités de points et d'heures d'embarquement fixés *ne varietur;*

Existence de moyens d'embarquement, de débarquement et d'alimentation en eau en quantité proportionnelle à l'intensité du trafic.

Rien de tout cela n'existait. Ce fut en quelques jours, pour ne pas dire en quelques heures, qu'il fallut improviser tout un plan de transport. L'état-major de l'armée

---

(1) Il ne peut entrer dans le cadre de cet essai de discuter la question en détail. Le lecteur trouvera dans les documents de l'enquête parlementaire tous les éléments d'une étude approfondie de la question. S'il veut se borner à une vue d'ensemble suffisamment détaillée, il consultera avec fruit l'exposé si net et si précis qu'en a fait M. le colonel Rousset dans son *Histoire générale de la guerre de 1870-71* (tome VI).

de la Loire rédigea bien des instructions minutieuses pour l'embarquement des troupes ; elles furent peu appliquées.

Pour le reste, la compagnie de Lyon fut avisée au dernier moment du mouvement à exécuter ; elle dut demander des wagons à la compagnie d'Orléans, qui ne put les fournir immédiatement ; le fractionnement des troupes ne correspondait pas à la composition des trains; les heures d'embarquement avaient été fixées sans tenir compte des mouvements de matériel ; les troupes s'entassaient aux environs des quais et, en somme, s'embarquaient quand et comme elles le pouvaient. La marche des trains avait été réglée sans plan d'ensemble, et les ordres de service étaient assez imprécis pour ne pas laisser les voies libres en temps utile.

Bref, malgré des efforts surhumains, beaucoup de désordre, pour ne pas dire d'incohérence ; et cela en dépit de toute l'énergie déployée par la direction supérieure, qui se heurtait à des impossibilités matérielles dues, en grande partie, à l'inexpérience du personnel (1).

Nous n'insisterons pas davantage.

Les zones de concentration étaient ainsi fixées :

(1) Le transport d'une armée peut sembler, en effet, extrêmement simple à un personnel habitué aux multiples complications d'une exploitation commerciale intensive. Les marches des trains, en effet, sont toutes parallèles, et, au premier abord, toute la question paraît consister dans l'expédition de trains à des heures rapprochées.

En réalité, la préparation d'une opération de cette nature est de beaucoup compliquée par les nécessités de traction (les trains sont fort lourds), d'alimentation en eau, de garages disponibles, enfin et surtout par les organisations indispensables pour l'embarquement et le débarquement. Ces complications sont actuellement d'autant plus grandes que les lignes à utiliser sont moins bien outillées, que le matériel (traction et transport) est plus dispersé, et qu'on dispose de moins d'éléments expérimentés pour assurer les embarquements et les débarquements dans des conditions convenables d'ordre, de discipline et de rapidité.

Le 18⁰ corps, débarquant à Chagny, se concentrait autour de cette ville ;

Le 20ᵉ corps, débarquant à Chalon-sur-Saône, se portait aux environs de Dôle ;

Le 24ᵉ corps, débarquant à Besançon, s'établissait au nord et au nord-est de cette place.

Indépendamment des dispositions prises par le 15ᵉ corps, maintenu aux environs de Bourges, la protection du mouvement devait être assurée :

1° Par la division Cremer, qui, à Beaune, protégeait immédiatement les débarquements ;

2° Par l'armée des Vosges, qu'on invitait à se porter le plus tôt possible dans la direction de Dijon ;

3° Par les mobilisés du général Pélissier, qui devaient d'abord flanquer la droite du général Cremer et ensuite occuper Dijon ;

4° Par la place d'Auxonne, qu'occupait le 25ᵉ bataillon de chasseurs à pied de marche.

Plus à droite, la place de Besançon et le Doubs, dont les ponts étaient coupés et la rive gauche surveillée par des mobilisés assez nombreux, donnaient toute sécurité au transport et au débarquement du 24ᵉ corps (1).

En fait, ces projets ne furent pas complètement réalisés. Tout d'abord, Garibaldi, alléguant des nécessités d'organisation et de ravitaillement, continua à rester immobile à Autun et se borna à renforcer un peu les groupes de francs-tireurs de la brigade Menotti, qui opéraient entre Sombernon et Semur. Ce ne fut que le 7 janvier que commença le transport total de l'armée des Vosges sur Dijon (2), après que son chef eut fait, le

____

(1) Voir l'ouvrage de Löhlein.
(2) Noter que ce transport se fit sur l'ordre exclusif de Garibaldi, et qu'il vint malencontreusement troubler celui du 15ᵉ corps.

3 janvier, avec quelques centaines de cavaliers, une apparition sensationnelle, mais bien courte, dans les rues de la ville qu'occupaient alors les mobilisés du général Pélissier.

La division Cremer, depuis le 19 décembre, était restée immobile à Beaune et Chagny, sur l'ordre exprès du Ministre de la guerre. Cependant, dès le 21, le corps Bourras, qui lui était rattaché pour le moment, se portait sur Saint-Jean-de-Losne, se reliait avec Auxonne et, par ses reconnaissances, causait quelques ennuis aux patrouilles de la division badoise. Peu à peu, le général rapprochait son avant-garde de Dijon, qu'il lui faisait occuper le 28, le lendemain même du départ des Badois. La division tout entière s'y réunit le 29, date à laquelle les mobilisés du général Pélissier commençaient aussi à se concentrer de ce côté (1).

Quant à la garnison de Besançon, elle faisait sur l'Ognon et même vers Rougemont des reconnaissances qui se repliaient d'ailleurs sans résistance sérieuse devant les patrouilles allemandes.

---

(1) Le général Cremer avait proposé au Gouvernement un plan encore plus vaste que celui de M. de Freycinet :

« Attaquer, conjointement avec le 24e corps, les troupes du général de Werder; les battre en détail, si possible; en tout cas, les immobiliser pendant que Bourbaki, avec le reste de l'armée, accablerait le corps de siège de Belfort, envahirait l'Alsace, l'Allemagne et irait délivrer les prisonniers français. » (Colonel Poullet, *La Campagne de l'Est*, cité par M. le colonel Rousset.)

Il va sans dire que ces exagérations ne trouvèrent point crédit. Mais, en ne les prenant que comme des exagérations destinées surtout à faire impression sur des esprits déjà fort audacieux dans leurs conceptions, on ne peut s'empêcher d'y voir l'idée — trop développée assurément — d'une manœuvre réellement acceptable, ayant pour but de retenir Werder le long de la Saône, de le fixer, en un mot, tandis que les 18e et 20e corps, arrivant entre Vesoul et Belfort, viendraient, par une conversion à gauche, l'acculer à la Côte-d'Or. Ce que l'on sait de l'état d'esprit du commandant du XIVe corps à ce moment, de ses hésitations et de ses tâtonnements, permet de croire qu'il n'était pas insensé de vouloir essayer cette manœuvre.

Enfin, sur le Doubs moyen et le Lomont, on devait rester encore quelque temps dans l'expectative.

Ainsi protégés, les transports s'exécutèrent comme on le sait. Le 18ᵉ corps, qui, dès le 20, était prêt à embarquer, à la Charité, une partie de son effectif, ne commença le mouvement que le 22. A la date du 30, il était presque entièrement concentré autour de Chagny.

Le 20ᵉ corps, embarqué péniblement à Decize et Saincaize, débarqua une partie de ses troupes à Chalon-sur Saône. Le reste, sur l'ordre de M. de Serres, continua sur Dôle, d'une part par Chalon - Mâcon - Lons-le-Saunier, de l'autre par la ligne incomplètement achevée de Chalon à Dôle. Le 30, il se trouvait donc réparti en deux masses.

La réserve générale de l'armée (1) suivit la 2ᵉ partie du 20ᵉ corps.

Ces troupes avaient beaucoup souffert non seulement du transport mais surtout des stationnements prolongés que, par une température extrêmement défavorable, elles avaient eu à subir autour des points d'embarquement. Certains corps avaient perdu plus du dixième de leur effectif; le 20ᵉ corps était le plus éprouvé.

Quant au 24ᵉ corps, son transport ne commença que le 27, et ce ne fut que le 4 janvier qu'on put considérer sa concentration comme achevée au nord-est de Besançon.

---

(1) Constituée par une brigade d'infanterie à trois régiments, une brigade de cavalerie, et trois batteries de 8 empruntées au 15ᵉ corps et placées sous le commandement du général Pallu de la Barrière.

III

PREMIERS MOUVEMENTS DU XIV° CORPS ALLEMAND. — CONCENTRATION A VESOUL

Le 13 décembre, le général de Werder avait reçu, du grand quartier général, une longue dépêche, datée du 8, lui exposant la mission dévolue au XIV° corps, savoir :

1° Couvrir le siège de Belfort et donner au corps de siège tout l'aide possible ;

2° Investir Langres ;

3° Assurer, concurremment avec le VII° corps, les communications des II° et III° armées et la pacification complète des gouvernements de Lorraine et de Reims.

Tout en engageant le commandant du XIV° corps à prendre, avec des forces suffisantes, une vigoureuse offensive contre les rassemblements ennemis, sans négliger pour cela d'assurer d'une manière permanente la possession des points particulièrement intéressants pour la sûreté des communications, on l'invitait à opérer énergiquement contre Langres, et à occuper, s'il était possible, le territoire compris entre Dôle et Arc-et-Senans, afin d'isoler Besançon de Lyon.

C'étaient là bien des objectifs offerts simultanément à l'activité du corps d'armée.

Aussi, dès le 15, en rendant compte des dispositions prises pour assurer l'exécution des ordres supérieurs, le général demandait des renforts et terminait son rapport par ces mots :

« Pour que le corps d'armée soit effectivement en mesure de remplir les missions qui lui ont été confiées, son gros doit constamment être rassemblé à Gray, prêt à l'offensive. Si la situation générale reste sans changement, je ne puis pas espérer obtenir de résultat durable avec l'éparpillement actuel des forces. Les troupes sont enchaînées aux objectifs donnés, et il ne reste rien pour tomber sur l'ennemi (1). »

La critique ne manquait pas de justesse.

Le demi-succès que la division badoise remporta à Nuits, le 18 décembre, ne changea pas sensiblement la manière de voir du général. L'attitude des troupes du général Cremer lui avait donné à réfléchir. L'importance de l'effectif du corps de Garibaldi, dont quelques fractions se montraient au N.-E. du Morvan, lui causait quelque appréhension pour sa droite, si bien qu'il se crut obligé de demander l'autorisation d'envoyer sur Semur une brigade badoise. On le lui permit, mais seulement dans le but de relever dans cette région les troupes laissées par le VII⁰ corps pour couvrir la ligne Châtillon - Nuits-sous-Ravières.

Le 21 décembre, en même temps que lui parvenait cette autorisation, des renseignements, provenant de diverses sources, annonçaient qu'à Lyon de très nombreuses troupes se réunissaient; les trains en étaient bondés ; on aurait vu des colonnes de toutes armes en marche vers le Nord ; les troupes de Dôle auraient été renforcées. Enfin, sur toute la ligne de la Saône, l'ennemi se montrait plus entreprenant, et, pour la première fois, dans cette région, on avait vu des patrouilles de lanciers français.

Tout cela paraissait annoncer une offensive prochaine,

----

(1) Ce rapport arriva à Versailles le 20 décembre.

d'autant plus vraisemblable qu'à Dijon les esprits étaient très surexcités, et que l'on y annonçait ouvertement le retour des Français pour la Noël. Le général y voyait les symptômes d'une attaque convergente contre la capitale de la Bourgogne, et, dans l'état de dispersion de son corps d'armée, il se jugeait incapable de s'y opposer.

Il télégraphiait dans ce sens à Versailles, et, dès le lendemain, était autorisé, s'il avait en face de lui des forces supérieures à celles indiquées jusqu'alors, à se retirer sur Chaumont, de manière à se relier au **général de Zastrow** et à opérer de concert avec lui pour reprendre l'offensive si l'ennemi envoyait un détachement sur Belfort. En fait de renforts, on lui annonçait l'envoi d'un bataillon badois.

Ce même jour, le 22 décembre, les Français exécutaient de nombreuses reconnaissances parties de la ligne Auxonne - Saint-Jean-de-Losne et infligeaient aux patrouilles de la cavalerie badoise une perte de 6 hommes.

Le lendemain, les reconnaissances françaises s'étendaient jusqu'à Rioz (au nord de Besançon); un contingent assez nombreux de garibaldiens était arrivé à Sombernon, et, par une lettre privée saisie sur un facteur, on apprenait que la voie ferrée Lyon - Besançon était interdite au trafic commercial. Au quartier général du XIV⁰ corps, où venait d'arriver de Berne un télégramme confirmant ce dernier renseignement, on paraissait convaincu que l'adversaire se concentrait entre Dôle et Besançon en vue d'une offensive prochaine sur Vesoul; on télégraphiait en conséquence à Versailles, l'on autorisait le détachement de Vesoul (1) à se retirer le cas

---

(1) Bataillon Wehlau; 6 compagnies du bataillon Eupen; 1 escadron du 1ᵉʳ uhlans de réserve ; 1 batterie de la 4ᵉ division de réserve.

échéant sur Port-sur-Saône, et l'on préparait l'évacuation de Dijon.

Dans la nuit du 24 au 25, le grand quartier général répondit que les transports dont il était question ne concernaient que des mobilisés envoyés de Lyon à Besançon ; mais qu'en toute éventualité, le général de Zastrow était avisé de se tenir prêt à soutenir le XIVe corps.

Le général de Werder n'en était pas plus tranquille. Pour lui, dans la circonstance, ce n'était plus à Gray qu'il voulait concentrer ses forces, mais bien à Vesoul, d'où il lui paraissait beaucoup plus facile de couvrir à la fois le siège de Belfort et les communications de l'armée (1).

Mais, on l'a vu précédemment, le grand quartier général tenait extrêmement à l'occupation aussi large que possible de la région Besançon - Dijon. Un recul du XIVe corps, après le combat de Nuits, eût produit un effet considérable sur les populations.

Assurément la théorie des petits paquets était une erreur; mais puisqu'elle avait été appliquée, il était bien difficile de revenir brusquement au procédé inverse et de reprendre sur de simples rumeurs une position assurément plus conforme à la situation, mais dont l'occu-

---

(1) Peut-être trouvera-t-on prématurée cette préoccupation du général de Werder. En effet, l'ensemble des renseignements montrait qu'on ne pouvait estimer à plus de 25 ou 30.000 hommes l'effectif du corps français qu'on supposait prêt à entrer en ligne. Si ce corps marchait sur Belfort, il lui faudrait laisser un fort détachement pour couvrir sa gauche ; s'il marchait sur Vesoul, le XIVe corps pouvait se concentrer rapidement sur son flanc gauche et rendre sa situation singulièrement précaire. Théoriquement, la concentration à Vesoul ne s'imposait donc pas d'une manière absolue, surtout sur des renseignements aussi peu précis. En fait, comme on le verra plus loin, il n'était que temps d'y songer; et la décision, bien que manquant des bases qu'un bon service de découverte aurait dû lui procurer, fait honneur à l'instinct militaire du commandant du XIVe corps.

pation eût paru, à l'opinion publique des deux pays, une sorte d'aveu d'impuissance.

A ce point de vue, la situation du général de Werder était donc délicate. C'était une conséquence de l'erreur du grand état-major qui lui avait attribué une mission un peu au-dessus des forces dont il disposait ; mais une conséquence aussi des procédés mêmes dort il s'était servi pour remplir, en quelque sorte simultanément, les obligations qu'on lui avait imposées.

Le 25 au matin, on apprit de Berne que 25.000 hommes étaient en route pour faire lever le siège de Belfort. Ce n'était là, en somme, que la confirmation des renseignements antérieurs, ou du moins des hypothèses auxquelles ils avaient servi de base. En tout cas, la distance ne permettait pas de secourir immédiatement le général de Treskow; aussi, comme il n'était pas possible de dégarnir ni Dijon ni Gray, dut-on se borner à prescrire au général von der Goltz de diriger sur Port-sur-Saône tout ce qu'il avait de disponible.

Tout à coup, la situation parut se préciser. Le 26, à 5 h. 1/2 du matin, le grand quartier général fit connaître que l'armée de Bourbaki tout entière semblait avoir été mise en route vers le bassin de la Saône, et que le général de Zastrow recevait l'ordre de se porter immédiatement sur Châtillon pour soutenir le XIVe corps. En même temps, on avait avisé de Versailles le général von der Goltz de suspendre ses opérations contre Langres et de se tenir prêt à partir au premier appel.

Le général de Werder, sans perdre un instant, donna les ordres nécessaires pour que l'évacuation de Dijon pût s'exécuter au premier avis, et fit envoyer sans délai les trains de la division badoise à Mirebeau-sur-Bèze.

Dans l'après-midi, le général de Treskow annonça que

Clerval, l'Isle-sur-le-Doubs et Rougemont étaient occupés par les Français, dont l'effectif allait s'élever,
disait-on, à 60.000 hommes.

Le commandant du XIVe corps n'hésita pas plus longtemps ; il ordonna au général von der Goltz de se porter
rapidement à Vesoul ; la 4e division de réserve fut invitée à rompre de Gray, le 27 au petit jour, pour atteindre le 28 Vesoul, où le général Schmeling exercerait le
commandement supérieur. Enfin, la division badoise
devait, le 27 au matin, se rassembler par brigade, prête
à partir au premier ordre (1). Ces dispositions furent
communiquées télégraphiquement au grand quartier
général, qui répondit immédiatement par une. approbation complète et l'avis de l'envoi sous Belfort, par le
gouvernement général de l'Alsace, d'un détachement de
8 bataillons, 2 escadrons, 2 batteries, placé sous le commandement du général-major Debschitz et destiné à
renforcer le corps de siège.

La retraite de la division badoise commença le 27 décembre au jour, la 3e brigade formant arrière-garde. Le
soir même, la division s'échelonnait de Gray à Arc-sur-
Tille, rejointe d'ailleurs par le détachement précédemment envoyé sur Semur.

La journée du 27 fut très tranquille ; de différents
côtés se confirmait la nouvelle que l'armée de Lyon avait
été envoyée à Besançon, et c'était tout.

L'état-major du corps d'armée compléta les dispositions déjà arrêtées dans leur ensemble pour la concentration :

Les 1re et 2e brigades badoises, l'artillerie de corps, la
brigade von der Goltz, devaient s'installer la droite à

---

(1) On laissait aux soins de la municipalité de Dijon les malades
ou blessés intransportables (10 officiers et 423 hommes).

la Saône, la gauche de Vesoul, couvertes d'une part à
Gray par la 3e brigade badoise, de l'autre à Villersexel
par la 4e division de réserve, dispositif très judicieux
qui paraissait permettre d'être renseigné en temps utile
sur tout mouvement important de l'ennemi.

Le 28, les têtes de colonnes atteignirent Vesoul et ses
environs immédiats. Le quartier général y arriva fort
tard dans la soirée, retardé par un verglas épouvantable
qui lui coûta 16 chevaux (1).

La concentration ne fut terminée que le 30, et, à cette
date, les troupes étaient réparties ainsi qu'il suit :

	Bataillons	Escadrons	Batteries
Quartier général : Vesoul.			
3e brigade badoise : Gray	5	2	1
4e division de réserve : Villersexel et Esprels	8	5	5
2e bataillon du 6e régiment d'infanterie badoise : Villersexel et Esprels	1	»	»
1re brigade badoise et 2e brigade badoise : Vesoul et au sud-ouest	12	2	2
Artillerie de corps : au nord de Vesoul	»	»	6
Cavalerie badoise : au nord de Vesoul	»	8	»
Brigade von der Goltz :			
A l'est de Vesoul (34e)	3	4	1
A Lure (30e).	3	4	2
Détachement Schalk : Port-sur-Saône	1 1/2	1	1
TOTAUX	33 1/2	26	18

Ces mouvements rapides ne s'étaient pas exécutés sans
occasionner d'énormes fatigues aux troupes, surtout
dans la division badoise. Elles les supportèrent bien,
grâce, dit-on, à de copieuses distributions de vin, requi-
ses d'ailleurs sans ménagement (2).

Entre temps, le général de Treskow, qui avait envoyé
une petite avant-garde sur Arcey, constatait une grande

---

(1) On fut avisé le même jour que le VIIe corps aurait le 30 son
quartier général à Aisey-sur-Seine (140 kilomètres de Vesoul).

(2) Löhlein assure que la proportion des malades ne dépassa
pas celle du temps de paix.

tranquillité de ce côté, tandis qu'au sud de l'Allaine l'adversaire paraissait s'être renforcé et s'occuper des préparatifs d'un mouvement offensif. Par contre, les reconnaissances envoyées le long de l'Ognon annonçaient que tous les petits détachements français dont on avait constaté la présence les jours précédents s'étaient retirés sur la rive gauche de la rivière. De Berne, enfin, on confirmait l'activité considérable des chemins de fer à Lyon; mais on certifiait — ce qui était absolument exact — que les transports sur Besançon n'avaient commencé que le 27. Il ne semble pas, d'ailleurs, qu'à la date du 30 le quartier général du XIVe corps ait eu connaissance de l'occupation de Dijon exécutée le 28 et le 29 par la division Cremer.

En somme, dans les douze jours qui s'étaient écoulés depuis le combat de Nuits, il s'était agi, pour le général de Werder, de passer d'un dispositif d'occupation à une formation de guerre active. La chose, en soi, n'était pas difficile : il fallait l'entreprendre à temps. La complexité des instructions du grand quartier général, le caractère même du général de Werder, l'absence de reconnaissances sérieuses dans les directions qu'il regardait lui-même comme les plus dangereuses, quelques considérations plutôt politiques que militaires, contribuèrent à faire reculer la date à laquelle le mouvement pût commencer.

Et lorsqu'on pense que, dès le 20 décembre, les têtes de colonne du 18e corps français se présentaient aux quais d'embarquement, on peut se demander si avec un peu plus d'ordre, de méthode et aussi de bonheur, les deux premiers corps de l'armée de Bourbaki n'auraient pas pu réussir à surprendre le XIVe corps allemand encore dispersé, à le mettre, sinon hors de cause, du moins dans une bien fâcheuse situation.

IV

LES OPÉRATIONS DU 30 DÉCEMBRE AU 4 JANVIER

Au moment même où les derniers éléments des deux premiers corps de son armée avaient enfin débarqué du chemin de fer, le général Bourbaki avait-il définitivement arrêté son plan d'opérations? Avait-il un objectif nettement déterminé? Etait-ce vers Chaumont où vers Belfort qu'il allait orienter la marche du gros de ses forces? Il nous semble bien difficile, quoi qu'on en ait dit, de répondre à cette question autrement que par la négative.

A un point de vue, peut-être un peu théorique en raison des circonstances, mais dont la valeur réside précisément dans ce fait qu'il est l'affirmation d'un principe de bon sens, il est incontestable que, dès sa réunion achevée, l'armée de l'Est devait mettre au second rang toutes les autres préoccupations et marcher rapidement sur le XIVe corps, seul obstacle immédiat à la réalisation de tout projet offensif, qu'on eût pour but la délivrance de Belfort ou l'interruption des communications allemandes. C'était bien là, au demeurant, l'idée de M. de Freycinet. D'autre part, des raisons moins dogmatiques engageaient également à commencer sans délai une marche offensive vers le Nord. Il n'était pas téméraire de penser qu'un mouvement de cette nature devait maintenir dans l'Ouest les troupes du général de Werder et faciliter par conséquent une manœuvre par la droite permettant à l'armée de l'Est d'interrompre, ou du moins de compromettre les communications du XIV⁰ corps avec le corps de siège. Sans doute, le général Bourbaki, avec son expérience de la guerre, ne pouvait pas méconnaître la valeur de ces raisons. Mais il ne semble pas qu'il ait cru que son armée, encore sous l'impression des événements antérieurs, et assurément fatiguée par le transport en chemin de fer, fût capable d'exécuter des marches rapides dont l'issue obligée était une action de vigueur.

D'autre part, la retraite subite des troupes du général de Werder et les mouvements que l'on prêtait au VII⁰ corps ne laissaient pas que de l'inquiéter quelque peu. Il était convaincu que le transport de l'armée de l'Est n'avait pas échappé à l'adversaire, et que celui-ci, avec sa capacité de manœuvre supérieure, n'allait pas manquer de prendre des mesures en conséquence. Aussi, insista-t-il d'une manière pressante auprès du Gouvernement pour que le 15ᵉ corps vînt le rejoindre. La délégation, qui considérait, avec raison, la présence de ce corps d'armée comme nécessaire aux environs de Bourges, commença par résister avec énergie à cette exigence, et mit le général en demeure de commencer immédiatement ses opérations dans le sens général du plan qu'il avait accepté.

Le général obéit en prescrivant des dispositions qui n'engageaient en rien les opérations ultérieures. Avant toute autre chose, il fallait en effet concentrer quelque peu cette armée dispersée sur un front de 70 à 80 kilomètres. C'est ce qu'on fit en prescrivant que, le 2 janvier, le 18ᵉ corps devrait atteindre Pesmes; le 20ᵉ, ayant derrière lui la réserve générale, Marnay et Etuz, tandis que le 24ᵉ corps resterait au nord de Besançon où sa 3ᵉ division était encore en voie d'organisation. Sur le front, le mouvement était couvert par les reconnaissances du 24ᵉ corps et de la garnison de Besançon ; vers Marnay et Pesmes, par le corps Bourras, qui, poussé vers cette dernière localité dès le 29, assurait la sécurité dans la direction de Gray, où la présence de l'arrière-garde allemande, constituée par la 3ᵉ brigade badoise, était connue du quartier général. Sur la gauche, et en attendant l'arrivée à Dijon de Garibaldi, les mobilisés du général Pélissier occupaient cette ville, tandis que la division Cremer était autorisée à pousser sur Champlitte (1).

En outre, le général Bressolles ne tardait pas à être invité à envoyer, dès qu'il le pourrait, sur Baume-les-Dames, une division du 24ᵉ corps. En fait, la division Comagny y fut réunie le 4 janvier et devait être suivie dès le lendemain par la division d'Ariès.

Les mouvements prescrits commencèrent le 30.

Le 18ᵉ corps se porta en colonnes de division sur Pesmes par les deux rives de la Saône. Il y franchit l'Ognon difficilement dans la nuit du 2 au 3 et dans la matinée de ce dernier jour ; mais ces difficultés n'étaient dues qu'à la nécessité de rétablir les passages, par une température extrêmement défavorable. En avant de lui, le corps Bourras, dès le 1ᵉʳ janvier, avait occupé Gray, que la 3ᵉ brigade badoise, ainsi que nous le verrons plus loin, avait évacué dans la soirée de la veille. Ce corps de partisans avait montré d'ailleurs une activité louable ; de-

---

(1) Il y eut de sérieuses discussions au sujet de l'emploi de la division Cremer. Les idées de son chef semblent, en effet, avoir fait une impression sérieuse sur l'esprit de M. de Freycinet et celui de M. de Serres. Tout au moins pensait-on, de ce côté, qu'une pointe sur Langres aurait les plus heureux effets. Mais, d'une part, le général Bourbaki voulait que cette division assurât l'occupation de Dijon jusqu'à l'arrivée de Garibaldi, qu'il considérait encore comme incertaine, et, de l'autre, hostile à toute idée de détachement, il ne voulait pas priver son armée du concours d'une troupe relativement bien entraînée et énergiquement commandée.

La marche sur Champlitte fut un de ces nombreux *mezzo termine* si fréquents dans cette guerre.

puis le 29, il inquiétait continuellement les avant-postes placés par le général Keller au sud de Gray, et leur tuait du monde.

Le 20e corps exécuta ses marches sans difficulté.

Pendant ce temps, le général Bourbaki ne cessait pas de réclamer l'envoi du 15e corps. Malgré M. de Serres, peut-être même malgré lui-même, M. de Freycinet consentit à déférer à cette demande le 31 décembre, lorsque la nouvelle confirmée de la retraite du général de Werder sur Vesoul lui eut fait penser que le mouvement de l'armée de l'Est était décidément connu des Allemands. Aussi bien, les nouvelles des mouvements du VIIe corps lui causaient, à lui aussi, certaines inquiétudes, et, devant l'inertie invincible de Garibaldi, il donna satisfaction immédiate au désir du général Bourbaki, en expédiant dès le 2 janvier, sur Dijon, la brigade Questel du 15e corps, et en annonçant que le reste du corps d'armée serait transporté à Besançon à partir du 4 (1).

Le commandant de l'armée de l'Est se décida alors à porter les 18e et 20e corps dans la direction de Vesoul, et le 4 janvier on occupait les emplacements suivants :

Quartier général : Besançon.

18e corps : Frasnes-le-Château, la Chapelle-Saint-Quillain et au sud. (Un petit détachement de cavalerie suivait la rive droite de la Saône.)

20e corps : de Quenoche à l'Ognon, le long de la route de Besançon à Vesoul.

24e corps : une division (Comagny) à Baume-les-Dames, avec détachements sur Clerval et Rougemont ; deux divisions au nord-est de Besançon.

---

(1) On sait que ces transports, commencés, en effet, le 4 janvier, ne se terminèrent que le 14. Leur exécution se fit dans des conditions encore plus désastreuses que celles dont avaient souffert les 18e et 20e corps.

Voir l'*Histoire générale* de M. le colonel Rousset, et, pour plus de détails, l'enquête parlementaire.

15e corps : 1 brigade à Dijon; le reste commence à s'embarquer.
Division Cremer, à Champlitte.
Réserve générale : entre le 20e et le 24e corps, sur la rive gauche
de l'Ognon.

Dans la soirée du 4, la division Polignac, du 20e corps, établie au sud du bois de la Bouloye, envoya une reconnaissance d'une cinquantaine d'hommes sur Echenoz-le-Sec. Elle se heurta à un escadron badois qui, bientôt renforcé par une compagnie d'infanterie, la repoussa jusqu'au bois.

Sur tout le front, d'ailleurs, eurent lieu dans la journée des escarmouches de même nature qui, si elles ne présentaient pas d'importance matérielle, n'en avaient pas moins une signification sérieuse puisqu'elles établissaient nettement le contact avec l'ennemi. Aussi bien, le service de renseignements le plus élémentaire, — et il en existait certainement un à l'armée de l'Est, — aurait pu faire facilement connaître les positions occupées chaque jour par l'adversaire. Il eût été dès lors relativement aisé de se rendre compte, par la connaissance même de ces mouvements, de l'état d'inquiétude où se trouvait indiscutablement l'état-major du XIVe corps.

En tout cas, la proximité même de l'ennemi rendait absolument probable l'éventualité d'une rencontre pour le 5 janvier, et, dès lors, si le général en chef avait l'intention d'exécuter une opération effective sur Vesoul, il était indispensable qu'il prît des dispositions en conséquence. Nous verrons qu'il n'en fut rien. D'ailleurs la position même des différents corps de l'armée, et en particulier celle du 24e corps, ne permet pas de supposer que le général eut à ce moment des projets nettement offensifs. Nous reviendrons, du reste, sur cette question; mais, auparavant, il convient d'examiner les opérations du XIVe corps jusqu'au 4 janvier.

Nous avons vu plus haut quelles étaient les dispositions réalisées à la date du 30 par le XIVe corps. Dans l'après-midi de ce même jour, des renseignements concordants montraient que des troupes nouvelles et nombreuses étaient effectivement arrivées à Besançon; des déserteurs affirmaient que des troupes d'Algérie (?), sous le commandement du général Bressolles, avaient quitté la place dans la matinée. Tout cela indiquait tout au moins des velléités d'offensive, auxquelles le général de Werder était bien décidé à mettre fin par une attaque vigoureuse. Dans ce but, il avait l'idée de reporter sa concentration un peu plus au sud, pour être à même de faire face plus aisément à une direction quelconque.

Dans la soirée même, assez tard d'ailleurs, on recevait au quartier général un télégramme de Versailles affirmant expressément que l'armée du général Bourbaki était encore tout entière à Bourges, et que les troupes que le XIVe avaient en face de lui ne consistaient que dans des formations sans cohésion.

De plus, presque en même temps, un rapport du général Schmeling faisait connaître de Villersexel que les reconnaissances envoyées sur Clerval et Baume-les-Dames avaient constaté que l'ennemi restait sur la défensive.

Tout cela semblait donc s'accorder pour engager le général à mettre à exécution son idée d'offensive. Il ne le fit pas cependant, car la situation, malgré l'optimisme du grand quartier général, ne lui paraissait pas suffisamment claire. Il resta donc sur l'expectative et on ne peut certes l'en blâmer; mais à quoi devait-on donc cette obscurité de la situation? N'était-il pas possible de percer quelque part ce rideau qui semblait envelopper le XIVe corps? Sans doute, les routes étaient difficiles et le parcours à travers des champs couverts de neige gelée, dans une région extrêmement accidentée, ne l'était pas moins ; ces difficultés expliquent jusqu'à un certain point la quasi-impuissance des patrouilles à percer la toile d'araignée que quelques groupes de francs-tireurs tendaient en avant des corps français. Devait-on envoyer des colonnes mobiles ? Mais les troupes étaient bien fatiguées, la saison bien dure, le pays difficile et la destruction des ponts de l'Ognon faisait de ce cours d'eau un obstacle bien dangereux pour de faibles colonnes ; d'autre part, on ne pouvait pas se disperser à l'infini.

Certes, le problème n'était pas aisé. Cependant ne semble-t-il pas qu'on eût pu déployer une activité plus sagement concentrée ? A Villersexel et vers Rougemont, la 4ᵉ division de réserve couvrait très suffisamment la direction de Belfort pour que, de ce côté, on pût avoir toute tranquillité, même si, comme le disait le général Röder, ministre prussien à Berne, 25.000 hommes se préparaient à se porter de Besançon sur Belfort (1). Mais la partie dangereuse, la partie intéressante, c'était le front Auxonne - Dôle, sur lequel l'ennemi manifestait depuis quelque temps une certaine activité. N'était-ce pas aussi dans cette région, qu'en raison même des dispositions du réseau ferré, l'armée de Bourbaki, — si elle devait venir dans l'Est, — était obligée de faire déboucher tout au moins une partie de ses forces ? Dès lors, n'était-il pas possible à la 3ᵉ brigade badoise, qui précisément avait pour mission expresse de se procurer des renseignements (2), de pousser sur Pesmes, et au delà, un assez gros effectif, — qui aurait vraisemblablement déchiré un coin du voile, — au lieu de se borner à envoyer

---

(1) Il y a moins loin de Vesoul à Héricourt que de Besançon à ce dernier point. Il semble, dès lors, qu'une action sur le flanc gauche ennemi pouvait être obtenue, en temps utile, sans grande difficulté.

(2) Voir Löhlein, édition allemande, page 146.

à quelques kilomètres de Gray des compagnies isolées qui se contentaient d'escarmoucher avec les francs-tireurs du colonel Bourras ou les mobilisés de la Haute-Saône, ayant, en somme, beaucoup plus l'air de se défendre que de vouloir conquérir de haute lutte les renseignements demandés ? Il est des cas, et, à notre avis, c'en était un, où les reconnaissances offensives s'imposent (1).

Quoi qu'il en soit, la journée du 31 ne fournit pas d'éclaircissements bien sérieux. On apprend que Dijon a été occupé et que le 30, les Français étaient entrés à Mirebeau-sur-Bèze. D'autre part, tous les ponts sont rompus, et à Baume-les-Dames, Clerval, l'Isle-sur-le-Doubs, on n'aperçoit que de faibles fractions ennemies. Ce serait donc à Besançon que seraient réunies les forces venant de Lyon, et l'apparition de forts effectifs au nord de Dijon correspondrait peut-être à un projet de mouvement d'ensemble contre la ligne Vesoul - Langres. En tout cas, l'occupation de Mirebeau met un peu en l'air la position de la brigade Keller à Gray. On va donc la rapprocher de Vesoul; dès la soirée du 31 décembre elle évacuera Gray, et le 1er janvier elle s'installera sur la Romaine, à Fresnes-Saint-Mamès et à Neuvelle-lès-la-Charité, couvrant ainsi les directions de Gray et de Dôle.

Dans la nuit on rendit compte au grand quartier général de ces dispositions défensives.

La matinée et l'après-midi du 1er janvier se passèrent à Vesoul dans l'attente de renseignements venant du front. On reçut de Berne un nouveau télégramme assu-

---

(1) Ce fut d'ailleurs l'avis du général de Werder quelques jours plus tard, lorsque les circonstances étaient peut-être moins favorables à ce procédé d'investigation.

rant que les chemins de fer étaient encore réquisition-
nés pour deux jours et que, dès maintenant, 10.000 hommes marchaient sur Pont-de-Roide. D'autres sources
s'accordaient à signaler de très gros rassemblements de
troupes à Besançon et au Sud. N'y avait-il pas là l'in-
dication d'un mouvement imminent des Français vers
Belfort?

Aussi l'état-major du XIV⁰ corps dut-il éprouver un
certain étonnement quand arriva, tardivement dans la
soirée, la réponse du grand quartier général à la dépêche
expédiée dans la nuit précédente.

Le comte Moltke faisait remarquer que tous les renseignements, et même ceux qui émanaient du XIV⁰
corps, montraient que l'ennemi n'avait que des projets
de défensive entre Besançon et Belfort. Le XIV⁰ corps
devait donc reprendre son attitude offensive aussi bien
contre Dijon que contre Langres; il pouvait même, si la
situation devant Belfort le permettait, ne laisser devant
la place que la 1ʳᵉ division de réserve et le détachement
Debschitz et employer pour son offensive toute la 4ᵉ division de réserve. On ajoutait que, comme le XIV⁰ corps
n'avait plus besoin du concours du VII⁰, le général de
Zastrow allait reprendre son mouvement vers le Sud-
Ouest.

Ce télégramme, d'une sérénité si complète, ne correspondait certainement pas à l'état d'âme qui régnait au
quartier général de Vesoul. On en a la preuve par la
réponse même que le général de Werder expédia séance
tenante.

« La situation, y disait-il en substance, ne présente
pas suffisamment de clarté pour que le XIV⁰ corps puisse
reprendre immédiatement son offensive vers le Sud-
Ouest, surtout tant que sa mission principale sera de
couvrir le siège de Belfort. Le général Röder annonce,
en effet, que les chemins de fer sont encore réservés pen-

dant deux jours aux transports militaires et que 10.000 hommes marchent sur Pont-de-Roide. » Toutefois, pour se conformer à l'esprit des instructions reçues, le général envoyait un officier au général de Treskow pour établir une entente en vue du projet d'offensive.

Le capitaine Lœhlein rappelle à ce propos, et non sans une certaine amertume, que précisément ce même jour le général de Zastrow avait son quartier général à Aisey (10 kilomètres au sud de Châtillon-sur-Seine) et qu'il se préparait à donner des ordres en vue d'une marche sur Dijon, lorsqu'il reçut l'invitation de rester provisoirement sur place (1).

Les renseignements fournis, entre temps, par les reconnaissances, étaient, du reste, loin de s'accorder avec la manière de voir du grand quartier général. Sur toutes les routes, et particulièrement du côté de la Saône, l'ennemi montrait une grande activité; chose plus grave, on avait vu des hussards français, et l'on savait que ce n'était qu'à l'armée de la Loire qu'il existait des unités de cette subdivision d'arme.

L'historiographe du XIV corps dit bien, avec un grand esprit de discipline, que la précision des renseignements venus du grand quartier général était telle qu'à Vesoul on n'osa pas en douter et qu'on finit par admettre que ces hussards provenaient vraisemblablement des dépôts. Qu'on nous permette de croire que le général de Werder ne partagea pas complètement la manière de voir de son état-major.

La réponse envoyée à Versailles était à peine partie

---

(1) Le VII corps n'aurait eu d'abord affaire qu'à une fraction de la brigade Menotti; mais il se serait heurté un peu plus tard à la division Cremer, et probablement à la brigade Questel. Si favorable que pût être l'issue de l'opération pour les Français, elle n'en aurait pas moins causé, sinon un arrêt, du moins des hésitations nouvelles dans les opérations de l'armée de l'Est.

que le général de Schmeling fit connaître que les Français se fortifiaient à Clerval et près de Baume-les-Dames (1).

La première idée du général de Werder fut, comme d'habitude, de porter immédiatement un coup vigoureux à ces troupes vraisemblablement peu nombreuses. On étudiait donc, dans la journée du 2 janvier, les dispositions à prendre dans ce but, quand arrivèrent successivement de nombreux renseignements qui vinrent encore une fois arrêter les projets offensifs du commandant du XIVe corps.

Tout d'abord, le général de Zastrow annonçait que le général Cremer était à Dijon avec 12.000 hommes et 16 pièces ; ensuite, des renseignements précis constataient que, dans ces derniers jours, 25 à 30.000 hommes étaient arrivés à Besançon par les voies ferrées. Enfin, le soir, un télégramme du général Röder faisait connaître que 25.000 hommes se portaient rapidement à l'est de Besançon et que leur avant-garde (4.000 hommes) était entrée à Blamont (2). Ce dernier renseignement paraissait d'autant plus vraisemblable qu'on apprenait en même temps de Belfort que, dans la matinée, à Abbevillers, au nord de Blamont, un bataillon français avait attaqué le bataillon Liegnitz. L'affaire avait, d'ailleurs, été désastreuse pour les assaillants, qui s'étaient rapidement retirés sur Glay, et dont 200 hommes avaient passé en Suisse.

---

(1) C'était la division Comagny, du 24e corps, qui commençait à arriver sur ces points.

(2) 2 bataillons des mobiles du Doubs, 1 bataillon (très faible) de mobilisés du même département et 1 compagnie de zouaves de marche occupaient depuis longtemps le territoire de Blamont. Le 1er janvier y arriva, en outre, de Besançon, le corps des « Vengeurs », 1.200 hommes, commandés par un certain Malicki qui, à sa première affaire, précisément à Abbevillers, prit la fuite, passa en Suisse en emportant la caisse de son « corps ». Il fut imité par plus de 200 de ses hommes.

D'autre part, un renseignement ultérieur du général de Schmeling montrait que trois bataillons français avaient occupé Avilley (5 kilomètres au sud de Montbozon).

Assurément, il eût été « très artistique » d'arrêter les projets d'offensive que semblaient indiquer ces nouvelles par une énergique attaque, et la solution eût été même plus « élégante » en dirigeant cette attaque sur un point quelconque à l'ouest de Besançon; mais, comme toutes les solutions de ce genre, celle-ci était peut-être un peu dangereuse. C'était bien là l'esprit des directives données par le grand quartier général; il ne paraît pas que le général de Werder s'y soit arrêté, si tant est qu'il en ait eu l'idée. Il se borna à des considérations bien plus simples dont le résultat fut qu'il y avait lieu de se mettre en mesure de secourir rapidement, le cas échéant, le général de Treskow.

Laissant de côté toute idée d'offensive immédiate, il prescrivit pour le 3 janvier (1) :

Au colonel Nachtigall, qui commandait le détachement de Lure (30e d'infanterie, 2 batteries, 4 escadrons), de se porter sans délai sur Héricourt ;

Au reste de la brigade von der Goltz (34e d'infanterie, 1 batterie, 4 escadrons), de se rendre à Villersexel, où se trouvait maintenu le 3e bataillon du 6e badois ;

A la 4e division de réserve, de se porter sur Arcey.

Du fait même de ce dernier mouvement, le général de Treskow pouvait disposer du détachement qu'il avait placé à Arcey, et qui fut employé sur l'Allaine.

Pour couvrir Vesoul contre toute éventualité, la division badoise fut maintenue sur ses anciennes positions (2).

______

(1) Voir page 49, pour la dislocation du XIVe corps, du 30 décembre au 2 janvier.

(2) Le détachement Schalk restait à Port-sur-Saône, et la gar-

La conséquence première de l'exécution des ordres qui précèdent fut de disperser à nouveau le XIV° corps sur un front dont l'étendue dépassait 45 kilomètres à vol d'oiseau.

Certains auteurs ont loué ce dispositif en cordon, qui leur paraissait répondre absolument d'une part à la nécessité de couvrir les communications, de l'autre à celle de pouvoir se porter rapidement sur Belfort.

Nous ne saurions partager absolument cette manière de voir. Dans la formation adoptée par le **général de Werder** nous voyons surtout un de ces « moyens termes » qui, dans le domaine militaire, ont généralement les conséquences les plus fâcheuses.

Le XIV° corps forme, en effet, deux groupes séparés par deux grands jours de marche; entre ces deux groupes ne se trouve que le détachement de 3.500 hommes que le général von der Goltz commande à Villersexel. Celui-ci est à six heures de la route Besançon - Vesoul : il a ou croit avoir en face de lui les trois bataillons français signalés à Rougemont, sans préjudice des troupes de Baume-les-Dames et de Clerval. Un peu d'activité de la part de celle-ci peut suffire à l'immobiliser, et, que l'ennemi attaque sur Vesoul ou sur Belfort, le détachement de Villersexel aura bien des chances de ne jouer qu'un rôle insignifiant de flanc-garde.

La situation se complique de ce fait qu'on ne sait rien de ce qui se passe au delà d'une distance de 3 à 4 kilomètres de la ligne des sentinelles (1), si ce n'est que l'ennemi exécute de nombreuses reconnaissances. Il en

---

nison de Vesoul fut augmentée de 2 compagnies de chasseurs de réserve et d'une batterie de réserve saxonne qui, sous le commandement du major de Paczinski, étaient arrivées le 2, comme troupes d'étapes.

(1) C'est ainsi que le 4 au soir, l'avant-garde du 20° corps arrive sans être vue à moins de 5 kilomètres de Vellefaux, occupé par les Badois.

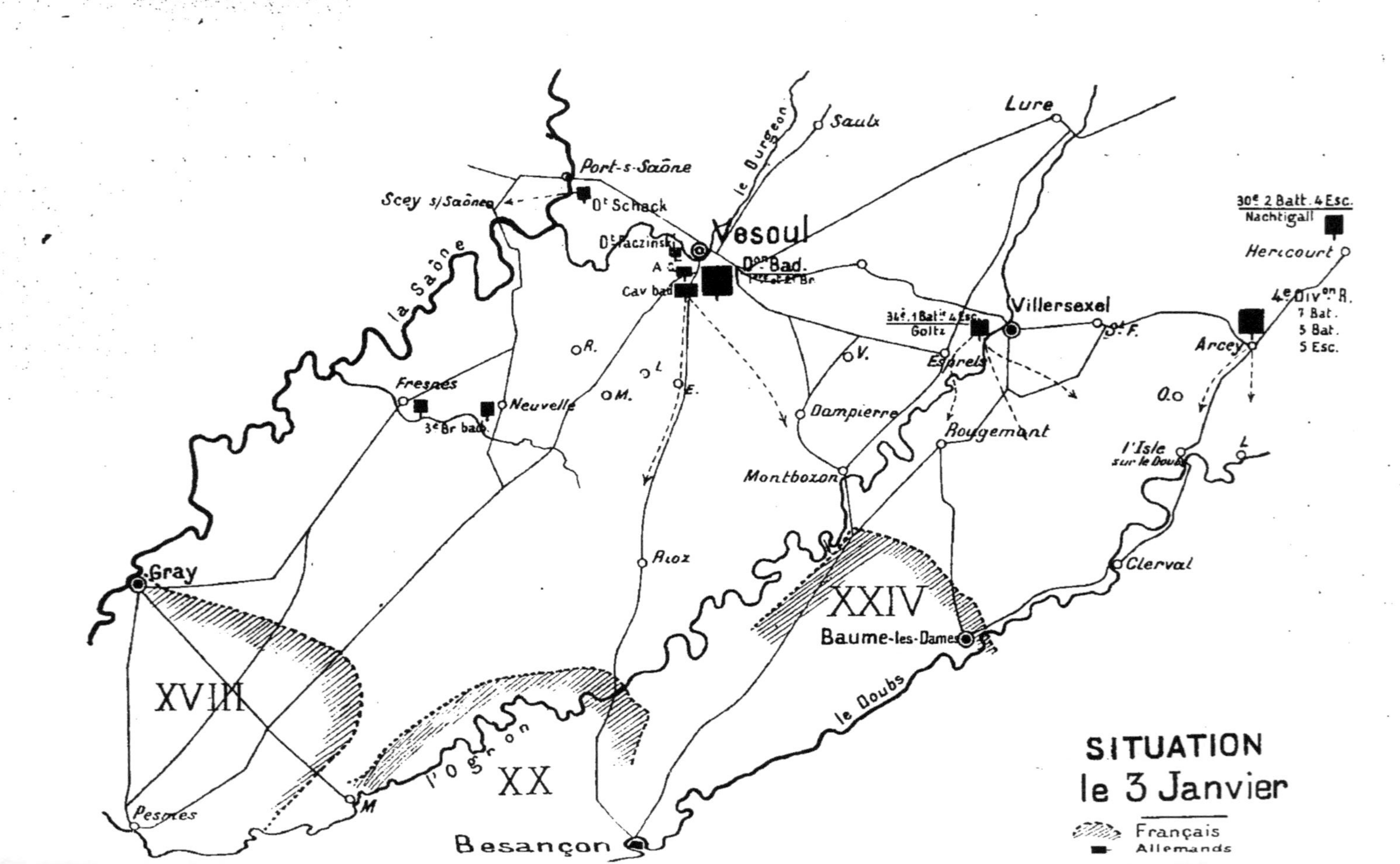

le Durgeon
Saulx
Lure
Port-s-Saône
Scey s/Saône
Ot Schack
Ot Paczinski
Vesoul
Dor Bad.
30e 2 Batt. 4 Esc.
Nachtigall
Hericourt
A.
Cav bad.
R.
V.
Espreis
34e 1 Baton 4 Esc.
Goltz
Villersexel
D. F.
4e Divon R.
7 Bat.
5 Bat.
5 Esc.
Arcey
Fresnes
3e Br bad.
Neuvelle
M.
E.
Dampierre
Rougemont
O.o
l'Isle sur le Doubs
L
la Saône
Aroz
Montbozon
Clerval
Gray
XXIV
Baume-les-Dames
le Doubs
XVIII
l'Ognon
XX
Pesmes
M
Besançon
SITUATION
le 3 Janvier
Français
Allemands

résulte qu'en occupant un peu la brigade Keller par des
« démonstrations appropriées », suivant l'expression de
M. le colonel de Bernhardi, les Français peuvent s'avancer assez facilement par la route de Rioz, forcer par cela
même cette brigade à se retirer rapidement, et ne laisser
au reste de la division que le temps d'occuper les positions au sud de la ville. Par suite même des distances,
l'engagement ne peut débuter avant le commencement
de l'après-midi, et le détachement de Villersexel, en
admettant pour lui les circonstances les plus favorables,
ne sera en mesure de faire sentir son action qu'à la nuit
tombée. Elle sera bien tardive, si l'ennemi met quelque
peu d'ardeur à son attaque, et bien faible aussi, vraisemblablement !

L'attaque a-t-elle lieu sur le centre ? Le dispositif
peut être rompu, la route directe d'Arcey à Vesoul inter-
ceptée, avant que la division badoise ou la 4e division de
réserve puissent arriver au secours du détachement de
Villersexel.

Quant à l'attaque sur Belfort, les auteurs allemands
eux-mêmes reconnaissent qu'elle était fort difficile et
par conséquent improbable par le Sud : les routes étaient
dans un état déplorable et le passage de l'Allaine était,
en soi, une opération hasardeuse. Restaient donc les
directions qui, de Baume-les-Dames, Clerval et l'Isle-
sur-le-Doubs, convergent vers le front Héricourt - Montbéliard.

Dans cette hypothèse, la 4e division de réserve était
bien placée à Arcey, à condition qu'elle pût être soutenue en temps utile. Elle ne pouvait l'être réellement
que par une entrée en ligne opportune de la division
badoise (1). Or, celle-ci ne pouvait faire sentir son ac-

____

(1) Elle ne pouvait guère compter sur des renforts sérieux envoyés par le corps de siège, fort occupé par la forteresse elle-même
et par la surveillance au sud de l'Allaine. Le général Treskow

tion que sept ou huit heures après en avoir reçu l'ordre et à la condition expresse que le détachement de Villersexel eût pu conserver victorieusement le passage de l'Ognon.

Nous ne croyons pas nécessaire de développer davantage ces considérations. Nous reconnaissons volontiers que le général de Werder a déployé beaucoup d'activité, que ses troupes ont fait preuve d'une grande capacité de manœuvre; mais cet ensemble était-il toujours juste? Ne semble-t-il pas aussi que, l'idée de défensive une fois admise, une concentration dans une région plus judicieusement choisie que celle de Vesoul aurait placé, théoriquement du moins, le XIV⁰ corps dans une situation plus avantageuse?

Les mouvements prescrits s'exécutèrent sans obstacles dans la matinée du 3 janvier.

Sur ces entrefaites, l'officier que le général de Werder avait envoyé auprès du commandant du corps de siège était rentré à Vesoul. Son rapport semble avoir produit une impression pessimiste. En effet, dans un télégramme expédié à Versailles dans la soirée, le commandant du XIV⁰ corps exprimait l'avis « qu'en raison de l'étendue de la ligne d'investissement et de l'énergie de la défense, les troupes qui se trouvaient devant la place étaient insuffisantes pour s'opposer à une tentative de déblocus et aux projets d'invasion de l'Alsace formés par l'ennemi ». En conséquence, il allait envoyer sous Belfort toute la 4⁰ division de réserve.

Cette résolution allait, d'ailleurs, être bien vite radicalement modifiée.

En effet, un peu plus tard, le général de Treskow

---

ne pouvait à ce moment lui envoyer plus de trois ou quatre bataillons qui, réunis au détachement Nachtigall, n'auraient constitué qu'une forte brigade.

annonçait que, devant lui, l'ennemi se tenait absolument tranquille. Par contre, le général von der Goltz faisait connaître, de Villersexel, que 20.000 hommes étaient attendus à Rougemont, et que, pour sa part, il avait l'intention de se porter à Esprels avec son gros et d'occuper les passages de l'Ognon au sud de cette localité.

Cette marche de l'ennemi sur Rougemont sembla au général de Werder l'indice d'une attaque sur le centre de sa faible ligne. Nous en avons fait tout à l'heure ressortir tout le côté périlleux. Aussi se hâta-t-il d'expédier les ordres suivants :

« Demain, 4 janvier, avant 11 heures et demie du matin, une brigade badoise sera rendue à Vallerois-le-Bois, une seconde brigade à Esprels ;

» La 3ᵉ brigade sera rappelée sur Villefaux et au Nord ;

» La division Schmeling et le détachement Nachtigall se porteront sur Saint-Ferjeux (1). »

Il n'y avait là, en somme, qu'un resserrement d'intervalles, un rétrécissement du système linéaire antérieur dont on limitait le front à 18 kilomètres (non compris la 3ᵉ brigade badoise), sans, d'ailleurs, lui constituer de réserves.

Cela peut être de la « tactique d'armées »; à coup sûr, ce n'est pas de la « tactique de brigades »

Ces mouvements commencèrent le 4 avant le jour. Mais, vers 9 heures du matin, on apprit que « les détachements français qui, par différentes routes, s'étaient

---

(1) Le 4 janvier, au matin, un télégramme rendit compte au grand quartier général de ces dispositions, et de l'impossibilité où l'on était pour le moment de se conformer aux instructions antérieures. Le général de Zastrow en fut également avisé.

avancés contre l'Ognon, avaient de nouveau fait retraite derrière le Doubs (1) ».

Cela permettait de respirer un peu et le général de Werder donna l'ordre de prendre les cantonnements suivants :

Division badoise.

1re brigade badoise : Vallerois-aux-Bois, Thieffrans, Chassey.
2e brigade badoise : au nord de la ligne Vellefaux—Audelarrot, qui sera tenue par des avant-postes s'étendant jusqu'à la Saône (2).
3e brigade badoise : Vesoul, Frotey, Quincey.
Artillerie de corps et cavalerie : Noroy-le-Bourg et environs.

Brigade von der Goltz (complète).

Villersexel et Esprels.

4e division de réserve.

Entre Saint-Ferjeux et Corcelles.

Les trains régimentaires devaient rejoindre leurs corps; les parcs et convois rester sur place (à une étape au nord-est de Vesoul environ). Enfin, le détachement Schack restait à Port-sur-Saône et le détachement Paczynski à Vesoul.

En définitive, le général s'en tenait à la disposition en cordon du 3 janvier et se bornait à renforcer son centre; c'était assurément une amélioration.

Dans la soirée du 4, certains indices commencèrent à

---

(1) Ce renseignement, cité par Löhlein, qui semble viser plus particulièrement le détachement dont la présence aurait été constatée la veille à Rougemont, paraît avoir été bien légèrement pris. Il est bien vague, et, à coup sûr, inexact dans l'ensemble. La vérité est que Rougemont avait été trouvé inoccupé, et qu'une reconnaissance d'officier, envoyée à quelques kilomètres au sud de Montbozon, n'avait rencontré personne. Le front du 24e corps ne dépassait pas, en effet, la ligne Rigney—Baume-les-Dames.
(2) Cette brigade reçut l'ordre en arrivant aux Belles-Baraques. Elle y fit la soupe et partit ensuite pour sa nouvelle destination.

donner un peu plus de précision à la situation. D'abord, les reconnaissances françaises se firent de plus en plus nombreuses. Ensuite, ainsi que nous l'avons vu (page 55), une patrouille de la division Polignac, du 20ᵉ corps, envoyée sur Echenoz-le-Sec, fut découverte au sud du village par les dragons du général Degenfeld. Ceux-ci, aidés d'une fraction de la grand'garde établie au nord du village, la poursuivirent jusqu'à la lisière du bois de la Bouloye; l'obscurité naissante, sinon d'autres raisons, les empêcha de continuer plus loin. Cet incident devait avoir une signification sérieuse pour l'état-major du XIVᵉ corps, qui apprenait en même temps que l'on avait constaté la présence de forces assez importantes le long du Doubs, aux environs de Baume-les-Dames.

Le général de Werder n'en était pas moins dans la plus grande incertitude. Elle devait être bien vite dissipée dans la journée du lendemain.

V

LA JOURNÉE DU 5 JANVIER

Nous avons vu précédemment que les incidents qui avaient marqué la journée du 4 janvier devaient faire envisager, au quartier général de Besançon, la probabilité d'une rencontre pour le lendemain. Cependant, les instructions envoyées aux corps d'armée ne semblent pas porter la moindre trace de ces préoccupations.

Le 18e corps avait l'ordre de s'établir à Rosey (3e division), Mailley (1re), Granvelle (2e), couvert à gauche par la brigade Charlemagne, de la division de cavalerie de Bremond d'Ars, qui devait éclairer vers les passages de la Saône; sur la rive droite de la rivière, deux petits détachements de cavalerie, très faibles d'ailleurs, opéraient à hauteur de la première ligne.

Le 20e corps devait serrer sur sa tête, qui occupait déjà le bois de la Bouloye, et s'installer entre Pennesières, Rioz et Authoison.

Quant au 24e corps, dont la 3e division venait d'être complétée, il opérait lentement une concentration qui devait l'amener, le 6, au sud de Rougemont.

Enfin, la réserve générale restait sur l'Ognon, en arrière et à droite du 20e corps, tandis que le quartier général allait s'installer à Voray. On recommandait de s'éclairer au loin; mais l'ordre était muet aussi bien sur le but du mouvement que sur la conduite à tenir en cas de rencontre. N'y avait-il donc là qu'une simple démonstration ? (1).

Ces mouvements étaient en cours d'exécution dès le matin, quand une compagnie du 3ᵉ régiment d'infanterie badois, envoyée de Vellefaux en reconnaissance vers ce bois de la Bouloye qui, la veille au soir, avait été trouvé occupé, s'y heurta à une ligne d'avant-postes réguliers et put constater (vraisemblablement du signal de Vellefaux) la présence d'un effectif considérable au sud de ce bois, sur la route de Rioz et vers Authoison. Le renseignement fut immédiatement envoyé à Vesoul. Ce ne fut que vers 9 heures qu'il put être communiqué au général de Werder qui, vers 8 heures du matin, était parti dans la direction de Villers-le-Sec pour aller se rendre compte lui-même de la situation et du terrain. Le général donna sans tarder les ordres nécessaires pour une concentration sur la droite :

Le général von der Goltz fut avisé télégraphiquement de se porter sans délai sur Dampierre-sur-Linotte, prenant sous ses ordres la 1ʳᵉ brigade badoise ;

La division Schmeling dut se mettre en marche sur Vallerois-le-Bois ; l'artillerie de corps devait traverser Villers-le-Sec et se rapprocher de la route de Rioz ;

----

(1) Le 4, avait eu lieu à Besançon une sorte de conseil de guerre. Le colonel de Bigot, chef d'état-major de la place, avait préconisé l'idée de porter directement le gros des forces sur la Lisaine et d'y attaquer l'ennemi. Le conseil s'était séparé sans qu'on connût la décision du général en chef.

D'autre part, dans une dépêche de M. de Freycinet datée du 7, il est question de l'occupation de Vesoul comme d'une opération d'ensemble à réaliser avant de marcher sur Belfort. Et cependant, dès le 6, le général Bourbaki avait déjà donné des ordres pour se dérober vers l'Est, ordres dont le caractère étudié semble montrer que la question avait été examinée quelque temps à l'avance. On verra plus loin comment nous cherchons à expliquer cette espèce de contradiction.

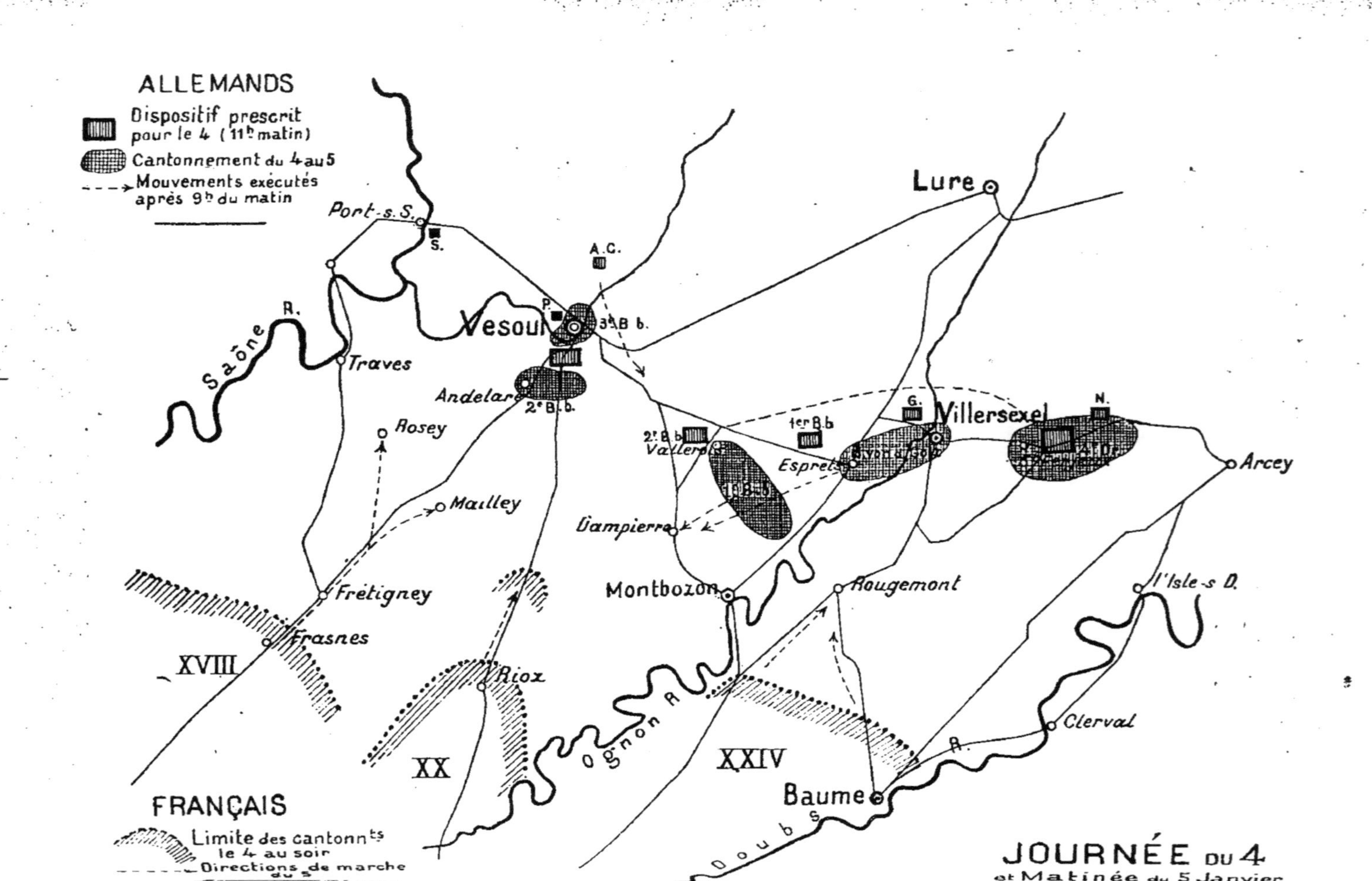

ALLEMANDS
Dispositif prescrit pour le 4 (11h matin)
Cantonnement du 4 au 5
Mouvements exécutés après 9h du matin
FRANÇAIS
Limite des cantonnts le 4 au soir
Directions de marche du 5
Saône R.
Port-s-S.
S.
A.C.
P.
Vesoul
3° B b.
Traves
Andelare
2° B. b.
Rosey
Ma: lley
Frétigney
Frasnes
XVIII
XX
Rioz
Ognon R.
Montbozon
Dampierre
Vallerois
2° B. b.
1° B. b.
Espret
1er B. b
G.
Byon
Villersexel
N.
Rougemont
XXIV
Baume
Doubs
Clerval
l'Isle-s D.
Arcey
Lure
JOURNÉE DU 4
et Matinée du 5 Janvier

Les 2e et 3e brigades badoises iraient occuper les hauteurs au sud de Vesoul (la 3e à droite) (1).

Ce dispositif ne fut en rien troublé jusqu'à 1 heure de l'après-midi. Vers midi seulement, en effet, sachant que l'avant-garde du 18e corps, dont les avant-postes devaient occuper Levrecey, allait entrer à Mailley, le général de Polignac, commandant la 1re division du 20e corps, donna l'ordre au 24e mobiles (2 bataillons de la Haute-Garonne, 1 bataillon de la Haute-Saône) de faire occuper Echenoz-le-Sec. Le 2e bataillon de la Haute-Garonne fut chargé de l'opération. Il déploya contre le village deux compagnies qui refoulèrent les patrouilles allemandes et occupèrent le cimetière. Bientôt, deux compagnies badoises, venant de Vellefaux, débordèrent les mobiles qui se retirèrent précipitamment sur le bois de la Bouloye, où l'intervention du reste du régiment se borna à les recueillir. Ils avaient perdu une cinquantaine de prisonniers (2).

----

(1) Ces ordres pouvaient être exécutés dans les délais suivants :

La brigade von der Goltz (de Villargent à Esprels, avec ses avant-postes à Pont-sur-l'Ognon et Autrey) pouvait rompre entre 10 heures et demie et 11 heures, et atteindre Dampierre (22 kil.) entre 5 et 6 heures du soir;

La division de réserve (de Saint-Ferjeux à Corcelles), avisée par relais à partir d'Esprels, ne pouvait se mettre en marche avant midi et demi ou 1 heure. Elle serait rassemblée aux Belles-Baraques vers 8 heures du soir. En fait, elle y arriva beaucoup plus tard.

Les autres unités pouvaient facilement gagner leurs emplacements.

Les Badois paraissent avoir occupé :

Vellefaux, avec un bataillon du 4e (détachement aux Monnins);

Velleguindry, avec un bataillon du 4e;

Audelarrot, avec un bataillon du 5e;

Mont-le-Vernois, avec un bataillon du 6e (arrivé vers 7 heures du soir).

La ligne des grand'gardes s'étendait des Monnins à Velle-le-Châtel, en laissant en dehors le village de Levrecey.

(2) Il semble que les intentions du général de Polignac, qui voulait faire occuper Echenoz, ne furent pas du tout comprises du colonel commandant le 24e mobiles. Ceux-ci, en effet, d'après l'his-

Un peu plus tard, une fraction du détachement Schalk qui, de Port-sur-Saône, s'était portée vers Traves, se heurtait à deux escadrons de lanciers de la brigade Charlemagne et se retirait après avoir perdu un homme.

A 3 heures et demie, la 1re division du 18e corps étant installée à Mailley et environs, le 42e de marche reçut l'ordre de faire occuper Levrecey. Il fit marcher son 1er bataillon qui, précédé à courte distance de quelques chasseurs à cheval, entra dans le village sans coup férir. Mais quand les fractions chargées du service d'avant-postes se portèrent sur les chemins de Velleguindry et d'Andelarrot, elles se heurtèrent, en arrivant sur la crête, à la ligne de sentinelles des 4e et 5e badois. Les réserves accoururent, et bientôt le bataillon français, débordé par les hauteurs de l'Est, dut se retirer sur Mailley, perdant une vingtaine d'hommes tués ou blessés et laissant aux mains des Badois 60 prisonniers qui s'étaient acharnés à la défense du village (1).

Enfin, le soir à 8 heures, un bataillon du 4e zouaves de marche qui se portait en avant-postes à Velle-le-Châtel, se heurta en arrivant devant cette localité à une grand'garde du 6e badois. Bien que soutenue par le reste du bataillon, cette grand'garde se replia précipitamment sur Mont-le-Vernois; les zouaves la suivirent, et, favorisés par le clair de lune, continuèrent le combat jusque vers 11 heures du soir. Ils se retirèrent ensuite sur Velle-le-Châtel, puis sur Rosey (2).

---

torique, croyaient faire une simple reconnaissance. En tout cas, un coup d'œil jeté sur la carte montre combien cette opération, quel qu'en fût le but, a été mal conduite.

(1) Il est inutile de faire remarquer avec quel dédain des procédés tactiques les plus élémentaires le 42e de marche entreprit l'opération qui lui était confiée.

(2) Cette escarmouche avait eu comme prélude la capture, par les Badois, de deux officiers de zouaves qui, avec leurs fourriers, préparaient avec tranquillité le cantonnement de leur bataillon. Enfin, quelques instants avant 8 heures, une batterie de mitrail-

Sur la droite, le rassemblement de la 1ʳᵉ brigade badoise et de la brigade von der Goltz s'était opéré sans difficultés au nord de Dampierre, sous la protection des patrouilles du 3ᵉ dragons badois. On avait simplement constaté la présence à Filain de petits détachements qui s'étaient retirés dans la direction d'Authoison.

Au sud de l'Ognon, une reconnaissance de la brigade von der Goltz, partie d'Esprels de bonne heure, et qu'on n'avait pu arrêter en temps utile (deux compagnies du 34ᵉ et un escadron), avait signalé des colonnes ennemies à Avilley et à Huanne, tandis qu'au contraire la route de Rougemont à Baume-les-Dames paraissait dégagée jusqu'à Autechaux.

En somme, cette série d'escarmouches ne constituait pas une affaire. Les deux partis semblaient, ce jour-là, fermement décidés à rester sur la défensive. Cela se comprend facilement pour le XIVᵉ corps, qui était loin d'avoir réuni ses moyens. Mais, pour l'armée de l'Est? Dans une situation dont on devait cependant connaître tout au moins les grandes lignes, se borner à des reconnaissances et à des avant-postes! Et quelles reconnaissances! Quels avant-postes!

On connaissait certainement les dispositions générales du XIVᵉ corps. On savait, en tout cas, que des effectifs importants étaient concentrés à Vesoul. Dès lors, si l'on ne voulait pas s'engager le 5, il était inutile de rapprocher les têtes de colonnes aussi près de l'ennemi. Si, au contraire, l'intention du général en chef était de prendre offensivement le contact en vue d'une opération

---

leuses du 18ᵉ corps (de Mallet), partie sans attendre le bataillon avec lequel elle devait marcher, était reçue devant le même village par des feux rapides qui la forcèrent à la retraite. C'est alors qu'intervint le bataillon de zouaves, soutenu par une batterie de 4.

Tout cela montre de quelle façon les ordres étaient transmis et compris.

d'ensemble pour le 6, il fallait le faire avec des moyens suffisants et ne pas se borner à couvrir un corps d'armée avec deux bataillons.

Dans le cas même où le général Bourbaki n'aurait voulu faire qu'une démonstration sur Vesoul, il aurait été indispensable de donner à cette opération un caractère nettement offensif, quitte à la commencer assez tard dans l'après-midi, de manière à permettre à la nuit d'en limiter le développement.

En fait, cette idée de démonstration était vraisemblablement celle du général en chef, car, dans l'après-midi, assez tard d'ailleurs, il donna des ordres pour commencer, le 6, l'exécution d'un mouvement de flanc vers l'Est.

Le 18e corps, ne laissant que quelques détachements sur les positions occupées par ses troupes de première ligne dans la journée du 5, viendrait s'établir dans le triangle le Magnoray - Authoison - Quenoche (1), la brigade Charlemagne continuant à surveiller la gauche ; le 20e corps s'étendrait de Villers-Pater à Montbozon, le 24e de Rougemont à Puessans et Mondon (2), tandis que la réserve générale occuperait Loulans, Verchamps et Genans.

Ces dispositions pouvaient correspondre tout aussi bien à l'idée d'une marche vers l'Est, marche plus ou moins dérobée pendant une journée, qu'à celle d'une résistance éventuelle sur le front le Magnoray - Rougemont, contre une attaque venant du front Villersexel -

---

(1) Par un mouvement en tiroir assez compliqué, mais bien adapté aux circonstances. La 3e division (Bonnet) allait de Rosey au bois de la Bouloye, sous la protection de la 1re, déployée en avant de Mailley; celle-ci se portait ensuite de Mailley sur Pennesières et Courboux, tandis que la 2e se rendait de Grauvelle à Authoison. Ces mouvements paraissent s'être bien exécutés, et c'est tout à l'honneur de l'état-major du 18e corps.

(2) Avec deux divisions, la troisième étant encore en partie en arrière, vers Marchaux.

Vesoul; et même à une intention de protéger les débarquements du 15e corps, qu'on espérait voir commencer dans la nuit du 6 au 7 à Besançon.

Il semble qu'il y ait eu chez le général en chef une conception extrêmement complexe et peut-être assez peu nette des opérations qu'il voulait entreprendre, conception qui correspondrait à une sorte de mélange des trois idées suivantes, idées qui se sont formées dans son esprit plus ou moins successivement, mais qui procèdent assurément du désir de donner satisfaction aux sentiments offensifs de MM. de Freycinet et de Serres, tout en reculant le plus possible le moment où un engagement sérieux pourrait venir compromettre le sort de l'armée (1) :

1° Vague espoir d'occuper Vesoul sans coup férir et de s'assurer ainsi l'avantage de marcher sur Belfort appuyé à deux lignes ferrées et à trois bonnes routes ;

2° Le rassemblement des troupes allemandes entre Vesoul et Villersexel rend dangereuse une offensive sur Vesoul; on l'abandonne pour se resserrer vers la droite, faire front au rassemblement ennemi, et on couvre ainsi le débarquement du 15e corps ;

3° Mais la concentration des Allemands vers Vesoul montre aussi qu'en définitive la marche sur cette ville a produit un certain effet. Peut-être sera-t-il possible

---

(1) Il est difficile d'expliquer autrement cette démonstration sur Vesoul; car il n'est pas possible de supposer que le général considérait cette marche comme suffisante pour attirer et fixer aux environs de Vesoul le gros des forces de son adversaire ; qu'il croyait qu'il serait facile de dérober à un ennemi dont la mobilité était connue le mouvement d'une armée de 100.000 hommes si mal pourvue des choses les plus nécessaires à une opération de ce genre; et que, suivant l'expression du xviiie siècle, par la seule vertu de cette manœuvre, il réussirait à faire lever le siège de Belfort. Il est inutile de faire ressortir toute la vanité d'une telle conception, empruntée plutôt à la pratique du jeu de barres qu'à la doctrine des gens de guerre.

d'arriver sur la Lisaine avant l'adversaire et de se placer ainsi entre le corps de siège et celui du général de Werder? La position de l'armée permet d'exécuter cette marche dans une formation présentant toujours à l'ennemi trois corps à peu près disponibles sur un front dont l'étendue est loin d'être défavorable à un mouvement enveloppant exécuté par la droite contre les troupes du XIV⁰ corps. On ne compromet rien en agissant ainsi, car on disposera bien vite de la barrière offerte par l'Ognon; en même temps, on est en mesure de donner satisfaction aux désirs du Gouvernement, s'il exige absolument qu'on prenne l'offensive contre le général de Werder.

Qu'on prenne cette argumentation pour ce qu'elle vaut, c'est, à notre avis, la seule manière d'expliquer à peu près les opérations de l'armée de l'Est jusqu'au 10 janvier. En tout cas, les dispositions prescrites le 5 au soir pour la journée du 6 ne sont logiques que si elles correspondent à l'abandon définitif de tout projet offensif contre Vesoul. Car, dans le cas contraire (1), il était bien facile de faire intervenir, le 6, non seulement la réserve générale, mais encore deux divisions du 24⁰ corps dont la seule présence dans la région de Montbozon eût donné à réfléchir aux troupes que le général von der Goltz commandait au nord de Dampierre. On aurait obtenu ainsi une disposition en échelons dont la valeur aurait été indiscutable.

Objectera-t-on qu'en raison de la proximité de l'Ognon, ces mouvements sur Vesoul pouvaient devenir dangereux en cas d'un échec vers Dampierre? Mais, même dans le cas le plus défavorable, on disposait en arrière d'un réseau routier suffisant pour ne pas donner trop

______

(1) Rappelons ici la dépêche adressée au général Bourbaki par M. de Freycinet, le 7 janvier, à 11 h. 45 du soir : « Vous aviez annoncé vous-même que vous seriez à Vesoul le 5 ou le 6 janvier, et je voudrais être sûr que vous y serez le 8. »

d'inquiétudes si l'on se retirait sur Gray et Dôle ; et, d'autre part, la place de Besançon et sa garnison auraient vraisemblablement suffi à limiter de ce côté les progrès du vainqueur.

Par contre, la situation du XIV° corps devenait singulièrement hasardée. Le général de Werder le comprit bien vite, dès qu'il fut en possession des renseignements fournis par les prisonniers faits dans les combats de la journée. La concentration en équerre qu'il avait prescrite était peut-être une solution ingénieuse du problème qui lui était posé le 5 janvier à 9 heures du matin ; elle eût été impuissante à parer à un insuccès. Réduit à quatre brigades d'infanterie dispersées sur un front de plus de 20 kilomètres, le général allemand, en face d'un adversaire résolu et bien supérieur en nombre, aurait dû vraisemblablement se résoudre à ordonner la retraite avant que la 4° division de réserve pût être en mesure de le soutenir ; et, chose encore plus grave, en cas d'échec, les deux groupes dont se composait sa ligne de combat, sans autre réserve générale que l'artillerie de corps et la brigade de cavalerie badoise, ne pouvaient que difficilement se secourir réciproquement.

Nous verrons tout à l'heure comment le général corrigea ces premières dispositions ; mais il est nécessaire auparavant d'exposer ce qui s'était passé au quartier général de Vesoul pendant la journée du 5.

Presque dans le moment où les Badois reconnaissaient la présence au nord de Rioz de forces françaises importantes, arrivait au quartier général la réponse au télégramme quelque peu sombre que le général de Werder avait adressé, à Versailles, dans la nuit du 3 au 4, au retour de l'officier qui avait été envoyé auprès du général de Treskow (1). Le maréchal y recommandait

____

(1) Bornons-nous à dire, au sujet de cet épisode, qu'à Versailles

une attitude offensive. Bien mieux, en réponse à un télégramme expédié à 10 heures du matin par le général Werder et annonçant l'attaque des avant-postes, arriva dans l'après-midi une première dépêche disant que le XIVᵉ corps devait grouper ses forces et prendre lui-même l'offensive. C'était le meilleur moyen de couvrir le siège de Belfort. Il fallait non pas seulement isoler Langres, mais encore l'attaquer. Enfin, on annonçait en terminant que Bourbaki était encore à Bourges.

A 1 heure du soir, vraisemblablement après l'arrivée de nouveaux renseignements, le maréchal de Moltke télégraphiait encore :

« D'après les renseignements les plus récents, Bourbaki et toute son armée sont encore à Bourges et Nevers. Vous n'avez donc devant vous qu'un nouveau corps, le 24ᵉ, formé à Lyon sous les ordres du général Bressolles, Garibaldi et peut-être quelques gardes nationaux de la région. »

Ce télégramme dut être reçu à Vesoul entre 4 et 5 heures du soir, à peu près au moment où l'on était en possession des résultats de l'interrogatoire des prisonniers faits à Echenoz-le-Sec. Il causa assurément un certain étonnement et on s'empressa de répondre qu'on avait devant soi le 20ᵉ corps français, fort de trois divisions, qu'on pensait faire le lendemain sur ce corps d'armée une attaque enveloppante, et que, du reste, le général Bourbaki était en marche sur Vesoul et Belfort avec trois corps d'armée.

---

on avait été très étonné du pessimisme du général de Werder, — qu'on avait demandé des éclaircissements non pas au commandant du XIVᵉ corps, mais bien au général de Treskow, qui fut lui-même très surpris, et qu'en somme l'affaire se termina par un télégramme adressé au corps de siège, télégramme quelque peu dur pour l'état-major du XIVᵉ corps. (Voir à ce sujet la *Correspondance du maréchal de Moltke*, Guerre de 1870-71, tome II, pièces nᵒˢ 580, 581, 582.)

Ne semble-t-il pas qu'on s'était peut-être trop pressé, à Vesoul, d'envoyer ce rapport, et surtout de faire un projet d'opérations? Ce projet d'attaque enveloppante était-il vraiment bien logique, surtout en le rapprochant de l'information qui le suivait? Nous ne voudrions pas dire que tout cela ressemble un peu à la réponse que ferait au directeur d'un exercice sur la carte un chef de parti pris au dépourvu et auquel on aurait vaguement reproché un peu de passivité dans l'attitude ; il n'en est pas moins vrai qu'il y a là certainement un manque de sang-froid. Aussi bien, moins d'une heure plus tard, les renseignements tirés des prisonniers faits à Levrecey donnaient lieu à l'envoi à Versailles d'un nouveau télégramme précisant que le 18e corps français, dont l'avant-garde était à Levrecey, marchait sur Vesoul par Dôle et Gray; que le 20e corps s'y dirigeait par Dôle et Voray. On ne faisait pas mention du 24e corps, mais on disait que la droite française n'avait pas encore dépassé (vers l'Est) la route Vesoul - Montbozon.

Il n'était d'ailleurs plus question d'attaque enveloppante, et l'on donnait, au contraire, à 11 heures du soir, l'ordre suivant :

« Le 18e corps français est en marche sur Vesoul par Granvelle; le 20e, par Rioz; le 24e, probablement par Montbozon.

» Le corps d'armée rompra immédiatement pour se concentrer au nord de Vesoul.

» Les 2e et 3e brigades badoises et l'artillerie de corps se porteront entre Pusey et Vesoul; la brigade de cavalerie badoise sur Pusey; la brigade von der Goltz et la 1re brigade badoise sur la ligne Frotey-Calmoutier; la division Schmeling sur la hauteur de Villers-le-Sec, jusqu'à la route Frotey - Calmoutier.

» Les trains groupés marcheront sur Saulx, ceux de Lure sur Saint-Sauveur.

De Bourges.   6

VI

LES OPÉRATIONS DU 6 AU 8 JANVIER

Le 6, de très bonne heure, on rendit compte de ces dispositions à Versailles, en ajoutant que des combats d'avant-postes avaient eu lieu toute la nuit (1).

On sait avec quelle activité le grand quartier général sut réparer son erreur : ordre au général de Treskow de faire sauter un ou deux ponts du chemin de fer de Montbéliard à Clerval; ordre de transporter sans retard la 14e division d'infanterie à Châtillon-sur-Seine; avis au général de Zastrow de se tenir prêt à repartir dans la direction de l'Est; au IIe corps, de faire ses préparatifs dans le même but, tout cela fut fait et expédié le 6 avant 1 heure du soir, et, dans la matinée du 7, les ordres pour la constitution de l'armée du Sud étaient envoyés à leurs différents destinataires, en même temps que partaient, par courrier, des instructions détaillées pour le général de Werder, les gouverneurs généraux de Lorraine et d'Alsace, et enfin pour le ministère de la guerre du grand-duché de Bade.

Mais revenons au XIVe corps.

Les dispositions prises par le général de Werder correspondaient-elles à cette idée d'offensive enveloppante

---

(1) Ces combats paraissent d'ailleurs se réduire à l'escarmouche de Velle-le-Châtel.

annoncée dans l'un des télégrammes envoyés à Versailles? C'est bien possible, mais il y avait là une conception peut-être un peu théorique.

Le général allemand pouvait-il croire réellement que les 18ᵉ et 20ᵉ corps arrivant par les routes de Grauvelle et de Rioz s'engageraient avec sérénité sur Vesoul pour fournir au gros du XIVᵉ corps l'occasion désirée de faire une gigantesque contre-attaque? Cela se voit quelquefois aux grandes manœuvres; mais à la guerre?... On aurait ainsi fait vraiment trop bon marché de l'intelligence militaire de l'adversaire et on aurait eu certainement trop de confiance dans des stratagèmes employés avec succès à Hastings, à Bouvines, à Cocherel, mais peut-être bien grossiers pour notre temps. Il semble que le général allemand, tout en se réservant la possibilité d'une action de ce genre, ait eu, à un degré peut-être supérieur, la préoccupation de couvrir sa ligne de retraite par Lure. Dans ses dispositions, nous voyons surtout une manière de parer à une marche trop rapide des 18ᵉ et 20ᵉ corps sur Vesoul, en les forçant dès le début à s'étendre vers leur droite, et aussi un moyen d'être en mesure de résister vigoureusement au 24ᵉ corps qui pouvait arriver de Rougemont.

Aussi bien, les rapports qui lui parvinrent dans les dernières heures de la nuit, faisant présumer — peut-être un peu légèrement — que l'ennemi se renforçait vers sa gauche, le général de Werder, au lieu d'en profiter pour mettre à exécution son prétendu projet offensif, résolut de prendre ses mesures pour pouvoir rapidement faire face de ce côté.

Les troupes qui, après une marche de nuit, venaient de s'installer avant le jour sur les emplacements prescrits par l'ordre donné à 11 heures du soir, durent reprendre le mouvement pour aller occuper les positions suivantes :

1ʳᵉ et 2ᵉ brigades badoises, artillerie de corps : en position entre Pusey et Vesoul.

3ᵉ brigade badoise : aux issues sud de Vesoul, avec avant-postes sur les hauteurs.

Cavalerie badoise : à Pusey.

Brigade von der Goltz : à Frotey et environs.

Division Schmeling : au nord de la montagne de la Motte.

Le détachement Schalk restait toujours à Port-sur-Saône.

Cette disposition a été tellement louée qu'il faut bien s'y arrêter quelque peu.

Il est certain qu'elle était avantageuse pour soutenir un combat. L'occupation de la ligne Pusey - Vesoul, contre laquelle l'ennemi ne disposait, sur son front, d'aucune position d'artillerie, interdisait absolument l'accès de la plaine.

Toute attaque directe sur la ville pouvait être prise en flanc par la brigade von der Goltz; enfin la division Schmeling et la brigade de cavalerie badoise, formant réserve, étaient également bien placées pour parer à l'éventualité d'un mouvement tournant, et, en cas d'échec, pour couvrir la retraite par les deux routes de Lure et de Plombières.

D'autre part, le peu de capacité manœuvrière que l'on accordait à l'armée française rendait peu probable l'exécution d'un grand mouvement amenant, en face de l'extrémité de la droite allemande, et avec la Saône à dos, trois ou quatre divisions. Enfin, à l'Est, le terrain était assez difficile pour qu'on pût facilement résister à l'offensive forcément lente et décousue de troupes de nouvelle levée.

Comme position de combat, le terrain était donc bien choisi. Mais, en définitive, rien n'était moins sûr que ce combat. L'attitude des troupes françaises, comme le peu d'importance des actions engagées le 5, ne permettaient pas de conclure avec certitude à l'éventualité d'une attaque pour le 6. Et, si l'adversaire, profitant précisément de cette journée du 6, se dérobait vers l'Est pendant que le XIVe corps se concentrait vers le Nord-Ouest, n'était-il pas à craindre que le corps allemand, assurément bien placé pour couvrir les communications des IIe et IIIe armées, ne fût avisé que trop tard de ce mouvement pour éviter d'être coupé virtuellement de Belfort ? (1).

C'était là assurément le danger de cette concentration à Vesoul; aussi, ne semble-t-il pas que la réunion du XIVe corps entre Lure, Villersexel et Noroy-le-Bourg n'eût pas mieux répondu à la double mission dont il était chargé ?

Lorsqu'une troupe de couverture est placée pour une assez longue période dans une situation où elle a toute chance d'avoir l'infériorité numérique, — et c'était bien là, en définitive, le cas du XIVe corps, — elle ne peut remplir son rôle avec succès que par des manœuvres offensives ayant le plus souvent comme objectif le flanc du dispositif de l'adversaire, c'est-à-dire le point où, du fait même de la formation, elle a le plus de probabilités de ne pas rencontrer immédiatement une trop grande supériorité numérique. La résistance, plus ou moins passive, sur un terrain choisi, ne peut être admise qu'en cas de nécessité pressante et seulement lorsque la troupe est certaine, par ce mode d'action, de favoriser l'entrée en ligne *imminente* du gros des troupes en arrière.

L'occupation de la position de Vesoul était parfaite au point de vue tactique : nous croyons qu'elle ne répondait pas exactement à la situation (2).

---

(1) La manœuvre eût été facile pour l'armée de l'Est, en faisant exécuter, vers 11 heures, une vigoureuse démonstration par le 18e corps, dont il n'eût été nécessaire que d'engager deux divisions. Ceci, d'ailleurs, n'enlève rien, nous l'espérons, à la valeur de l'argumentation que nous avons présentée à la page 77.

(2) Dans une réunion tenue à Vesoul, dans la nuit du 5 au 6, ou dans la matinée du 6, le général de Werder exposa aux généraux

Les troupes restèrent sous les armes jusqu'à midi ; mais l'offensive attendue ne se produisit pas : nous en savons les raisons.

Dans l'après-midi, on fit prendre au corps d'armée des cantonnements d'alerte (1) et la 2ᵉ brigade badoise reçut, à 6 h. 1/2 du soir, l'ordre de porter une avant-garde sur Montigny. Le 3ᵉ régiment, un escadron et une batterie atteignirent cette localité à 9 heures du soir ; deux compagnies furent envoyées en reconnaissance sur Chemilly et Charrez.

La journée fut d'ailleurs partout aussi tranquille qu'aux environs de Vesoul. On apprit seulement du général de Treskow qu'il avait renforcé dans la journée

---

placés sous ses ordres la conception qu'il avait de la situation. Il examinait trois cas :

1° Marche de l'ennemi sur Nancy. L'occupation de la position de Vesoul répondait en tous points à cette éventualité ;

2° Manœuvre sur Villersexel, opération considérée comme très dangereuse pour le XIVᵉ corps. On espérait que la mobilité des troupes permettrait au général de se dérober par sa gauche, sous la protection d'un mouvement offensif exécuté sur Esprels ;

3° Couvert par une avant-garde laissée devant Vesoul, l'ennemi marche sur Belfort entre l'Ognon et le Doubs et aussi au sud de cette dernière rivière. La composition de l'armée française, le manque d'équipages dont elle souffrait, le réseau routier dont elle disposait, permettaient d'espérer qu'elle mettrait au moins trois jours pour atteindre la Lisaine. Ce laps de temps suffisait au XIVᵉ corps pour arriver à temps devant Belfort, même si une offensive engagée le deuxième jour contre le flanc des colonnes françaises ne conduisait qu'à un insuccès.

(Voir à ce sujet Löhlein et de Wengen.)

(1) Division badoise :

    1 brigade à Pusey, Montigny.
    1 brigade à Pusy.
    1 brigade à Vesoul, Vaivre, Noidans.
    Artillerie de corps à Vesoul.
    Cavalerie à Pusy.

Brigade von der Goltz : Frotey, Quingey, Colombe-les-Vesoul, Coulevon, Comberjon (1 compagnie à Saulx).
    4ᵉ division de réserve : Villeparois.

le détachement qu'il avait envoyé la veille à Arcey (3 bataillons, 1 escadron, 1 batterie) (1).

Le commandant du XIVe corps, voulant se rendre compte de l'importance des forces de la gauche française, prescrivit au général de Glümer d'exécuter, le lendemain 7, un mouvement offensif dans la direction de Raze avec la 2e brigade badoise, la cavalerie Willisen et l'artillerie de corps; la 3e brigade devait, le cas échéant, prêter son concours à cette opération (2).

Mais, dans la nuit du 6 au 7, on apprit par des prisonniers (?) que le 18e corps français commençait à retirer ses avant-postes de gauche, et, à la pointe du jour, on constata en effet que, de ce côté, l'infanterie française paraissait sensiblement moins nombreuse. On arrêta donc immédiatement le mouvement ordonné au général de Glümer, dont les troupes, en cas de marche

---

(1) Le colonel de Bredow eut le commandement de ce détachement, primitivement aux ordres du lieutenant-colonel Ostrowsky.

(2) On peut se demander quel fut le réel motif de cette *reconnaissance offensive*. Pensait-on découvrir par là un mouvement de flanc des 20e et 24e corps, qui auraient repassé la Saône pour marcher entre Langres et Vesoul? Mais, dans ce cas, il n'y avait qu'à laisser faire la cavalerie, et la position du XIVe corps était excellente pour une action de flanc ultérieure. Craignait-on un mouvement tournant entre Port-sur-Saône et Pusey? Il suffisait, pour l'éventer, de surveiller les passages de Drujeon. Voulait-on donner satisfaction aux désirs offensifs manifestés par le grand quartier général? C'est bien possible, puisqu'on trouve dans Löhlein que le « mouvement enveloppant » projeté sur le 20e corps avait été reconnu impossible, en raison des difficultés de terrain.

Cependant, si l'on considère que, pour le quartier général de Vesoul, les mouvements de l'armée des Vosges et ceux de la division Cremer (qu'on savait entrée à Dijon le 30 décembre) étaient un mystère absolu, qu'aucun des prisonniers faits le 5 n'en avait parlé (et pour cause), et qu'en définitive ces troupes pouvaient parfaitement bien se trouver actuellement entre Langres et la Saône, il n'est pas téméraire de penser que le général Werder, en prescrivant cette reconnaissance à l'extrême gauche du 18e corps, avait l'espoir de la voir lui ramener quelques prisonniers appartenant aux troupes dont il ignorait les mouvements.

vers l'Est, n'auraient pu rejoindre en temps utile pour prendre leur place dans le nouveau dispositif (1).

On abandonnait donc toute idée offensive, bien que

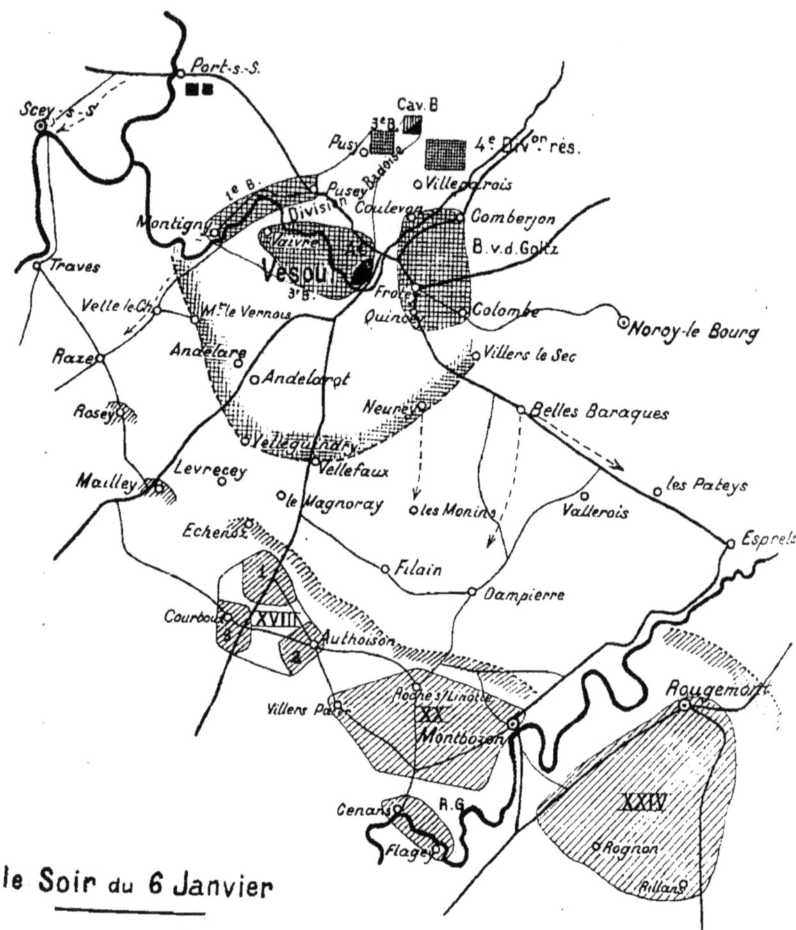

vers midi fût arrivé un télégramme de Versailles don-

---

(1) L'ordre avait été reçu le 6, à 11 heures du soir. Quoi qu'en dise Löhlein, il fut exécuté en partie, car le 3e régiment badois partit de Montigny à 10 heures du matin, se porta dans la direction de Raze et ne rentra au cantonnement que le soir.

nant l'approbation royale aux projets antérieurs dont
on avait rendu compte la veille. Le comte de Moltke
faisait connaître, en même temps, qu'en cas d'insuccès
devant Vesoul il y avait lieu de se baser sur l'Alsace
et de couvrir Belfort. Dans le cas où l'ennemi percerait
sur Langres, — ce qu'on devait apprendre par des détachements d'observation envoyés sur le front, — le XIVe
corps devait s'attacher à lui, pendant que le VIIe se
réunirait à Châtillon et serait, au besoin, renforcé d'un
autre corps d'armée (1).

Ce télégramme du grand quartier général est absolument remarquable. En peu de mots, il critique discrète-
ment les dispositions du général de Werder, tout en précisant, de la manière la plus claire, le rôle du XIVe
corps (2).

A Vesoul, on se mit sans délai à préparer l'exécution
des instructions du généralissime en visant plus particulièrement la marche vers l'Est, et le transport de la
base d'opérations vers l'Alsace.

Les reconnaissances faites dans la journée semblèrent
montrer que l'ennemi, sous la protection de faibles arrière-gardes, avait commencé son mouvement vers
l'Est (3).

---

(1) Il semble difficilement explicable que le général de Werder
ait répondu sans délai à ce télégramme par une dépêche partie de
Vesoul le 7, à 1 h. 30 du soir, et annonçant que son mouvement
offensif était en cours d'exécution. C'est cependant ce que dit la
Correspondance du maréchal de Moltke, pièce n° 594. N'y aurait-il
pas erreur, et le télégramme du général de Werder ne serait-il
pas du 6 janvier ?

(2) Löhlein, en mentionnant ce télégramme (page 162), ajoute
que le VIIe corps *attaquerait l'ennemi de front*. Cette dernière in-
dication ne figure pas dans le texte donné par la Correspondance.

(3) Clans et Raze étaient libres; Scey-sur-Saône encore occupé
par la cavalerie ; il n'y avait personne ni à Villersexel, ni à l'Isle-
sur-le-Doubs. On avait rencontré quelques centaines de mobiles
et de francs-tireurs à Bonnal et à Dampierre-lès-Montbozon. Enfin
des renseignements privés assuraient que Bourbaki, en liaison avec

En fait, les déplacements s'étaient, pour la plupart, exécutés dès le 6, et, dans son ensemble, l'armée de l'Est, retenue par ses ravitaillements, n'avait pas bougé depuis la veille et occupait les emplacements que nous avons indiqués plus haut (page 88).

Quoi qu'il en soit, et l'ouvrage de Lœhlein est catégorique à ce sujet, l'état-major du XIVᵉ corps était convaincu, dès le 7 au soir, que Vesoul n'était plus l'objectif de l'armée ennemie. Le général de Werder, influencé peut-être par le télégramme du grand quartier général, partageait-il cette conviction? Nous n'oserions l'affirmer, car, le 8 au soir, il avait encore l'intention comme on le verra plus loin, de faire exécuter, le 9, une grande reconnaissance sur la route de Rioz. Aussi bien, s'il avait eu cette conviction, il lui aurait été facile de calculer, d'après les données qu'il possédait, que l'armée française, ayant commencé le mouvement le 7, pouvait avoir le 8 au plus tard :

Le 24ᵉ corps entre Vellechevreux et Fallon,

Le 20ᵉ corps à Villersexel et au nord,

Le 18ᵉ corps entre Montbozon et Esprels,

et qu'en somme il n'était pas impossible que, dès le 9, elle pût se saisir de la route de Lure. Dès lors, le XIVᵉ corps n'avait pas un instant à perdre pour être en mesure de parer aux conséquences de ce mouvement.

Objectera-t-on les nécessités du ravitaillement, pour pourvoir les troupes des deux jours d'avoine et des trois jours de vivres de sac qu'on leur distribua le 8? Il semble que le fonctionnement des services du corps d'armée, qui, de l'aveu de l'état-major, a toujours été remarquable, aurait permis de procéder à cette opération autre part qu'à Vesoul et environs. Ce n'était pas une grosse

---

Garibaldi et l'armée de Lyon, avait le projet de débloquer Belfort et de pousser contre la Haute-Alsace et le pays de Bade.

difficulté pour un état-major aussi rompu à ces sortes
d'opérations que celui du XIVe corps. Nous persistons
donc dans notre manière de voir.

D'ailleurs, en dehors des opérations de ravitaillement
dont nous venons de parler, les ordres donnés pour le 8
ne visaient, avec deux mouvements préparatoires, que
de nombreuses reconnaissancs de cavalerie organisées
ainsi qu'il suit :

Brigade von der Goltz.

2e hussards de réserve : sur Montbozon.
2e dragons : par Noroy-le-Bourg et Aillevans, sur Villersexel et
Saint-Ferjeux. Le capitaine Friedberg, de l'état-major du corps
d'armée, accompagnait l'une des reconnaissances de ce régiment.

Cavalerie badoise.

En éventail, sur les routes au sud de Vesoul.

Les reconnaissances de la cavalerie badoise devaient
être appuyées par des détachements d'infanterie de la
1re et de la 3e brigade badoise. Le 3e régiment badois
dut rentrer à sa brigade dans l'après-midi, après avoir
détruit le pont de Montigny, sur le Drugeon, et enfin,
pour dégager la sortie Est de Vesoul, on envoya la 4^e
division de réserve à Dampvalley, Colombe et Essernay.

Les renseignements recueillis par les reconnaissances
commencèrent à arriver dans l'après-midi.

Les Badois avaient trouvé des avant-postes sur la ligne Scey-sur-Saône, Rosey-Mailley; le 2e hussards s'as-
sura que cette ligne se continuait par Filain jusqu'à
Vallerois-le-Bois. Un officier de ce dernier régiment
aperçut une forte colonne française (15.000 hommes de
toutes armes) en marche d'Authoison sur Montbozon (1). Enfin le 2e dragons de réserve trouva Saint-

---

(1) C'était vraisemblablement la 1re division du 18e corps.

Ferjeux occupé par un faible détachement de gardes mobiles.

Ces renseignements ne parurent pas encore suffisants au commandant du XIV° corps, qui, comme nous l'avons dit, eut l'intention de les compléter, le 9 au matin, par une reconnaissance de la brigade Keller sur la route de Rioz. Si celle-ci donnait la certitude de la marche des Français vers l'Est, le général de Werder se porterait alors avec tout son corps d'armée sur Villersexel et Esprels.

S'il avait donné suite à cette idée, la situation eût été bien changée pour l'armée française (1).

Celle-ci avait, du reste, bien employé la journée pour progresser dans la direction de Belfort.

Le 24° corps s'était installé entre Fallon et Cubry, poussant ses troupes avancées jusqu'à Saint-Ferjeux et Villargent (mobiles du Var et 1re légion du Rhône).

Le 20° corps avait franchi l'Ognon et occupait Cuse, Rougemont, Montferney et au sud. Dans l'après-midi, il poussait deux compagnies (des mobiles des Vosges) jusqu'à Villersexel et faisait tenir Bonnal et Cubrial.

Le 18° corps, sous la protection de la 2° division (Penhoat), maintenue quelque temps à Authoison, avait porté sa 1re division à Chassey, Thieffrans et Coignères, tandis que la 3° s'étendait de Montbozon à Loulans; le soir, la division Penhoat venait occuper Fontenoy-lès-Montbozon, Roche-sur-Linotte et Arginey. Les avant-postes du corps d'armée étaient sur la ligne Bonnal, Mont-Jésus, bois des Brières, bois des Briottes (au sud de Vy-lès-Filain).

---

(1) L'action au sud de Vellefaux, contre les détachements d'arrière-garde de l'armée de l'Est, ne pouvait guère s'engager avant 8 heures et demie ou 9 heures. Le résultat en eût été connu vers 10 ou 11 heures. Le XIV° corps pouvait rompre au plus tôt vers midi, et, dès lors, il n'arrivait plus qu'à la nuit tombante sur le front Villersexel-Esprels.

La réserve générale avait serré sur le 20e corps.

Le 15e corps, enfin, dont les débarquements, sur la demande du général Bourbaki, avaient été malheureusement poussés jusqu'à Clerval, commençait à débarquer péniblement dans cette petite gare dépourvue de tous moyens (1).

En somme, pour l'armée de l'Est, la situation est assez claire. Elle a réussi à se dérober devant Vesoul; mais ses avant-postes sont au contact avec une nombreuse cavalerie ennemie : son mouvement est donc éventé et il est vraisemblable qu'elle aura à combattre, sinon le 9, au moins le 10 et que l'action sérieuse se livrera sur son flanc gauche, bien que quelques engagements puissent avoir lieu à l'avant-garde du 24e corps. Sa position est particulière : son gros est séparé en deux par une rivière difficilement franchissable; son corps de tête a une grande avance sur l'adversaire de Vesoul et peut être employé à exécuter une manœuvre par la droite. Quelles sont les dispositions que va prendre le général en chef? Voici l'ordre donné pour le 9 :

Montbozon, 8 janvier 1871.

« L'armée continuera demain, 9 du courant, le mouvement commencé les jours précédents.

» La partie disponible du 15e corps occupera les positions qui s'étendent le long de la route de Fontaine à Belfort par Arcey, depuis la Guinguette jusqu'à Onans.

» Le 24e corps appuiera son extrême droite au ruisseau du Scey, il occupera Vellechevreux et s'étendra par sa gauche jusqu'à Georfans et Grammont.

---

(1) Voir, au sujet de cette question, que nous ne pouvons traiter ici, l'exposé si clair de l'*Histoire générale* de M. le colonel Rousset et l'enquête parlementaire.

» Le 20e corps occupera les villages de Villargent, Villers-la-Ville, Les Magny.

» Le 18e corps occupera Villersexel, Autrey-le-Vay, Esprels et le bois de Chassey.

» La réserve occupera Abbenans et Cubry.

» La brigade de cavalerie de réserve sera cantonnée à Fallon.

» Le grand quartier général sera établi à Bournel.......

. . . .

» Toutes les dispositions prescrites les jours précédents pour assurer la sécurité des troupes pendant le mouvement, comme pour disimuler le mieux possible notre marche à l'ennemi et relier les corps entre eux, seront scrupuleusement observées.

» Tous les convois du 18e corps seront tenus sur la rive gauche de l'Ognon; les troupes laissées sur la rive droite recevront des instructions précises pour passer l'Ognon si elles se trouvaient obligées de se replier devant des forces supérieures.

» Les reconnaissances seront poussées au loin et faites avec le plus grand soin, etc..... »

Lorsque l'on reporte sur une carte les dispositions de l'ordre qui précède, elles présentent au point de vue schématique un ensemble satisfaisant au premier abord. L'armée paraît bien réunie — face au Nord — sur un front relativement restreint; sés flancs sont bien couverts, et les mesures semblent prises pour que le lendemain chaque corps d'armée puisse disposer d'une route particulière.

Cependant on s'aperçoit bien vite que le 18e corps, qui est chargé de protéger le mouvement, se trouve dans une position bien délicate entre les bois et l'Ognon. Il n'a pas d'espace pour manœuvrer; aussi lui prescrit-on de se replier s'il est attaqué par des forces supérieures.

Mais alors, il ne couvrira plus le mouvement précisément à cause du manque d'espace. Il ne pourra, d'autre part, exécuter les ordres reçus que par un mouvement en tiroir, de telle sorte que la division placée le matin d'Authoison à Fontenois-lès-Montbozon devra défiler derrière les deux autres pour aller occuper Villersexel. La queue de cette division effectuera une étape de plus de 30 kilomètres et n'arrivera que fort tard dans ses cantonnements.

Il y a donc là, à notre avis, un premier défaut dans la conception de cet ordre, et comme, en définitive, les deux directions dangereuses sont celles de Vallerois-le-Bois et de Noroy-le-Bourg, c'était au corps le plus rapproché de leur débouché sur l'Ognon que devait incomber la mission de les tenir (1).

Mais l'ordre avait encore un défaut bien autrement grave. On ne parlait de l'ennemi que pour recommander de se dissimuler à lui, d'éviter une surprise, de se replier, si l'on était attaqué par des forces supérieures, il est vrai; mais on sait avec quelle facilité, en pareille circonstance, une troupe, dans un état d'esprit analogue à celui qui régnait dans l'armée de l'Est, est disposée à exagérer l'effectif de l'adversaire qui l'attaque. Quant au but du mouvement, il semble que l'objectif du commandant en chef est uniquement de gagner les cantonnements prescrits; et alors comment peut-on espérer, en cas d'attaque, et surtout en cas d'attaque sur le flanc gauche, comment peut-on espérer obtenir de tous la simultanéité dans les efforts, la tension des volontés et des énergies vers un but unique?

Il ne nous convient pas d'insister davantage : les faits

---

(1) On conçoit facilement que cette disposition pouvait être aisément réalisée, non pas en défendant le cours de l'Ognon, mais bien en ayant deux avant-gardes, l'une aux Pateys, l'autre au bois de Bataille.

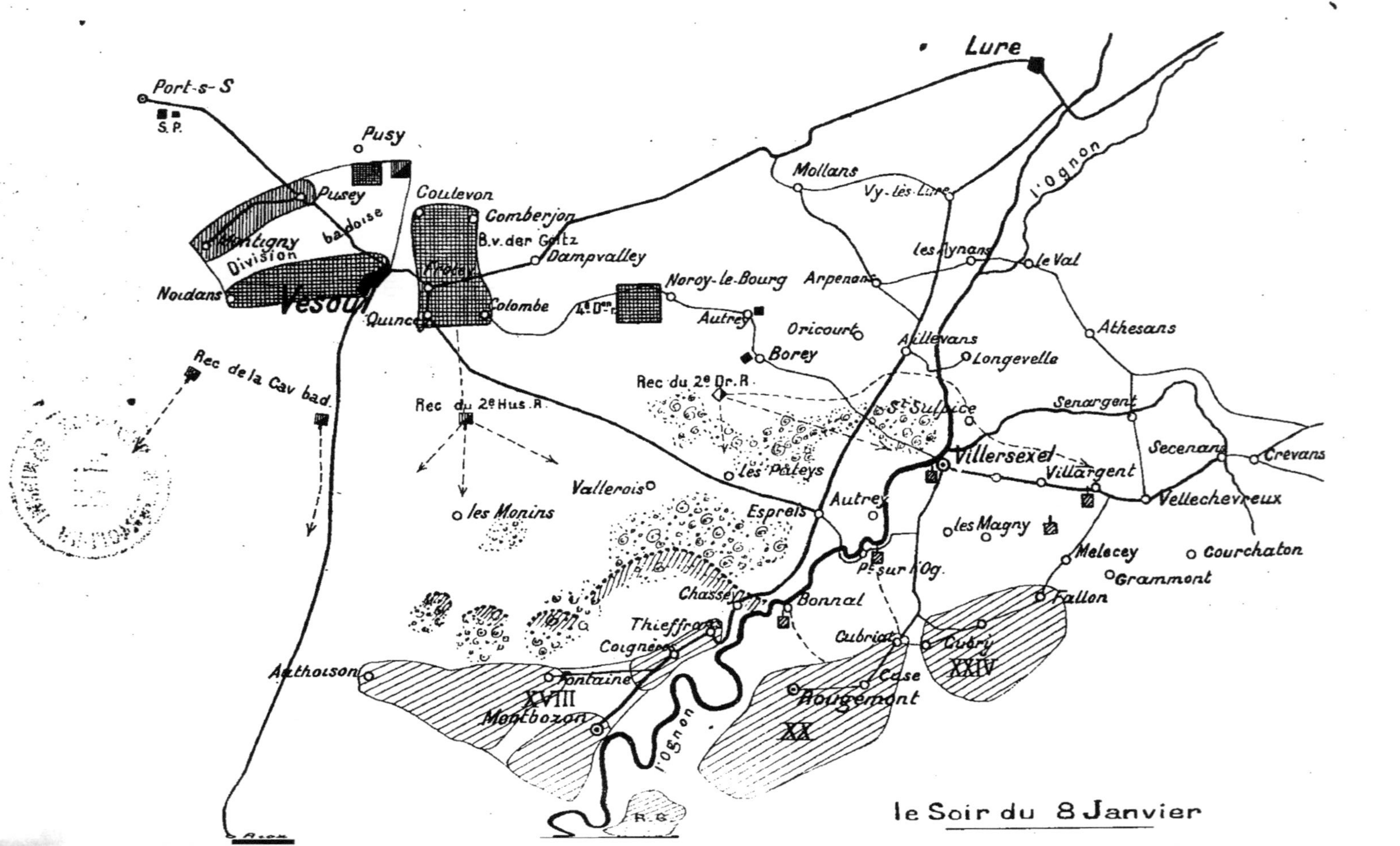

Lure
l'Ognon
Mollans
Vy-lès-Lure
les Aynans
le Val
Athesans
Longevelle
Senargent
Secenans
Crevans
Villargent
Villersexel
Vellechevreux
Courchaton
les Magny
Melecey
Grammont
Sallon
p.sur l'Og.
Cubry
XXIV
Case
Cubriege
Rougemont
XX
Bonnal
Chassey
Thieffrans
Cognieres
Fontaine
XVIII
Montbozon
Aithoison
R.G.
Port-s-S
S.P.
Pusy
Pusey
Collevon
Comberjon
B.v.der Goltz
Dampvalley
Noroy-le-Bourg
Arpenant
Oricourt
Borey
Autrey
Colombe
Quincey
Vesoul
Montigny
Division
Noidans
Rec de la Cav.bad.
Rec du 2e Hus.R.
les Moulins
Vallerois
Rec du 2e Gr.R.
les Paleys
Esprels
Autrey
St.Sulpice
Allevans
le Soir du 8 Janvier

que nous exposerons plus tard auront une éloquence suffisante.

Retournons donc au XIVe corps où nous avons laissé
le général de Werder mûrir l'idée d'une reconnaissance
offensive sur la route de Rioz.

Cette idée définitivement arrêtée (puisque l'on envoya
les ordres nécessaires à la 3e brigade badoise) n'était
pas exclusive de la continuation des préparatifs pour une
marche rapide vers l'Est. Aussi, bien qu'on eût déjà fait
venir à Colombe-lès-Vesoul et à Essernay la 4e division
de réserve, on trouva cependant que le débouché de la
route Vesoul - Noroy-le-Bourg était encore quelque peu
encombré, et la conviction que l'armée de Bourbaki était
vraiment en marche sur Belfort commençant à entrer
décidément dans l'esprit du général en chef, on se décida, vers 5 heures du soir, à pousser cette division jusqu'à Noroy-le-Bourg (1). Elle y arriva vers 8 heures,
s'installa en cantonnements d'alerte avec deux bataillons du 25e prussien aux avant-postes à Borey et Autrey.

On envoyait en même temps aux parcs et convois les
instructions nécessaires pour que les routes fussent libres en temps utile (2).

Favorisées par un magnifique clair de lune, les patrouilles circulèrent toute la nuit et purent facilement
compléter les renseignements recueillis dans la journée.

Les villages au sud de Vesoul furent trouvés inoccu-
pés ; le capitaine Friedberg constata la présence des
avant-gardes du premier échelon des colonnes françaises
à Saint-Ferjeux et à Villersexel. Enfin, à 3 heures du

---

(1) C'était, en effet, indispensable, si l'on voulait que le gros du
corps d'armée pût partir de bonne heure, le lendemain.

(2) Trains sur Saint-Sauveur; équipage de ponts à Lure; colonnes de munitions à Epinal ; services à Lure; ligne d'étapes provi-
soire par Luxeuil et Plombières.

matin, arriva un télégramme du **général de Treskow** annonçant :

1° Qu'une fraction du détachement poussé sous le commandement du colonel de Bredow, sur la ligne Saulnot, Arcey, Onans, avait été attaquée à 8 heures du soir par un assez gros contingent ennemi venant de Geney ;

2° Que tous les villages situés le long des routes Rougemont - Saint-Ferjeux et Accolans - Vellechevreux étaient déjà occupés ;

3° Qu'enfin un détachement envoyé sur Longevelle avait été repoussé, avec une perte de 18 hommes, par une troupe française établie sur la rive opposée (1).

L'ensemble de ces renseignements levait décidément les doutes qui pouvaient encore hanter l'esprit du général de Werder. Il n'y avait pas un instant à perdre et l'on donna sur l'heure les ordres suivants :

« L'ennemi occupe fortement Villersexel et a retiré ses avant-postes d'Echenoz-le-Sec.

» En conséquence :

» La division badoise rompra immédiatement, et, par Vy-lès-Lure, se portera sur Athesans.

» La division Schmeling marchera sans retard sur Villersexel tout en maintenant son gros en position près d'Aillevans. Le général Goltz poussera immédiatement sa cavalerie sur les Monnins et Vallerois-le-Bois; avec son détachement, il se portera sur Noroy-le-Bourg, où il recevra de nouveaux ordres.

» Le général Keller n'exécutera pas de reconnaissance vers le Sud. Deux bataillons de la division badoise (autant que possible ceux qui sont aux avant-postes) res-

---

(1) Longevelle est situé à 6 kilomètres Est de l'Isle-sur-le-Doubs. Ce détachement français appartenait sans doute à un bataillon des mobiles des Hautes-Alpes, faisant partie des troupes chargées de la défense du Doubs et placées sous le commandement supérieur du gouverneur de Besançon.

teront à Vesoul sous les ordres d'un colonel ou d'un lieutenant-colonel avec mission de tenir ce point — s'il n'est
pas attaqué par des forces très supérieures — et d'éclairer vers le Sud ainsi que dans la direction de Combeau-
fontaine. Dans ce but, le major Schack, avec six compagnies, un escadron et deux batteries, est appelé sur Vesoul, et le major Paczynski, avec deux compagnies et un
escadron, se trouve disponible à Port-sur-Saône.

» Les rapports seront envoyés au général à Noroy-le-
Bourg, puis à la division Schmeling. »

La division de réserve fut avisée, en outre, d'avoir à
jeter sur l'Ognon des ponts aussi nombreux que possible, dès son arrivée à Aillevans, de manière à établir de
bonnes communications avec la région au sud d'Athesans.

L'ordre ci-dessus était parti depuis environ deux heures, lorsque de nouveaux renseignements firent supposer
que le général de Treskow I pouvait être incessamment
attaqué devant Belfort.

Le commandant du XIVe corps modifia ses premières
instructions par la communication suivante qui partit
un peu avant 6 heures :

« La 1re brigade badoise avec deux batteries et un peu
de cavalerie marchera directement sur Couthenans par
Lure, Roye, Lyoffans et Béverne. Le reste du mouvement s'exécutera comme il a été prescrit. Le général
Schmeling devra essayer d'atteindre le passage de Sénargent. »

L'ensemble de ces dispositions marque en quelque
sorte le point culminant de la campagne du XIVe corps
contre l'armée de l'Est; il convient de s'y arrêter quelque peu et d'examiner quelle était la réelle intention du
général de Werder.

En Allemagne, on a qualifié de « géniale » l'idée qu'aurait eue ce général d'exécuter une vigoureuse pointe offensive contre le flanc de l'armée française (1).

En fait, comment le général de Werder pouvait-il envisager la situation le 9 janvier dans les dernières heures de la nuit?

Il se voyait obligé de reconnaître que l'armée de l'Est s'était décidément dérobée, et, — chose plus grave, — qu'elle y avait réussi sans avoir eu besoin d'engager une partie de ses forces pour maintenir le XIV° corps dans ses belles positions de Vesoul. L'objectif de cette armée était à coup sûr la levée du siège de Belfort, et déjà les avant-gardes à Onans et à Saint-Ferjeux étaient fort rapprochées du corps du général de Treskow. D'autre part, le développement que les reconnaissances donnaient au front des avant-postes français montraient qu'entre Montbozon et Villersexel se trouvaient des forces largement susceptibles de tenir tête au XIV° corps.

De plus, en raison même de l'occupation de Villersexel, — occupation que le général croyait plus sérieuse qu'elle ne l'était en réalité, — il pouvait imaginer que l'adversaire, tout en menaçant le corps de siège en avant d'Arcey, pourrait fort bien tenter de profiter de sa position pour s'avancer au nord du Scey et couper le XIV° corps de Belfort.

La situation, aussi bien que les instructions du grand quartier général, lui imposaient de ne pas se laisser séparer de cette place forte; il lui fallait donc avant tout chercher à s'en rapprocher de manière à agir en liaison étroite avec le corps de siège. Pour cela il ne disposait

---

(1) Nous ne pouvons nous empêcher de faire remarquer que les écrivains allemands, qui tournent si souvent en ridicule les expressions exagérées qu'ils rencontrent chez leurs confrères de France, montrent eux-mêmes une facilité merveilleuse à qualifier un fait de « colossal » et une idée de « géniale ».

que des trois routes Lure - Frahier, Vy-lès-Lure - Béverne, Aillevans - Athesans - Saulnot. Encore cette dernière route était-elle très exposée en raison de la situation des avant-gardes françaises le 8 janvier au soir.

Il s'agissait donc en somme d'exécuter une marche de flanc de 50 à 60 kilomètres dans des conditions particulièrement difficiles, puisqu'on allait faire ce mouvement à moins d'une journée de marche d'un ennemi fort supérieur en nombre.

Pour le 9 janvier, la zone particulièrement dangereuse était la région d'Aillevans-Athesans. C'était donc sur ce front qu'il fallait tout d'abord organiser un dispositif de protection. C'est, en effet, le but que se propose l'ordre de mouvement.

La 4ᵉ division de réserve doit se tenir près d'Aillevans en état d'opérer sur les deux rives de l'Ognon. Elle a comme soutien immédiat le détachement von der Goltz, qui a lui-même un autre rôle éventuel, celui de s'opposer à toute offensive vers le Nord des contingents ennemis signalés sur la rive droite de l'Ognon. Sous cette protection réalisée, en somme, par un dispositif de grosses flanc-gardes, la division badoise occupera à son tour la région d'Athesans pour permettre aux deux autres unités de poursuivre successivement leur mouvement sur Belfort.

Dans l'esprit de l'ordre, c'est donc d'une marche de flanc par échelons qu'il s'agit (1), et la disposition, en soi, est assurément très heureuse.

______

(1) Voici, au surplus, comment le maréchal de Moltke, dans sa *Guerre de 1870-71*, éditée par son neveu en 1890, apprécie la situation :

« Le général de Werder n'avait qu'une chose à faire : suivre le plus vite possible ce mouvement latéral. Il donna l'ordre à la division badoise de se rendre à Athesans, à la 4ᵉ division de réserve de marcher sur Aillevans, et à la brigade von der Goltz d'atteindre Noroy-le-Bourg. En conséquence, la division de réserve s'était

Mais il fallait du temps pour la réaliser, et l'ennemi pouvait disposer des débouchés de Villersexel et de Sénargent. Le premier ne s'ouvrait, il est vrai, que sur des bois; il offrait cependant la possibilité d'occuper la tête de pont constituée précisément par la lisière Nord de ces bois, et de commander ainsi les passages de l'Ognon jusqu'en amont d'Aillevans. Le débouché de Sénargent était plus dangereux, d'abord parce qu'il permettait de couper la route de Saulnot et peut-être celle de Béverne; ensuite, parce qu'il était difficile, si l'ennemi montrait la moindre activité, d'arriver à temps pour le fermer directement d'une façon efficace. Aussi le meilleur moyen d'en détourner l'adversaire parut-il de menacer Villersexel. Cette attaque intéressant le flanc des Français ne pouvait manquer d'arrêter tout mouvement tournant commencé, et peut-être d'attirer dans cette direction des forces importantes.

Il semble donc que l'attaque sur Villersexel ne devait pas même avoir le caractère d'une pointe offensive, mais bien seulement celui d'une vigoureuse démonstration à laquelle l'importance même de l'obstacle constitué par l'Ognon interdirait un développement considérable.

C'était bien là — on s'en convaincra au cours de cette étude — l'intention du général de Werder.

---

portée en avant, le 9 janvier, à 7 heures, de Noroy sur Aillevans, et, afin de pouvoir continuer sa marche, elle avait commencé la construction d'un pont sur l'Ognon. *Les flanqueurs de droite du 25ᵉ régiment d'infanterie furent accueillis par des coups de feu à Villersexel.... »*

Il semble, par conséquent, que le maréchal n'a vu dans cette affaire qu'une marche de flanc à exécuter le plus vite possible, et qu'il n'a considéré le combat que comme le développement d'un engagement, commencé en quelque sorte fortuitement, par les « flanqueurs du 25ᵉ régiment ». Sans doute, au regard des événements matériels, ce jugement n'est pas tout à fait exact ; l'autorité du maréchal lui donne cependant, au point de vue purement objectif, une valeur considérable.

Que cet officier général ait pensé que la démonstration sur Villersexel aurait pour conséquence un certain retard dans la marche de l'armée de l'Est sur Belfort, nous le croyons certainement. Mais quelque mauvaise opinion qu'il ait pu avoir de son adversaire, le commandant du XIVe corps avait trop le sentiment des choses de la guerre pour s'illusionner à ce sujet et même pour envisager la possibilité du résultat positif qu'il a obtenu si chèrement. En tout cas, il est bien certain qu'il n'a jamais eu l'idée d'entasser, ainsi que le fait s'est produit, la plus grande partie de son corps d'armée dans un terrain aussi étroit, aussi difficile, en face d'un adversaire d'une supériorité numérique plus que double.

Et cependant, les faits le prouveront tout à l'heure, le général de Werder et le chef de son état-major ont été, ce jour-là, les seuls qui aient compris l'esprit de l'ordre qu'ils avaient donné. Ni le général de Schmeling, ni le général von der Goltz, n'ont pris des dispositions conformes à la pensée de leur chef.

C'est qu'à Vesoul on parlait toujours d'offensive ; qu'en particulier le cas d'une manœuvre de l'ennemi par Villersexel avait été longuement envisagé, et la solution adoptée était précisément une action de vigoureuse offensive préalable à une retraite sur Belfort (1). Mais cette solution, excellente en soi, était une solution de tapis vert. Le terrain, les circonstances, l'incertitude même où l'on se trouvait par rapport aux dispositions générales de l'armée française, devaient obliger le commandement à y apporter des modifications de principe. Le mérite du général de Werder est avant tout de l'avoir

---

(1) « ... Et le XIVe corps, grâce à sa mobilité, pourrait toujours, sous la condition d'une vigoureuse offensive dans la direction de la route d'Esprels, se retirer par la gauche pour atteindre Belfort. » (Löhlein, *Les opérations du corps du général Werder*, page 158 de l'édition allemande.)

compris, et son talent s'est révélé surtout dans la manière énergique et décidée dont il a tiré ses troupes d'une situation que ses subordonnés avaient rendue fort difficile, et que les Français auraient pu rendre désespérée.

On s'en rendra compte dans la deuxième partie de ce travail.

DEUXIÈME PARTIE

LE COMBAT DE VILLERSEXEL

Le terrain sur lequel s'est livré le combat de Villersexel constitue, sur les deux rives de l'Ognon, entre les bois de Chaney, les Grands-Bois, le Grand-Fougeret, sur la rive droite, et les massifs qui s'étendent entre Bonnal et Saint-Ferjeux, sur la rive gauche, une sorte de clairière rectangulaire de 10 à 12 kilomètres sur six.

L'Ognon forme un obstacle sérieux qu'on ne peut généralement franchir qu'à Villersexel et à Pont-sur-l'Ognon. En aval de Villersexel, il se divise en plusieurs bras. Le Scey dont le confluent se trouve immédiatement en amont de Villersexel est lui-même un assez gros obstacle : on le passe à Saint-Sulpice et à Sénargent.

Villersexel s'étage au flanc d'une colline s'élevant à une cinquantaine de mètres au-dessus de la vallée. Un éperon assez court se dirige vers l'Ouest et porte le château, édifice considérable à trois corps, entouré d'un parc clos de murs et dominant presque à pic, vers le Nord, le cours de la rivière. Le parc, à l'Ouest, descend jusqu'au bras méridional de l'Ognon et communique par une passerelle avec une forge établie sur le bras septentrional et reliée à la rive droite par un pont en pierre.

Le grand bras de l'Ognon (bras moyen) était coupé par un barrage.

La ville, peu importante, comprend une partie basse le long du cours d'eau ; le reste, coupé de rues qui, en dehors de la rue du Pont, continuation des routes de Saint-Ferjeux et de Rougemont, et de la grande rue allant de l'église à la place du Marché, ne sont que des ruelles tortueuses, le reste est construit en contre-bas de la crête de telle sorte qu'en arrivant de la direction du Sud l'on n'en aperçoit guère que les clôtures extérieures.

Un long pont de pierre franchit l'Ognon. A son extrémité Nord se trouvent quelques constructions dont la plus importante, une tannerie, jouera un certain rôle au début du combat.

A l'Est de la ville et jusqu'aux bois, s'étend, entre le ruisseau de Pente-Vue et celui de Beveuges, un plateau en forme de presqu'île, dont l'axe coudé passe sensiblement par Villersexel, Villers-la-Ville et Melecey.

Dans sa partie Sud-Est, ce plateau s'écarte de l'Ognon, laissant entre son pied et la rivière une plaine basse dont le bois quelque peu marécageux de Chailles occupe la moitié Sud. Le chemin qui joint Petit-Magny à Villers-la-Ville marque une dépression presque tout entière à l'abri des vues de Villersexel. Il en est à peu près de même du chemin unissant Grand-Magny et Villargent. Entre les deux, sur la crête, le bois du Petit-Fougeret forme, en même temps qu'un point d'appui, un masque favorable à la manœuvre.

Au sud du ruisseau de Pente-Vue, le terrain se relève en forme de falaise orientée S.-O. - N.-E. et dominant de 50 à 80 mètres le plateau de Villersexel ; le pied de cette falaise est généralement très boisé. Près du confluent du ruisseau, entre la Tuilerie et la ferme du Rullet, un mamelon s'élevant à une trentaine de mètres au-dessus de la vallée permet de battre commodé-

ment la rive droite et en particulier le village de Moimay.

Au nord de l'Ognon, trois longues croupes parallèles
portent respectivement les bois du Grand-Fougeret, des
Brosses et de la Bouloye. Entre les deux premières coule
le ruisseau de Lauzun, qui sort des bois à la Grange-
d'Ancin, et dont la largeur est insignifiante; entre les
deux autres, le ruisseau de Marast, qui passe aussi à
Autrey-le-Vay, bien que plus petit, n'est pas très facile
à franchir dans la partie immédiatement au nord de ce
dernier village.

Sur la croupe qui porte le bois des Brosses et assez
près de ce bois, s'élève, abrité des vues de l'Ouest par la
crête, le village assez étendu de Moimay, qui jouera un
rôle important dans la journée.

En face et à l'ouest du bois des Brosses, on trouve les
deux parcelles du bois du Chanois, et, au-dessus de Marast, le bois de la Bouloye occupe le plateau d'une sorte
de terrasse dominant le village et éloignée de 4 ou 500
mètres des dernières maisons.

Le gros village d'Esprels, à la bifurcation des routes
de Vesoul et de Lure, est à la limite Ouest du champ de
bataille. Au nord, la croupe culmine en un mamelon
dont les vues s'étendent par-dessus le bois des Brosses
jusqu'à la lisière Ouest des bois du Grand-Fougeret.

Toute la région entre Esprels et Moimay est, comme
on l'a vu, entourée d'un demi-cercle de bois médiocre-
ment percés. La route de Lure les traverse à la Grange-
d'Ancin, où elle coupe celle de Noroy-le-Bourg à Villersexel, laquelle, depuis Borey, se trouve constamment
à couvert. De même, la route de Vesoul forme un défilé
au sud des Pateys.

Au delà des bois, le terrain se relève considérable-
ment. Du mamelon coté 394 entre Aillevans et Oricourt,
la vue s'étend au loin dans toutes les directions. Toute-

fois, et l'on s'en rend compte à la seule inspection de la carte, le terrain entre Marast, Autrey-le-Vay, Moimay et Grange-d'Ancin est à peu près invisible, ainsi, d'ailleurs, que, sur la rive gauche, celui qui s'étend au sud-est de Villersexel.

Enfin, entre le Scey et l'Ognon, les mouvements de terrain sont plus accusés et plus nombreux ; les bois, plus morcelés, se présentent dans des conditions excellentes de défense vers le Sud.

Ajoutons que si toutes ces terres sont lourdes, tous ces bas-fonds plus ou moins marécageux, la neige, au moment qui nous occupe, couvrait le sol gelé, et que le seul obstacle sérieux à la marche était le verglas produit sur les routes par le passage des colonnes

Il reste à dire que, le 9 janvier 1871, l'Ognon n'était pris que près d'Autrey-le-Vay ; que la neige tomba jusque vers 8 h. 1/2 du matin ; que, vers 4 heures du soir, un brouillard assez épais s'éleva sur la vallée, mais qu'à partir de 9 heures un splendide clair de lune éclaira les péripéties du combat (1).

---

(1) D'après un témoin oculaire, il y eut cependant du brouillard, une partie de la nuit, dans la partie basse de Villersexel.

I

LA PREMIÈRE PHASE. — ENLÈVEMENT DE VILLERSEXEL PAR L'AVANT-GARDE DE LA 4ᵉ DIVISION DE RÉSERVE

Nous avons vu précédemment (page 92), qu'en arrivant le 8 janvier dans ses cantonnements entre Cubrial et Rougemont, la division Ségard (3ᵉ division du 20ᵉ corps) avait envoyé à Villersexel deux compagnies des mobiles des Vosges. Ces compagnies avaient l'ordre de « défendre » le pont de l'Ognon. L'une d'elles s'installa au nord du pont dans la tannerie et les maisons voisines, l'autre resta sur la rive gauche. Deux barricades furent établies aux deux extrémités du pont et reliées par une sorte de chemin couvert; les maisons furent crénelées (1).

Un groupe de francs-tireurs du 20ᵉ corps occupa Pont-sur-l'Ognon et devait, le 9 au point du jour, marcher sur Esprels.

Enfin, le 3ᵉ bataillon de la 1ʳᵉ légion du Rhône, appartenant à la 3ᵉ division du 24ᵉ corps, était établi en grand'garde à Villargent avec poste dans les bois au Sud, et quatre compagnies des mobiles du Var (24ᵉ corps) étaient à Saint-Ferjeux. Rappelons aussi que le 18ᵉ corps, sur la rive droite de l'Ognon, étendait ses

---

(1) Il est certain, en outre, qu'une faible fraction occupa le château.

avant-postes depuis Bonnal jusqu'au-dessus de Filain en passant par le Mont-Jésus.

Lorsque, dans la nuit du 8 au 9, l'ordre de mouvement parvint au général Clinchant, commandant le 20e corps, celui-ci avait déjà été averti de l'activité des reconnaissances allemandes, par une patrouille du 3e escadron du 6e cuirassiers de marche. D'autre part, l'heure à laquelle le 18e corps pouvait arriver à Villersexel, le 9 janvier, lui paraissait peut-être bien tardive pour que le 20e corps pût considérer sa marche et ses cantonnements comme suffisamment assurés par les deux faibles compagnies des Vosges. Il donna donc au général Ségard l'ordre de les renforcer, et le 1er bataillon des mobiles de la Corse fut invité, vers 4 heures du matin, à partir sans délai pour aller occuper Villersexel le plus tôt possible. L'avant-garde de la division (1) devait le suivre rapidement et serait en mesure de le renforcer au besoin.

Sans prendre le temps de rallier la 1re compagnie, qui se trouvait aux avant-postes, le colonel Parent, emmenant son premier bataillon, quitta son cantonnement de Cuse vers 5 h. 45 du matin. Nous le retrouverons tout à l'heure.

Les dispositions prescrites par le général de Werder eurent pour conséquence de faire partir la 4e division de réserve, de Noroy-le-Bourg, vers 5 heures du matin, par une neige épaisse et un froid très vif. Elle marchait dans l'ordre suivant :

Avant-garde (général de Treskow II).

3e et 2e bataillons du 25e.

---

(1) 2e bataillon de la Corse; 23e batterie du 2e.

1er régiment de uhlans de réserve.
2 batteries.

Gros (colonel Knappe de Knappstädt).

1er bataillon du 25e.
2 escadrons du 3e uhlans de réserve.
2e régiment combiné de landwehr (bataillons Thorn, Graudenz, Osterode, Ortelsburg).
Bataillon de landwehr de Wehlau.
3 batteries.
Equipage de ponts; compagnie de pionniers.

En arrivant à la Grange-d'Ancin, l'avant-garde continua sur Villersexel avec mission d'occuper la ville. Le général de Schmeling la fit suivre du 1er bataillon du 25e, tandis que le gros, couvert par une nouvelle avant-garde (3e et 4e compagnies du bataillon de landwehr de Thorn, 1er et 2e escadrons du 1er uhlans de réserve), se portait sur Aillevans, où devait être lancé un pont. La 1re compagnie de Thorn était laissée à la Grange-d'Ancin pour couvrir la droite.

Disons immédiatement que cette nouvelle avant-garde franchit l'Ognon à gué près de Longevelle, et qu'elle se porta sur la hauteur entre ce village et Saint-Sulpice, d'où la cavalerie envoya des patrouilles vers Senargent et le moulin de Saint-Sulpice.

En continuant sa marche sur Villersexel, l'avant-garde du général de Treskow envoya, pour couvrir sa droite, une compagnie du 25e, la 8e, occuper Moimay, et vers 8 h. 1/2 sa pointe atteignit le débouché des bois du Grand-Fougeret.

Dès que la compagnie de tête apparut dans la plaine, elle fut accueillie par des feux violents partant des maisons situées au nord du pont. C'étaient les deux compagnies des mobiles des Vosges qui manifestaient ainsi leur présence. La 9e compagnie du 25e se déploya immédiatement, et, suivie, comme soutien, de la 10ᵉ, s'avança des deux côtés de la route. Elle gagna seulement quelques centaines de mètres.

L'artillerie de l'avant-garde, aussitôt appelée, vint s'établir en batterie à la lisière du bois, au nord-est de la route; l'une des batteries ouvrit le feu contre les maisons voisines du pont; l'autre, à peine arrivée, entra en action contre une petite colonne française, qui, sur la route de Rougemont, au nord-est du bois de Chailles, se hâtait vers Villersexel.

C'était le 1ᵉʳ bataillon des mobiles de la Corse qui, comme nous l'avons dit, avait quitté Cubrial vers 5 heures du matin.

Vigoureusement enlevés par le colonel Parent qui avait, très justement, voulu accompagner son bataillon de tête, les Corses, sans se laisser émouvoir par cette sorte de surprise, s'élancèrent au pas gymnastique, et purent gagner sans perte Villersexel, qu'ils occupèrent ainsi qu'il suit :

7ᵉ et 8ᵉ compagnies au pont;

2ᵉ et 6ᵉ compagnies entre le pont et le moulin;

5ᵉ compagnie dans le moulin avec une fraction dans le château;

3ᵉ compagnie dans le parc.

4ᵉ compagnie dans un verger dominant le pont.

A ce moment arrivait également dans la ville un petit détachement (une compagnie environ) du 3ᵉ bataillon de la 1ʳᵉ légion du Rhône venant de Villargent, qui s'établissait dans la partie Nord-Est de la ville. La rapidité avec laquelle s'était effectuée cette occupation n'avait pas permis au colonel Parent de procéder à une reconnaissance personnelle de la localité, reconnaissance que les deux compagnies des Vosges, arrivées la veille, n'avaient vraisemblablement pas fait davantage. Ce fait eut les conséquences les plus fâcheuses.

En effet, voyant que les deux compagnies, 9ᵉ et 10ᵉ du 25ᵉ, lancées dans la direction du pont, n'avaient pu à 9 h. 45 que se rapprocher à 500 mètres environ de la tannerie (1), le général de Treskow donna l'ordre aux 11ᵉ et 12ᵉ compagnies de se porter vers la Forge, où l'on se rappelait qu'il existait un passage sur la rivière, d'essayer d'atteindre la rive gauche et de pénétrer dans Villersexel par le Sud. En même temps, il renforçait l'attaque du pont par deux compagnies, 1ʳᵉ et 3ᵉ, et donnait l'ordre de pousser en avant.

L'artillerie, redoublant son feu, écrasa les défenseurs de la tannerie, qui se retirèrent et vinrent occuper la barricade élevée à l'issue Nord du pont.

Malgré la violente fusillade qui partait des maisons de la rive gauche, les 9ᵉ et 10ᵉ compagnies, appuyant un peu vers l'Est, parvinrent jusqu'à la tannerie. La 1ʳᵉ les suivit, et quelques-uns de ses hommes, se hissant sur la toiture de cette maison, ouvrirent dans de bonnes conditions le feu contre les défenseurs de la barricade Nord, qui fut évacuée. Il était un peu plus de 10 heures.

A ce moment, les 11ᵉ et 12ᵉ compagnies du 25ᵉ traversaient la Forge. En face d'elles, sur le bras Sud de l'Ognon, une petite passerelle en fil de fer existait encore.

Les deux compagnies prussiennes franchissent la rivière et pénètrent dans le parc. La 11ᵉ se dirige sur le château, la 12ᵉ la flanque à droite, repoussant devant elle les fractions dispersées de la 3ᵉ compagnie de la Corse. Bientôt le château est pris, et cette malheureuse compagnie est capturée tout entière ; seuls, le capitaine, le lieutenant et quelques hommes qui se trouvèrent, au

---

(1) De plus, le feu de la 5ᵉ compagnie de la Corse, établie au château, gênait un peu l'artillerie.

dernier moment, près de la grille d'entrée, purent
s'échapper à temps (1).

Cependant, le colonel de Loos, commandant le 25ᵉ
prussien, avait fait suivre les 11ᵉ et 12ᵉ compagnies
d'abord par les 6ᵉ et 7ᵉ, puis par les 2ᵉ et 4ᵉ. Les 6ᵉ et 7ᵉ se
portèrent vers l'issue méridionale de la ville; les 2ᵉ et
4ᵉ à gauche de la 12ᵉ.

Dès son arrivée, le colonel Parent, appréciant avec
justesse l'importance de l'attaque dont Villersexel était
l'objet, avait envoyé demander le renfort du 2ᵉ bataillon
de son régiment et de la batterie qui l'accompagnait.
Ces unités, vers 10 h. 15, atteignaient à peine le ruisseau de Pente-Vue.

Pendant ce temps, la 11ᵉ compagnie du 25ᵉ avait occupé le château, et son feu, dirigé contre les défenseurs
du pont, déterminait chez ceux-ci une sorte de panique (2) à la suite de laquelle la plus grande partie des
deux compagnies des Vosges se retirèrent dans la direction de Villargent, laissant toutefois dans les maisons situées des deux côtés de l'issue méridionale du
pont quelques hommes qui se joignirent à la 7ᵉ compagnie de la Corse. La 1ʳᵉ compagnie du 25ᵉ en profita
pour occuper la barricade Nord.

Mais déjà le colonel Parent venait d'être avisé de la
prise du château, et cette circonstance le déterminait à
donner l'ordre de la retraite sur la partie Sud-Est de la
ville. Pour protéger ce mouvement, la 8ᵉ compagnie,

----

(1) Sans doute, il y a eu surprise; mais, cependant, il semble
que la force même de la position du château et la garnison (60 à
80 hommes) qui l'occupait auraient dû pouvoir retarder beaucoup
plus longtemps sa conquête par l'ennemi.

(2) Le commandant du détachement, capitaine Antoine, avait
été tué sur le pont.

qui avait été moins engagée auprès du pont, reçut l'ordre de se porter, ainsi que la réserve de la 7e (une demi-section), sur la place du Marché, de manière à enfiler la rue conduisant au pont dont le débouché, d'ailleurs, était convenablement battu par la 4e, placée, comme on l'a dit, dans un verger au N.-E. de cette rue.

Ce mouvement ne pouvait échapper aux Allemands, qui, redoublant le feu de leurs batteries sur les maisons situées immédiatement au sud du pont, y lancèrent les 1re et 3e compagnies du 25e. L'attaque réussit. Les mobiles de la Corse commencèrent à évacuer définitivement la ville, se dirigeant vers le mamelon coté 311. Mais déjà les 2e et 4e compagnies du 25e, venant du château, avaient progressé dans toute la partie Ouest de la localité, et coupaient toute retraite aux 2e, 5e, 6e compagnies de la Corse, ainsi qu'à la plus grande partie de la 7e. Ces compagnies résistèrent encore quelque temps, puis mirent bas les armes avec les quelques hommes des Vosges qui se trouvaient encore auprès du pont.

Cependant, en exécution de l'ordre du colonel Parent, le 2e bataillon de la Corse avait porté sur Villersexel quatre compagnies, qu'une section d'artillerie accompagnait; tandis que deux compagnies restaient en réserve vers le bois de Chailles, et que les quatre pièces restant à la batterie s'installaient à la corne N.-E. de ce bois et ouvraient le feu contre les batteries allemandes établies au débouché Sud du bois du Grand-Fougeret. La colonne envoyée sur Villersexel avait à peine dépassé le bois de Chailles qu'elle fut en butte au feu violent des batteries allemandes. Elle se dispersa dans le plus grand désordre, et seuls quelques hommes, avec les deux pièces, purent arriver à quelque distance de la sortie Sud de la ville.

A ce moment, les 6e et 7e compagnies du 25e, débouchant du château, venaient d'arriver à la lisière S.-O.

de la localité. Elles l'occupèrent immédiatement et ouvrirent le feu contre ce qui restait des quatre compagnies du 2ᵉ bataillon de la Corse. Ces débris se retirèrent en désordre sur les Magny, tandis que la section d'artillerie, cherchant instinctivement l'appui du terrain, se retirait au galop derrière la crête que suit le chemin de Villersexel au Grand-Magny.

Il était environ 10 h. 45; le général Clinchant, commandant le 20ᵉ corps, arrivait à hauteur du bois de Chailles. La situation était pénible sans doute; mais l'importance de la possession de Villersexel, d'une part, l'ignorance de l'état dans lequel se trouvaient les défenseurs de la ville, de l'autre, le déterminèrent à envoyer au colonel Parent l'ordre de reprendre l'offensive et de réoccuper la localité. En même temps, il portait vers la cote 311 les deux dernières compagnies du 2ᵉ bataillon de la Corse.

Le colonel Parent n'avait guère les moyens d'exécuter avec succès l'ordre qu'il venait de recevoir. En effet, à ce moment, les débris des deux compagnies des Vosges, accompagnés du petit détachement de la 1ʳᵉ légion du Rhône, se retiraient, avec plus ou moins de désordre, dans la direction de Villers-la-Ville. Le reste du 1ᵉʳ bataillon de la Corse, où seules restaient presque intactes les 4ᵉ et 8ᵉ compagnies (1), se réunissait derrière le mamelon 311. Il ne disposait donc que de quatre compagnies et de quelques groupes plus ou moins ralliés. Dans ces conditions, la 4ᵉ reçut l'ordre de se porter directement sur la place du Marché par le chemin encaissé du Grand-Magny, tandis que les deux compagnies du 2ᵉ bataillon marcheraient sur la sortie vers Rougemont, et que le reste suivrait en réserve. Le co-

---

(1) La 4ᵉ compagnie était au complet (112 hommes); la 8ᵉ avait déjà perdu du monde.

lonel, en tête de la 4ᵉ compagnie, enlève tout son monde. Mais, à peine arrivé à la lisière de la ville, il est tué. La gauche de l'attaque est bien vite arrêtée par les feux des 6ᵉ et 7ᵉ compagnies du 25ᵉ; la 4ᵉ, brillamment conduite par le capitaine Levie-Ramolino, pénètre jusqu'à la place. Elle y est maintenue de front par la 3ᵉ compagnie du 25ᵉ, tandis qu'un peloton de la 7ᵉ la prend en flanc. Elle veut se retirer : il est trop tard. Entourée de toutes parts, elle est contrainte de mettre bas les armes; quelques hommes seuls parviennent à s'échapper.

Les débris des deux bataillons de la Corse se retirent en désordre sur les Magny.

Voyant la tournure favorable que prenaient les événements, le général Treskow, vers 11 h. 1/2 (1), envoya au régiment de uhlans de réserve l'ordre de franchir l'Ognon et de poursuivre vigoureusement. Ce régiment passa la rivière vers midi, et, soutenu par la 1ʳᵉ compagnie du 25ᵉ qui marchait vers la cote 313, il se porta sur Villers-la-Ville ; son deuxième escadron tomba sur les débris des compagnies des Vosges avant que ceuxci aient pu trouver l'appui du village, les entoura et fit prisonniers 60 hommes et 1 officier. Les uhlans continuèrent sur Villers-la-Ville, contournèrent le village et envoyèrent des patrouilles sur Beveuges, Villargent et les Magny par le bois du Petit-Fougeret. La patrouille en-

---

(1) M. de Wengen dit que l'évacuation de Villersexel par ses premiers défenseurs eut lieu vers 11 heures, et il cite, à l'appui de cette allégation, une communication du major Dutreux, commandant le demi-régiment de uhlans de réserve en position entre Saint-Sulpice et Longevelle, dans laquelle cet officier supérieur dit qu'entre 10 et 11 heures il vit, de la hauteur située entre ces deux localités, de fortes colonnes françaises abandonner Villersexel. Une simple inspection de la carte montre que cet officier n'a pu rien voir des mouvements opérés à l'ouest de la ligne cote 311—Petit-Magny. Il n'a donc aperçu que la retraite des mobiles des Vosges et des mobilisés du Rhône, retraite qui, en effet, s'opéra vers 11 heures.

voyée sur Villargent fut reçue par des coups de fusils tirés par le 3e bataillon de la 1re légion du Rhône. Les uhlans, dès lors, se bornèrent à occuper Villers-la-Ville, le bois du Petit-Fougeret et Beveuges par des patrouilles, le gros se rassemblant au N.-E. de Villers-la-Ville.

Pendant que se passaient ces événements secondaires, le 25e prussien prenait ses dispositions d'occupation dans Villersexel, et la tête de colonne de la division Ségard arrivait au ruisseau de Pente-Vue. Il fallait rassembler la division avant de songer à reprendre l'offensive. Cependant la batterie (23e du 2e), placée au N.-E. du bois de Chailles, protégée par la forme de la lisière, continuait à entretenir le feu contre les deux batteries de la 4e division de réserve. Le 1er bataillon du 47e de marche, qui marchait en tête de la division, fut envoyé dans le bois pour la couvrir. Mais l'avant-garde du général von der Goltz venait de déboucher des bois du Grand-Fougeret ; à midi, ses deux batteries, comme nous le verrons plus loin, s'installant au nord de Moimay plus avantageusement que celles de la 4e division de réserve, contrebattaient la 23e du 2e et l'obligeaient bientôt à cesser son feu. Cette batterie se retira alors vers midi 1/4 sur le mamelon de la ferme le Rullet, où vinrent la rejoindre les deux autres batteries de la division Ségard. Cette artillerie ne prendra part désormais qu'au combat livré sur la rive droite de l'Ognon par le 18e corps : nous étudierons son rôle tout à l'heure.

Quant au 25e prussien, à l'issue du combat de rues, par conséquent vers midi, il occupait les emplacements suivants :

1er *bataillon.*

1re compagnie : sur le chemin de la cote 313, en avant du cimetière.

3e compagnie : à la sortie, vers Villers-la-Ville.

2e compagnie : à la sortie, vers le Grand-Magny.

4e compagnie : en réserve, place du Marché.

2e *bataillon.*

7e compagnie : à la sortie de la route de Rougemont.

6e compagnie : entre la route de Rougemont et le parc.

5e compagnie : à la Forge.

8e compagnie : encore à Moimay, d'où elle va incessamment rejoindre son bataillon.

3e *bataillon.*

9e, 10e et 12e compagnies : aux environs de la sortie Sud du pont.

11e compagnie : au château (1).

Enfin, une réserve générale constituée par sept compagnies du 30e (brigade von der Goltz) se rassemblait au débouché des bois du Grand-Fougeret, un peu en arrière des deux batteries de l'avant-garde de la 4e division de réserve.

Il n'y a pas lieu de s'étendre en de longues considérations sur cette première phase du combat. Cependant quelques réflexions paraissent indispensables.

1° On a déjà fait ressortir l'insuffisance de l'unique possession de Villersexel pour la sécurité de la marche sur Belfort (1re partie, page 65). Mais, au point de vue purement tactique, il faut signaler la faute capitale

---

(1) On peut se rendre compte, d'après cette énumération, du soin avec lequel le colonel de Loos s'était attaché à respecter les liens tactiques. En somme :

Le 1er bataillon occupait la partie Est de la ville;

Le 2e bataillon, les parties Ouest et Sud;

Le 3e bataillon était en réserve, moins la 11e compagnie, affectée à la garnison du château.

qu'on a commise en envoyant, à une si grande distance,
un détachement de sûreté d'un effectif aussi restreint
que celui des deux compagnies des mobiles des Vosges.
Que si, pour une raison qui n'est plus à discuter, l'on
voulait assurer l'occupation d'un point auquel on donnait, à juste titre, autant d'importance, ce n'est pas avec
le millier d'hommes que représentaient les mobiles des
Vosges et ceux de la Corse qu'on pouvait espérer obtenir, en les lançant à 10 kilomètres en avant de tout
soutien, un résultat proportionné à l'importance du but.
La distance qui doit séparer un détachement de sûreté
de la troupe à couvrir, c'est-à-dire la profondeur de la
zone de protection que le commandant de cette troupe
juge utile de se donner, est assurément fonction de la
situation générale, par conséquent du projet d'opérations, de l'effectif de l'ennemi, de son attitude et enfin
du terrain; mais, par réciprocité, elle doit être avant tout
proportionnelle à la capacité de résistance du détachement. Ce serait une grave erreur de généraliser le principe que le maréchal Bugeaud a donné pour des patrouilles et de l'appliquer à des détachements d'infanterie chargés d'assurer l'occupation d'une localité, ou,
plus généralement, susceptibles, par l'essence même de
leur rôle, d'être amenés à combattre (1) pour la con-
servation *indispensable* de leur position.

L'occupation de Villersexel et de ses environs devait
être assurée par une assez grosse unité, pourvue d'artillerie et de cavalerie. Cette force aurait trouvé dans son
effectif les moyens de s'éclairer à distance convenable
et n'aurait probablement pas eu besoin de renforts pen-

---

(1) Les détachements avancés peuvent rendre de grands services
quand ils comprennent les trois armes en proportion convenable,
et qu'ils sont constitués par des troupes d'élite. L'armement actuel leur permet de jouer un rôle important.... Ce n'était pas le
cas des mobiles des Vosges, malgré leur bonne volonté.

dant un temps considérable. Est-il besoin d'ajouter que cette occupation aurait dû être réalisée par le 24e corps dans l'après-midi du 8 janvier, et n'est-il pas oiseux d'insister sur les conséquences que cette façon d'agir aurait tout naturellement entraînées ?

2° Dans l'occupation de Villersexel par les Français, il faut relever d'abord l'absence de reconnaissance préalable. Sans doute, étant donné la situation et l'émotion inséparable de l'apparition brusquée de l'ennemi, il était difficile, au colonel Parent, nous l'avons déjà dit, de procéder lui-même à cette reconnaissance. Mais, comment expliquer que le commandant du détachement des mobiles des Vosges, arrivé depuis la veille, ait à ce point négligé les plus élémentaires précautions ? Assurément, si la moindre reconnaissance avait été faite, la passerelle du château aurait être détruite.

D'ailleurs, il semble, d'après les historiques, qu'aucune entente n'a eu lieu entre les chefs des deux détachements. Peut-être le temps a-t-il manqué ? En tout cas, l'occupation de la localité en a été, par contre-coup, exécutée sans aucune méthode. Il est possible que, comptant sur l'arrivée prochaine de son 2e bataillon, le colonel Parent n'ait pas voulu constituer de réserve et se soit borné à garnir la rive de l'Ognon, comme il aurait garni la crête d'un retranchement sans aucune préoccupation tactique autre que celle de jeter immédiatement tous ses moyens au combat pour essayer d'obtenir dès l'abord la supériorité du feu. Qu'on ne s'y trompe pas, cette préoccupation dès le début d'un combat est la pire faute que puisse commettre un chef de détachement qui a, soit à manœuvrer, soit à déjouer les manœuvres de l'adversaire (1). Aussi bien, ici même,

____

(1) La recherche de la supériorité du feu au début d'un enga-

elle eut pour conséquence l'occupation insuffisante du château, dont la possession était capitale.

. Les événements, d'ailleurs, se précipitèrent avec tant de rapidité qu'il ne fut plus possible de réparer cette fatale négligence.

En résumé, l'emploi rationnel des éléments du 1er bataillon de la Corse aurait, à notre avis, été le suivant :

Une compagnie aurait renforcé les défenseurs du pont ;

Une compagnie en réserve de secteur à la place du Marché ;

Deux compagnies auraient occupé le château et le parc ;

Trois compagnies en réserve entre la route de Rougemont et la cote 311.

3° Quant aux Allemands, nous les voyons agir avec méthode. Ils connaissaient, cela est certain, l'existence antérieure du passage de la Forge et le peu de largeur du bras de l'Ognon dont les matériaux de l'usine assureraient au besoin le franchissement (1). Ce sont évidemment ces renseignements qui déterminèrent le général de Treskow et le colonel von Loos à envoyer, dès la première résistance au pont, deux compagnies de ce côté. On sait avec quelle facilité elles réussirent et l'on a vu avec quel soin, le passage effectué, la 12e compagnie se hâta de couvrir le flanc droit. Cette même préoccupation se remarque après l'enlèvement du pont de Villersexel et l'on voit la 1re compagnie gagner immédiatement la hauteur qui commande le flanc gauche.

gement est chose très délicate pour une troupe placée sur la défensive, qui aura toujours une tendance à s'exagérer la difficulté de sa mission, aussi bien que l'effectif qu'elle a devant elle. Elle exige, de la part du chef, beaucoup de jugement, et un sentiment très net de la situation.

(1) Lors du cantonnement de la 4e division de réserve à Villersexel, le général de Schmeling et le colonel de Krane avaient été les hôtes du marquis de Grammont.

On a déjà signalé l'attention du colonel von Loos à respecter les liens tactiques. Nous verrons plus tard que si cette préoccupation hanta constamment l'esprit du colonel, elle a été partagée par ses chefs à un degré sensiblement moins élevé.

4° Il faut aussi remarquer la façon d'opérer de l'artillerie allemande qui, tout en couvrant de ses feux la ville et le pont, ne manquait pas de surveiller le flanc dangereux et d'infliger des pertes cruelles aux renforts qui voulaient pénétrer dans la localité. Il serait injuste de ne pas signaler aussi la conduite de la batterie d'artillerie de l'avant-garde de la division Ségard, qui, réduite à quatre pièces, soutint pendant plus d'une heure et demie la lutte contre les batteries allemandes, resta en position au nord-est du bois de Chailles, sous le feu de vingt-quatre pièces, et ne se retira qu'à la suite de la retraite définitive des défenseurs de Villersexel.

En définitive, cette première phase du combat nous montre, du côté des Allemands, un combat d'avant-garde conduit dans des conditions de terrain très difficiles avec la plus rigoureuse méthode. Sans doute, ils ont été favorisés par les dispositions défectueuses des Français. Il n'en est pas moins vrai que l'opération en elle-même est remarquable. Nous verrons plus tard que cette excellente manière d'agir ne s'est point continuée au cours de l'affaire, tant il est vrai qu'à la guerre il suffit de bien peu de chose pour troubler les esprits les plus nets et les mieux dressés.

Mais il nous faut revenir aux événements, et, en laissant de côté pour un moment l'avant-garde de la 4e division de réserve et le 20e corps français, nous occuper de la brigade du général von der Goltz et du corps d'armée du général Billot.

LES DÉBUTS DU COMBAT SUR LA RIVE DROITE DE L'OGNON. — ENGAGEMENT DE LA BRIGADE VON DER GOLTZ ET DE LA DIVISION FEILLET-PILATRIE DU 18e CORPS FRANÇAIS.

On a vu (page 92) les emplacements qu'occupait le 18e corps d'armée le 8 janvier au soir.

L'ordre de mouvement de l'armée pour le 9 janvier parvint assez tard au général Billot, qui prescrivit les dispositions suivantes :

La 1re division (Feillet-Pilâtrie), laissant ses grand'-gardes sur place, se porterait sur Esprels, que sa première brigade occuperait, ainsi que Marast et Autrey-le-Vay, tandis que la 2e brigade tiendrait le bois de Chassey, dont un régiment occuperait la lisière Nord en face des Pateys.

La 2e division (Penhoat), par Esprels et Pont-sur-l'Ognon, se rendrait à Villersexel. Elle serait suivie de la réserve d'artillerie et de la division de cavalerie de Bremond d'Ars, qui s'arrêteraient à Esprels.

La 3e division (Bonnet) viendrait s'établir à Chassey-Thieffrans-Coignières.

Le départ de la 1re division devait avoir lieu à 7 heures du matin.

Ces dispositions, reflet de l'ordre de l'armée, correspondaient au rôle attribué au 18e corps : protection du flanc gauche de l'armée. Nous avons d'ailleurs discuté déjà (page 94) la partie de cet ordre concernant le 18e corps.

On s'étonnera sans doute de voir que la division Penhoat, la plus éloignée, ait précisément à accomplir la marche la plus longue. Il semble, en effet, que l'occupation de Villersexel dût être le fait de la division Bonnet. Pour s'expliquer cette anomalie de la part d'un officier d'état-major aussi distingué que le général Billot, il faut se rendre compte que, jusqu'à ce moment la division Bonnet avait été à l'extrême gauche du corps d'armée; que, par conséquent, ses convois avaient eu des fatigues énormes à supporter. Il est à présumer que, dans la journée du 8, le ravitaillement des convois du 18e corps avait été très laborieux; de plus, les routes couvertes de neige ou de verglas étaient d'un parcours très difficile pour des voitures chargées et aussi mal attelées que celles de l'armée de l'Est. Enfin, le convoi de la 3e division marchait en arrière de celui de la 2e.

Pour toutes ces raisons, la division Bonnet ne pouvait partir qu'après la 2e. En fait, elle ne put être mise en marche le 9 que vers midi.

Quant à la division Penhoat, qui devait partir à 7 heures, elle ne put quitter Fontenois-les-Montbozon que vers 10 heures du matin (1). Cette division, pour des raisons inconnues, ne reçut d'ailleurs l'ordre de mouvement qu'un peu avant 7 heures. Il en résulta tout d'abord que la réserve d'artillerie et la division de cavalerie prirent rang dans la colonne après la division Feillet-Pilâtrie; que, par suite du mauvais état des routes, la marche de ces deux unités fut fort lente ; qu'enfin, les 2e et 3e divisions du 18e corps ne parvinrent que

____

(1) L'amiral Penhoat, sentant toute l'importance de sa prompte arrivée dans la région de Villersexel, fit partir le plus tôt possible une avant-garde, sous les ordres du colonel Périaux, commandant la 1re brigade, composée du 12e bataillon de chasseurs de marche, des 1er et 3e bataillons du 52e de marche, d'une compagnie du génie et de deux batteries. Cette avant-garde quitta Roche-sur-Linotte vers 8 heures et demie.

très tard en vue de leurs emplacements de la journée. Mais on verra plus loin les conséquences tactiques, infiniment plus graves, de cet ensemble de circonstances.

La division Feillet-Pilâtrie (1re division du 18e corps) se mit en marche vers 7 heures et demie du matin, en deux colonnes :

La 1re, précédée d'un peloton du 3e lanciers de marche, comprenait la brigade Leclaire (9e bataillon de chasseurs de marche, 42e de marché (1), mobiles du Cher) et l'artillerie (2 batteries de 4). Dans cet ordre, la colonne se porta sur Esprels.

La 2e, comprenant la brigade Robert (44e de marche et 73e mobiles), se dirigea dans le bois de Chassey, dont un régiment (44e) devait occuper la lisière Nord, tandis que l'autre restait en réserve dans le bois.

Sous la neige, qui tombait épaisse, et par le froid intense qui, sous les pieds des hommes, la transformait rapidement en verglas, la brigade Leclaire avança lentement, et ce ne fut que vers 9 h. 45 que sa tête arriva en vue d'Esprels.

Déjà l'on y entendait des coups de fusils. Un groupe de francs-tireurs du 20e corps, venant de Pont-sur-l'Ognon, y était aux prises avec un détachement de uhlans de réserve appartenant à la division Schmeling. L'arrivée du peloton de lanciers détermina les cavaliers allemands à se retirer dans la direction de Marast. Les francs-tireurs les suivirent et vinrent occuper le mamelon au nord du bois du Chanois, tandis que les lanciers s'arrêtèrent à quelque distance du village.

Depuis quelque temps on entendait une canonnade intermittente dans la direction de Villersexel.

---

(1) Moins trois compagnies du 1er bataillon, laissées aux avant-postes au nord de Chassey, sous les ordres du chef de bataillon.

Pour protéger le rassemblement de sa première brigade, le général Feillet-Pilâtrie poussa le 9e bataillon de chasseurs dans la direction d'Autrey-le-Vay, jusqu'à la crête qui domine ce village; une section d'artillerie fut envoyée prendre position sur le mamelon qui, au nord d'Esprels, commande le débouché de Marast, et trois compagnies du 42e de marche furent dirigées sur la corne Sud du bois de la Bouloye pour couvrir la gauche des pièces. Le reste de la brigade se rassembla à la sortie Nord d'Esprels.

Ces dispositions se terminaient vers 10 heures et demie, quand des mouvements de troupes furent signalés du côté de la Grange-d'Ancin; de plus, le général était informé de la présence de la cavalerie allemande dans la région au nord des Pateys.

Les environs d'Esprels formaient une position favorable pour couvrir le débouché du corps d'armée; le général Feillet-Pilâtrie prit les dispositions suivantes pour l'occuper :

Le reste de l'artillerie dut rejoindre la section déjà en position au nord d'Esprels ;

Elle devait être couverte :

1° Par le 9e bataillon de chasseurs, qui s'avancerait dans la direction d'Autrey et ferait occuper le village par une compagnie et le bois du Chanois par deux, les trois autres compagnies restant en réserve ;

2° Au bois de la Bouloye, par les trois compagnies du 1er bataillon du 42e de marche, qui s'y trouvaient déjà; le 3e bataillon dut aller les renforcer, en laissant deux compagnies en soutien immédiat de l'artillerie, tandis que le 2e bataillon, placé à l'ouest du mamelon, face à la direction de Vesoul, garantissant contre toute éventualité de ce côté.

Ce dispositif, on le reconnaîtra, correspondait, dans ses grandes lignes, au rôle et à la mission de la brigade

Leclaire, qui devait avant tout assurer le débouché du corps d'armée. On ne peut reprocher au commandant de la 1re division que d'y avoir consacré un peu trop de monde.

D'autre part, on pourra discuter la résolution prise par cet officier général de s'établir sur la position d'Esprels, au lieu de marcher résolument dans la direction où le canon se faisait entendre.

En fait, si l'on examine de près la position des diverses unités du 18e corps entre 9 heures et 10 heures du matin; si l'on considère la mission que les événements, la situation et l'ordre de l'armée imposaient à ce corps d'armée; si l'on veut bien se souvenir que toute la région au nord des bois de Chassey était depuis plus de vingt-quatre heures parcourue par les patrouilles de la cavalerie du général von der Goltz; si, enfin, on tient compte de l'habitude alors générale dans l'armée française de s'en tenir à l'exécution stricte des ordres reçus, on avouera en toute sincérité qu'il était difficile au général Feillet-Pilâtrie d'agir autrement qu'il a fait.

On reconnaîtra aussi que le général Billot, dont le corps d'armée avait encore son gros bien en arrière, et qui avait dû, en définitive, couper en deux sa première division, ne pouvait encore avoir aucune idée d'offensive, et par conséquent qu'il lui était impossible de pousser la brigade Leclaire sur Moimay et le bois des Brosses. Et cependant l'on dira, peut-être, que c'était là ce qu'il fallait avoir l'audace de faire. C'est vrai; mais c'est là aussi une décision facile à prendre dans un cabinet; il est à craindre qu'elle ne soit plus laborieuse lorsqu'on se trouve en présence des obscurités du début d'une affaire et aussi des responsabilités d'une situation réelle.

Mais retournons aux événements.

Marche et premier déploiement de la brigade von der Goltz.

Pour l'exécution de l'ordre donné ci-dessus (page 98), la brigade von der Goltz se rassembla avant le jour auprès de Colombe-les-Vesoul. A 5 heures et demie du matin (1), par une neige épaisse, elle se mit en mouvement dans l'ordre suivant :

Avant-garde (lieutenant-colonel Nachtigall).

3e escadron du 2e hussards de réserve.
1er et 2e bataillons du 30e d'infanterie.
2 batteries (Ulrich et Riemer).

Gros (colonel Wahlert).

Fusiliers du 30e d'infanterie.
1 batterie (Fischer).
34e d'infanterie.
4e escadron du 2e hussards de réserve.

Le 2e escadron du 2e hussards couvrait le flanc droit.

Tout le reste de la cavalerie avait été envoyé sur Vallerois-aux-Bois et les Monnins.

Le général de Werder, qui accompagnait la colonne, lui prescrivit à Noroy-le-Bourg de suivre sur la Grange-d'Ancin; il continua à marcher avec elle.

---

(1) L'historique du 30e prussien dit 6 heures. Mais, comme : 1º c'est entre 11 heures et quart et 11 heures et demie que l'ordre de se mettre en batterie au nord de Moimay fut donné à l'artillerie de l'avant-garde ; 2º une reconnaissance préalable de la situation et du terrain a été nécessaire ; 3º cette reconnaissance n'a pu être faite avant que l'artillerie française se fût dévoilée au nord-est du bois de Chailles, c'est-à-dire avant 11 heures (historique du 2e régiment d'artillerie français); 4º il y a 20 kilomètres de Colombe-les-Vesoul à la Grange-d'Ancin, on doit admettre que c'est entre 10 heures et demie et 10 heures trois quarts que l'avant-garde déboucha sur ce point, et qu'elle partit de sa place de rassemblement *au plus tard* à 5 heures et demie.

Les premiers rapports venant de Villersexel faisaient pressentir la présence de masses importantes au sud de l'Ognon; les renseignements de la cavalerie von der Goltz annonçaient la marche d'une grosse colonne sur la rive droite de la rivière. Il y avait là les symptômes d'un engagement sérieux nécessitant quelques précautions préliminaires, même si le général en chef avait bien dans l'esprit l'intention formelle d'attaquer vigoureusement. En conséquence, la brigade reçut l'ordre de se rassembler à la Grange-d'Ancin, avec mission de barrer absolument ce défilé, de couvrir le flanc droit de la division de réserve et de soutenir l'avant-garde de cette division si on le lui demandait.

Le général de Werder, de son côté, se rendit sur le mamelon situé au nord d'Aillevans.

Comment le général von der Goltz exécuta-t-il l'ordre qui lui fut donné? Nous allons le voir.

En arrivant à la Grange-d'Ancin, la brigade y avait trouvé, laissée comme flanc-garde par le gros de la division de réserve, une compagnie de landwehr, la 1re du bataillon de Thorn, qui, vraisemblablement, ne put lui fournir beaucoup de renseignements sur la situation.

En raison même de son tempérament, il est très probable que le général von der Goltz se porta de sa personne dans la direction de Villersexel, faisant compléter la reconnaissance vers l'Ouest par le commandant de son artillerie et par un officier de son état-major.

La situation vue de la lisière des bois se présentait de la façon suivante vers 11 heures : Tout le 25e d'infanterie, moins une compagnie laissée à l'issue N. du pont et une seconde envoyée à Moimay, était dans Villersexel, où le combat paraissait assez vif. Au point où la grande route sort des bois, les deux batteries de l'avant-garde de la 4e division de réserve étaient en action contre une batterie ennemie qui venait de se démasquer à l'angle N.-E. du bois de Chailles et qui, protégée par sa position, ne semblait pas souffrir beaucoup du feu.

A l'Ouest, tout était très calme. D'ailleurs, la croupe du bois des Brosses limitait l'horizon et ne permettait d'apercevoir que la lisière des bois de la Bouloye et le mamelon au Sud, sur lequel, à la vérité, la cavalerie avait signalé quelques instants auparavant les mouvements de faibles fractions.

Le général von der Goltz estima que :

1° Il convenait d'établir le plus tôt possible un repli pour l'avant-garde de la 4° division totalement engagée ;

2° Il fallait soutenir l'artillerie de cette avant-garde de manière à éteindre le plus tôt possible le feu de l'artillerie française ;

3° La mission donnée à la brigade de couvrir le flanc droit de la 4° division de réserve impliquait l'occupation de la crête au nord-ouest de Moimay.

Il donna en conséquence les ordres suivants :

L'avant-garde continuera sa marche et se massera au débouché de la grand'route du bois du Grand-Fougeret. Les deux compagnies de tête (1re et 2°) pousseront vers la Forge et borderont la rivière. Deux autres compagnies, les 6° et 7° du 30°, se porteront au nord de Moimay en soutien de l'artillerie de l'avant-garde, qui s'établira près de la corne S.-E. du Grand-Bois. Les fusiliers du 30° rejoindront l'avant-garde.

Le 34° enverra deux compagnies (2° et 3° du 34°) sur Marast pour assurer la sécurité de ce côté. La compagnie de landwehr se joindra à elles.

Le reste du régiment, laissant trois compagnies (9°, 11°, 12° du 34°) en réserve dans le bois, entre la position des batteries et la route d'Esprels, se portera sur Moimay.

La batterie du gros restera sur la route avec les deux escadrons de hussards.

Ces mouvements commencèrent à s'exécuter entre 11 heures un quart et 11 heures et demie.

La solution donnée par le général von der Goltz au problème que lui posait la situation correspondait-elle à une interprétation exacte de la mission qui lui était dévolue et des instructions du commandant de corps d'armée? *A priori*, ne semble-t-il pas que ce déploiement complet d'une brigade entière soit quelque peu prématuré?

Sans doute la nécessité s'imposait et de constituer une réserve à l'avant-garde de la 4e division de réserve, et de mettre la main sur Moimay, en fermant par cela même le défilé compris entre ce village et l'Ognon, qui pouvait être utilisé par l'adversaire pour des retours offensifs analogues à ceux que les Autrichiens exécutèrent à Magenta. Mais en accumulant presque tous ses moyens entre Moimay et le débouché des bois du Grand-Fougeret, le général ne risquait-il pas d'être pris au dépourvu au cas où l'adversaire, masquant le village, exécuterait une vigoureuse attaque par Marast sur la Grande-d'Ancin? Cette attaque, dira-t-on, était trop dangereuse pour être possible. Encore faut-il s'entendre. Car, du moment que l'on signalait sur la route d'Esprels l'arrivée d'une forte colonne ennemie, on pouvait craindre qu'une partie de ces effectifs ne masquassent Moimay, tandis que le reste se précipitant sur Marast et le bois des Brosses aurait vite raison des six compagnies disponibles de ce côté, et, occupant le mamelon coté 292, fermerait définitivement le débouché de la Grange-d'Ancin, ne laissant libre pour la manœuvre allemande que le couloir entre l'Ognon et le bois du Grand-Fougeret.

En définitive, la défense de la Grange-d'Ancin était

assurée d'une manière bien précaire par les dispositions du général von der Goltz, et pour cela même on conviendra que cet officier général avait interprété d'une manière inexacte les ordres qu'il avait reçus.

Quoi qu'il en soit, les mouvements, ainsi que nous l'avons dit, commencèrent entre 11 heures un quart et 11 heures et demie.

L'avant-garde continua par la grand'route de Villersexel, sur laquelle elle était déjà engagée; les deux compagnies de tête (1re et 2e du 30e), prenant à travers bois, se dirigèrent directement sur la Forge.

Les batteries déboîtèrent par le chemin de terre qui relie directement Moimay aux Grands-Bois, précédées des 6e et 7e compagnies du 30e. Enfin, le 34e, moins les cinq compagnies désignées respectivement pour marcher sur Marast ou pour rester en réserve, suivit le même chemin que les batteries et se dirigea sur Moimay.

Les deux batteries Ulrich et Riemer, en position vers 11 h. 45, ouvrirent immédiatement le feu contre l'artillerie française établie à la corne Nord-Est du bois de Chailles et déjà canonnée par les batteries de l'avant-garde de la division de réserve. Vers midi le feu cessa de ce côté.

Pendant ce temps les trois compagnies (2e et 3e du 34e et 1re du bataillon de landwehr de Thorn) chargées de se porter sur Marast marchaient sur leur objectif, la 2e compagnie à cheval sur la route, les deux autres en échelon vers la droite. Nous les retrouverons tout à l'heure.

Quant aux 6e et 7e compagnies du 30e, désignées pour servir de soutien à l'artillerie, elles avaient commencé par se mettre en bataille à la droite des batteries (1). Le

---

(1) Ce fait curieux est mentionné très explicitement dans l'historique du 30e d'infanterie.

général von der Goltz, s'apercevant de cette faute, prescrivit directement à la 6° de ne laisser qu'un demi-peloton en soutien immédiat des pièces et d'aller, avec le reste, occuper le bois des Brosses, pendant que la 7° se placerait en réserve au moulin Marquant.

Puis, voyant tous ces mouvements s'exécuter, et présumant d'après le bruit du combat que l'avant-garde de la 4° division de réserve avait atteint et très probablement dépassé la lisière Sud de Villersexel, le général donna l'ordre au gros du 30° rassemblé à la sortie S.-O. du Grand-Fougeret d'aller se mettre à la disposition du général de Treskow; les 1re et 2° compagnies du 30° qui occupaient la Forge durent rejoindre leur régiment, en même temps qu'on rendait sa liberté à la compagnie du 25° chargée jusqu'à ce moment d'occuper Moimay.

C'était encore là un acte de pure initiative du général von der Goltz, puisque le général de Treskow n'avait point fait appel à son concours. Cette décision pouvait paraître rationnelle au regard de la situation du moment. Elle nous semble, à nous, très audacieuse et insuffisamment justifiée. Car, au demeurant, le général von der Goltz ne pouvait en premier lieu savoir exactement quelles étaient les circonstances dans lesquelles se trouvait à ce moment l'avant-garde de la division de réserve, et, en second lieu, il ignorait — les événements l'ont démontré — le fond de la pensée et les intentions exactes du général en chef. Dans l'esprit du général de Werder, la brigade von der Goltz avait avant tout pour mission de couvrir la droite, et ne devait apporter son concours à l'avant-garde de la division de réserve que si le chef de cette avant-garde en regardait la nécessité comme indiscutable. Le général von der Goltz n'avait donc pas le droit de se substituer au commandant de l'avant-garde et d'apporter ainsi dans la direction du combat une influence indirecte qui n'était pas à sa place.

Ceci prouve une fois de plus que l'initiative, cette vertu capitale de tout officier, devient une arme extrêmement dangereuse aux mains d'un chef qui cherche à l'exercer au delà de la sphère de son commandement.

D'ailleurs, le général von der Goltz allait bientôt avoir à reporter toute son attention sur les opérations de sa propre brigade.

Vers midi, en effet, les six compagnies du 34e (1) atteignaient Moimay, et la 6e du 30e arrivait au bois des Brosses. Quelques groupes du 34e étaient poussés en avant du village et venaient de couronner la crête, lorsqu'ils se trouvèrent en butte au feu d'une batterie française établie sur le mamelon de la ferme du Rullet.

Les batteries Ulrich et Riemer, qui, concurremment avec les batteries de la 4e division de réserve, venaient précisément de réduire au silence les pièces françaises établies à l'angle N.-E. du bois de Chailles, reprirent le feu sur ce nouvel objectif; mais la distance (plus de 3.000 mètres) était trop considérable pour laisser espérer un résultat sérieux.

Cependant la 6e compagnie du 30e avait pénétré sans coup férir dans le bois des Brosses, et l'on pensait à tirer immédiatement parti de cette occupation en envoyant les batteries s'établir sur le mamelon au N.-O. de Moimay, d'où elles auraient pu contrebattre plus avantageusement leur objectif actuel, quand on entendit une rapide canonnade dans la direction de Marast, et l'on put bientôt constater un mouvement de recul précipité dans le détachement (2e et 3e compagnies du 34e, 1re compagnie du bataillon de landwehr de Thorn) envoyé sur ce village.

---

(1) 1re, 4e, 5e, 6e, 7e et 8e compagnies du 34e. La 10e compagnie était aux trains.

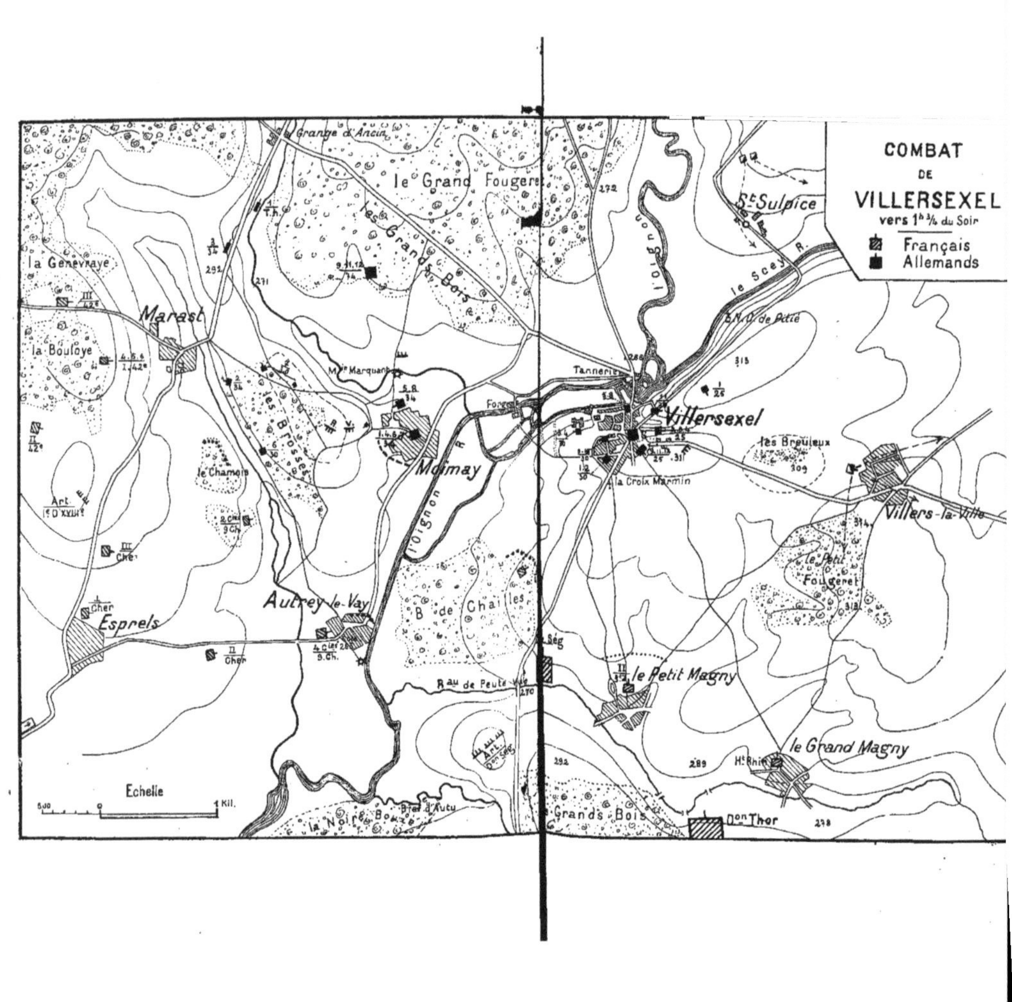

COMBAT
DE
VILLERSEXEL
vers 1ʰ ¾ du Soir
Français
Allemands
le Grand Fougers
Grange d'Ancin
les Grands Bois
la Genevraye
Marast
la Boulaye
Mⁿ Marquant
les Brosses
le Chamoré
Art.
Chⁱ
Esprels
Cher
Autrey-le-Vay
B. de Chailles
Moimay
Villersexel
Tannerie
la Croix Marmin
les Breuleux
St Sulpice
le Scey R.
S. N. D. de Pitié
Villers-la-Ville
le Petit Fougeret
Ség
Rᵉᵃᵘ de Peute Vex
le Petit Magny
le Grand Magny
Hⁱ Rhin
Dⁿ Thor
Grands Bois
la Noire Bois
Bⁱᵈ d'Auty
Art.
Dⁿ Ség
Echelle
1 Kil.

Voici ce qui s'était passé :

Les trois compagnies s'avançaient sans grandes précautions : nous avons vu dans quelle formation. La 2ᵉ compagnie du 30ᵉ pénétra dans le village sans coup férir et commença à en déboucher, se dirigeant sur la corne S.-E. du bois de la Bouloye. Elle avait à peine parcouru 100 mètres qu'elle se trouva en butte sur son flanc gauche à un feu violent d'artillerie, tandis que de front elle recevait un feu rapide d'infanterie. Elle perdit immédiatement contenance, fit demi-tour, traversa Marast à la course, et fut se blottir à l'extrémité Nord du bois des Brosses. Devant cette panique, les deux autres compagnies ne conservèrent pas davantage leur sang-froid et se retirèrent en désordre d'abord derrière le mamelon coté 292, puis jusqu'au bois des Futayes.

On a déjà deviné que cet accueil inattendu était le fait de l'artillerie de la division Feillet-Pilâtrie et du 42ᵉ de marche, qui avaient réalisé les dispositions que nous avons indiquées plus haut. Il était à ce moment environ midi et quart (1).

L'échec subi par le détachement appelle quelques brèves réflexions.

Tout d'abord, on peut s'étonner de voir avec quelle facilité la surprise s'est produite. Comment le détache-

---

(1) L'historique du 34ᵉ prussien dit que Marast fut occupé à midi; M. le major Kunz dit 11 heures; M. de Wengen dit un peu après 11 heures. Nous prenons l'heure donnée par l'historique comme la plus probable. En effet, dans la colonne, le 34ᵉ avait devant lui des éléments occupant, distances comprises, une profondeur de 3.000 mètres, en chiffres ronds. Il ne pouvait donc arriver à la Grange-d'Ancin que quarante à quarante-cinq minutes après la tête d'avant-garde. Celle-ci, on l'a vu, déboucha entre 10 heures et demie et 11 heures. De la Grange-d'Ancin à Marast, il y a exactement deux kilomètres. La 2ᵉ compagnie du 30ᵉ ne pouvait donc atteindre le village avant 11 h. 45. Si l'on tient compte du temps nécessaire pour recevoir les ordres, s'orienter, donner des instructions et prendre les dispositions les plus élémentaires, on voit que midi semble l'heure la plus vraisemblable.

ment n'a-t-il pas été avisé par les patrouilles de cavalerie de la présence de l'ennemi aux environs d'Esprels, puisqu'une de ces patrouilles avait pris indubitablement vers 10 heures le contact entre ce village et Marast ? Il est difficile de l'expliquer autrement que par une négligence du commandement ou par une faute impardonnable du chef de cette patrouille qui, en deux heures, aurait eu largement le temps de faire parvenir ses renseignements. Mais, en supposant même que cette erreur se soit produite, comment admettre que le commandant du détachement ait pu songer à déboucher d'un village complètement privé de vues, sans s'être éclairé au préalable par quelques patrouilles ? Et cependant si ces précautions élémentaires avaient été prises, assurément le capitaine prussien n'aurait pas eu l'idée de marcher directement sur la corne du bois de la Bouloye, sans quelques dispositions préparatoires. Il aurait probablement manœuvré par le fond de la vallée du ruisseau de Marast, aurait masqué le bois du Chanois par une fraction dont les feux, indépendamment de leur effet sur les défenseurs de ce bois, auraient pu singulièrement gêner le tir de l'artillerie française, pendant que le gros de son détachement aurait essayé de s'élever sinon sans dommage, du moins sans surprise, vers la corne du bois de la Bouloye. Il y a donc eu là une grosse faute dont les conséquences auraient pu être très graves si les Français avaient su profiter de leur succès.

Quoi qu'il en soit, à la suite de cette disgrâce, l'aile droite de la brigade se trouvait quelque peu en l'air. Il fallait, dès lors, surseoir à l'envoi de l'artillerie au nord-ouest de Moimay, jusqu'à ce que les affaires fussent rétablies de ce côté. Le général von der Goltz donna tout d'abord l'ordre de renouveler l'attaque avec les mêmes troupes, tandis que la 6ᵉ compagnie du 30ᵉ, déjà dans le

bois des Brosses, dut envoyer une partie de son effectif
dans la partie Nord de ce bois pour soutenir cette nouvelle tentative et aussi pour donner quelque sécurité à
l'artillerie. Puis, voyant que les Français ne tiraient
point partie de la situation et restaient immobiles; esti-
mant, d'autre part, qu'il convenait de faire taire le plus
tôt possible les batteries françaises de la ferme du Rullet
aussi bien que celles qui venaient de se dévoiler entre
Esprels et Marast, le général jugea que ses deux batteries d'avant-garde devaient gagner leur nouvelle position, et vers midi 40 leur donna des ordres en conséquence.

Pendant ce temps, le général Billot était arrivé à Esprels. L'apparition de tirailleurs allemands sur la crête
au S.-O. de Moimay, aussi bien que l'offensive sur Marast, lui firent craindre une offensive immédiate de ce
côté, et cette hypothèse pouvait lui paraître d'autant plus
justifiée que le résultat apparent du combat vers Villersexel semblait obliger les Allemands à se donner un peu
d'air sur la rive droite de l'Ognon. De plus, il lui fallait
bien constater que le gros du 18e corps était loin de pouvoir faire sentir son action à bref délai et qu'en définitive il était nécessaire de lui assurer à tout prix le débouché du défilé en arrière d'Esprels. La brigade Leclaire
dut en conséquence compléter ses premières dispositions
en renforçant l'occupation d'Autrey et celle du bois de
la Bouloye. Le 44e de marche de la brigade Robert fut
invité à se diriger sur Esprels en laissant au 73e mobiles
le soin d'occuper le bois de Chassey. Enfin l'artillerie
de réserve, la division de cavalerie et la 2e division reçurent avis d'avoir à hâter leur marche.

Le général Feillet-Pilâtrie, en exécution de ces ordres,
renforça le 9e bataillon de chasseurs du 2e bataillon des
mobiles du Cher; le 3e bataillon de ce régiment fut porté

à la droite de l'artillerie, le 1er restant en réserve près d'Esprels. Le 42e de marche, maintenant en réserve son deuxième bataillon, porta le 3e à la gauche des compagnies du 1er qui occupaient la corne du bois de la Bouloye au-dessus de Marast, dans la clairière qui est traversée par le chemin de Marast aux Pateys. Ce bataillon avait lui-même à sa gauche un groupe de francs-tireurs du 20e corps.

Pendant que s'opéraient ces mouvements, les batteries de la brigade von der Goltz effectuaient elles-mêmes leur déplacement et vers 1 heure s'établissaient sur le mamelon entre Moimay et le bois des Brosses. La batterie Ulrich, placée à gauche, prit pour objectif les batteries françaises de la ferme du Rullet ; la batterie Riemer, celles de la 1re division du 18e corps.

Mais à peine avaient-elles ouvert le feu, que la nouvelle attaque sur Marast échouait exactement dans les mêmes conditions que précédemment.

Dès qu'elles avaient pu se remettre suffisamment en ordre, les 3e compagnie du 34e et 1re du bataillon de landwehr de Thorn se dirigèrent sur Marast, la 3e compagnie du 34e en première ligne. Cette compagnie, à laquelle se joignirent quelques fractions de la 2e, sorties du bois des Brosses, pénétra dans le village, voulut en déboucher, fut reçue comme l'avait été une heure auparavant la 2e, et, comme elle, se replia précipitamment derrière la crête cotée 292, puis dans le bois des Futayes, entraînant la 1re compagnie du bataillon de landwehr de Thorn qui disparut, depuis ce moment, de cette partie du champ de bataille (1).

La batterie Riemer redoubla son feu contre l'artillerie

____

(1) Cette compagnie rejoignit plus tard son bataillon et participa au combat de nuit dans Villersexel.

Il est à remarquer que les pertes subies dans la journée par les

du 18e corps, pendant que la 6e compagnie du 30e, attirée
par le bruit du combat, ne laissait qu'un demi-peloton à
côté des pièces et portait presque tout son effectif à la
corne N. du bois des Brosses. L'artillerie française essaya de lutter pendant quelque temps; mais, vers 2 heures, elle cessa momentanément son feu en attendant
l'entrée en ligne de l'artillerie de réserve déjà arrivée
à Esprels et que le général Billot envoya chercher.

L'échec définitif de sa droite obligea le général von
der Goltz à envoyer dans la partie Nord du bois des
Brosses la 7e compagnie du 30e, qui jusqu'alors était
restée en réserve près du moulin Marquant, où elle souffrait des conséquences de la lutte d'artillerie. Elle se
trouvait en effet au point d'intersection des deux axes
de tir et dans la zone des coups longs des batteries françaises des 18e et 20e corps. Elle quitta donc avec plai-
sir une position dangereuse (1) que, d'ailleurs, son capitaine aurait pu modifier avec raison et alla occuper la
corne N.-E. du bois des Brosses, où elle resta à peu près
inactive jusqu'au soir.

Pendant ce temps, la batterie Ulrich continuait contre
les batteries françaises du Rullet une lutte que la difficulté d'observation des points de chute rendait indécise.
La batterie Riemer, faisant un quart de conversion à
gauche, se porta en avant, vint s'établir à 200 mètres de
l'autre batterie (2) et joignit son action à la sienne,
sans obtenir d'ailleurs un résultat effectif.

2e et 3e compagnies du 34e furent insignifiantes : 2 hommes blessés
et 1 disparu.

Pour les pertes subies par la 1re compagnie de Thorn, il n'a pas
été possible de les déterminer. Nous n'avons retrouvé que le total
de celles qu'a subies la fraction du bataillon engagée dans la journée
(1re et 3e).

(1) Cette compagnie ne perdit, d'ailleurs, le 9 janvier, que 2
tués, 6 blessés et 1 disparu.

(2) M. de Wengen dit que la batterie Riemer ouvrit alors le

Quant à l'infanterie de la brigade prussienne, elle restait absolument inactive.

En définitive, à 2 heures du soir, la situation des deux partis était la suivante sur la rive droite de l'Ognon :

BRIGADE VON DER GOLTZ.

30e d'infanterie. — 6e compagnie : un demi-peloton à la lisière Sud-Est du bois des Brosses; deux pelotons et demi dans la partie Nord de ce bois; 7e compagnie : à la corne Nord du bois des Brosses, avec un demi-peloton en réserve à 400 mètres au Sud; le reste du régiment à Villersexel.

34e d'infanterie. — 1re, 4e, 6e et 7e compagnies : dans Moimay; 5e et 8e compagnies : en réserve à droite, près de Moimay; 9e, 11e et 12e compagnies : en réserve générale dans le bois des Futayes; 2e compagnie : dans le bois des Brosses (corne Nord); 3e compagnie : à l'est de la cote 292 (?).

Artillerie. — Batterie Ulrich et batteries Riemer : sur le mamelon à l'ouest de Moimay; Batterie Fischer : en arrière et au nord du Moulin-Marquant.

18e CORPS.

1re *division*.

1re *brigade*. — 9e bataillon de chasseurs : 2 compagnies dans le bois du Chanois; 1 compagnie dans Autrey; 3 compagnies en soutien à la sortie Ouest d'Autrey.

42e de marche. — 1er bataillon (3 compagnies) : bois de la Bouloye; 3e bataillon : en arrière à gauche; 2e bataillon : face aux Pateys.

---

feu contre l'une des deux batteries ennemies établies au nord d'Autrey-le-Vay. Un rapport du capitaine Löhlein, cité par le même auteur, dit au nord d'Esprels. Tous les deux s'accordent à dire que le feu fut ouvert à 3.400 pas (2.700 mètres environ), que l'observation des coups était difficile et que le résultat obtenu fut nul.

Il doit y avoir là une erreur matérielle : tout d'abord, au nord d'Esprels, il n'y a pas de position à 2.700 mètres; la position la plus éloignée est à 2.200 mètres (à 400 mètres nord de la sortie d'Esprels, et elle n'a pas de vues sur l'artillerie allemande. Il doit falloir lire : au sud d'Autrey-le-Vay. En effet, les batteries françaises du Rollet étaient exactement à 2.550 mètres de la position de la batterie Riemer.

Enfin, dans son livre, Löhlein parle de batteries installées à la lisière du bois de Noire-Bouze. Disons, une fois pour toutes, qu'il s'agit de celles qui étaient établies au Rullet.

Mobiles du Cher. — 2e bataillon : entre Autrey et le bois du Chanois (2 compagnies en tirailleurs); 3e bataillon : à la droite de l'artillerie; 1er bataillon : à la sortie Nord d'Esprels.

2e *brigade*. — 44e de marche : aux Pateys.

73e mobiles : dans le bois de Chassey.

Artillerie de la 1re division : en batterie au nord d'Esprels.

Artillerie de réserve : se forme à la sortie Nord d'Esprels.

Avant-garde de la 2e division : va arriver à Esprels.

Division de cavalerie de Brémond d'Ars : rassemblée au nord-ouest d'Esprels; 1 régiment à la gauche de l'artillerie ; patrouilles vers les Pateys.

III

LA SITUATION SUR LA RIVE GAUCHE DE L'OGNON JUSQU'A 2 HEURES ET DEMIE. — L'ACTION DES COMMANDANTS EN CHEF.

Vers 1 heure, toute résistance des Français avait cessé sur la rive gauche de l'Ognon, et les débris des défenseurs de Villersexel se retiraient plus ou moins en désordre d'une part sur Villargent, de l'autre sur les Magny.

Comme nous l'avons vu, la division Ségard avait terminé son rassemblement, protégé par le 1er bataillon du 47e de marche porté dans le bois de Chailles. Quelque temps après, le 2e bataillon de ce régiment était poussé en avant du ruisseau de Pente-Vue et déployait, à cheval sur la route de Rougemont, des tirailleurs qui échangeaient des coups de feu avec les pelotons de tirailleurs que les 6e et 7e compagnies du 25e avaient envoyés à quelque distance en avant de la lisière de Villersexel.

La division Thornton (2e du 20e corps) avait débouché vers midi 1/2 de la route de Rougemont, le 3e zouaves de marche en tête. Le 1er bataillon de ce régiment reçut l'ordre d'occuper le Petit-Magny; les deux autres bataillons occupèrent la lisière des Grands-Bois, tandis que le reste de la division allait se masser en arrière du Grand-Magny. Les mobiles du Haut-Rhin organisèrent des passages sur le ruisseau.

Vers la droite, la division Polignac (1re du 20e corps)

était encore loin du champ de bataille et ne pourrait arriver à hauteur de Villargent avant 2 h. 1/2 ou 3 heures du soir. De ce côté, il n'y avait, par conséquent, que le 3e bataillon de la légion du Rhône, qui occupait Villargent et tiraillait contre les patrouilles de uhlans, et quatre compagnies des mobiles du Var à Saint-Ferjeux. Ces troupes, ainsi que nous l'avons vu (page 109), appartenaient au 24e corps. Ce corps d'armée les avait laissées pour protéger sa marche, qu'il continuait d'ailleurs avec une imperturbable sérénité.

C'est vers ce moment, 1 h. 15 de l'après-midi, que le général Bourbaki arriva sur le champ de bataille par la route de Rougemont. Le général Clinchant lui rendit compte de la situation au sud de Villersexel, et lui fit part de son intention de reprendre l'offensive sur la ville, dès que ses unités seraient en ligne (1). A la suite de cette conférence, la division de Polignac fut invitée à hâter son mouvement vers Villargent (2) avec sa première brigade, tandis que la deuxième se porterait en réserve entre ce village et le Grand-Magny.

L'importance du combat d'artillerie qui se livrait sur la rive droite de l'Ognon et l'occupation rapide de Villersexel par les troupes allemandes montraient que l'armée française avait en face d'elles des forces sérieuses. Ces réalités indiscutables, jointes aux renseignements antérieurs sur la présence du XIVe corps à Vesoul au moins jusqu'au 7 janvier, ne devaient-elles pas exercer une influence notable, sinon prépondérante, sur les résolutions

---

(1) D'après les renseignements qui nous ont été fournis, il semble que le général Clinchant ait eu l'idée de reprendre l'offensive dès l'arrivée de la division Thornton, c'est-à-dire vers 1 heure. Il est vraisemblable que les progrès que firent les Allemands dans la direction de Villers-la-Ville le déterminèrent à attendre l'arrivée de la division de Polignac.

(2) A 1 heure du soir, la tête de cette division allait atteindre Melecey.

que le général Bourbaki avait à prendre précisément à
ce moment? Il était 1 heure du soir; la ligne qu'il avait
fixée pour le stationnement de son armée le 9 janvier
était virtuellement atteinte; l'ennemi était venu lui of-
frir, sinon avec toutes ses forces, du moins avec un effectif important, un combat qu'il ne pouvait plus éviter.
Dès lors, puisqu'il fallait combattre, puisqu'il n'était
plus possible de se dérober, comme on le désirait à tort
d'ailleurs, avec la plus grande partie de ses moyens, ne
valait-il pas mieux se tourner avec toutes les forces disponibles contre cet adversaire audacieux et l'écraser,
plutôt que de subir, en quelque sorte passivement, son
initiative et sa volonté?

Sans aucun doute, le général Bourbaki a bien vu immédiatement que le général de Werder voulait le retarder dans sa marche vers la Lisaine. Peut-être a-t-il sup-
posé que ce général ne faisait là qu'une attaque d'arrière-garde avec des troupes sacrifiées à l'avance? Mais
l'importance même des moyens mis en œuvre par l'adversaire était révélée par le nombre des batteries qu'il
avait portées en ligne dès le début de son action. Et, au
surplus, que craignait-on, en faisant agir, contre cette
offensive, toutes les forces ont on disposait? Un retard
dans la marche? Mais il était acquis du fait même du
combat, puisque déjà deux corps d'armée étaient virtuellement engagés. Une confusion ultérieure dans les lignes de marche? L'inspection de la carte montre que
le désordre apparent qui pouvait en être la conséquence,
était facilement réparable. Un coup d'épée dans l'eau?
C'était peu probable, puisque l'on avait déjà en face de
soi un effectif suffisamment important pour faire présumer que sa défaite totale aurait une influence très
sensible sur les opérations ultérieures. Et en admettant
même que l'on n'ait eu devant soi qu'une forte arrière-
garde, n'était-ce pas une heureuse occasion à saisir pour

obtenir un succès qui aurait donné aux jeunes troupes une confiance en elles-mêmes qu'elles étaient loin d'avoir ?

- Peut-être pensera-t-on que le général Bourbaki a eu l'idée de maintenir les 18ᵉ et 20ᵉ corps devant Villersexel, et de continuer dès le lendemain vers la Lisaine avec les 24ᵉ et 15ᵉ corps ? Mais ce dernier était encore bien incomplet, et, par conséquent, une opération de ce genre, déjà très hasardée pour ne pas dire davantage, était matériellement impossible.

Il semble donc que, dès son arrivée, le général Bourbaki aurait dû envoyer au 24ᵉ corps l'ordre de se rabattre immédiatement sur Saint-Sulpice et Sénargent, tout au moins avec deux divisions. Le général comptait, paraît-il, que ce corps d'armée marcherait de lui-même au canon, et dès le soir du 9 janvier, il aurait reproché au général Bressolles de n'être pas intervenu. Mais c'était au commandement qu'il appartenait de prévenir une erreur de ce genre, que les habitudes de cette époque pouvaient certainement faire redouter.

On peut donc croire que le général en chef, encore indécis sur le parti à prendre, s'est borné à approuver les dispositions du général Clinchant, et qu'en fait l'action du commandement supérieur n'a pas eu d'autre manifestation.

Pendant que le 20ᵉ corps français se déployait ainsi qu'il vient d'être dit, le général de Schmeling complétait ses dispositions.

A l'état-major de la 4ᵉ division de réserve, on paraît avoir espéré que la prise de Villersexel clôturerait la journée. On ne pouvait, en effet, s'apercevoir des mouvements effectués par les divisions Ségard et Thornton. D'autre part, les quelques tirailleurs déployés sur la rive droite du ruisseau de Pente-Vue, ne semblaient avoir d'autre mission que de protéger la retraite des défenseurs de Villersexel, et l'attitude même des troupes qui occupaient Villargent ne laissait guère supposer des velléités d'offensive (1).

En tout cas, vers 1 heure, le général Schmeling, afin d'assurer l'occupation de la position, donna l'ordre aux deux batteries de l'avant-garde d'aller s'établir sur le mamelon coté 311, à la sortie de Villersexel, vers Villers-la-Ville. Il fit avancer en même temps les neuf compagnies du 30e d'infanterie, qui, conformément aux ordres du général von der Goltz, se tenaient en réserve à quelque distance du débouché Nord du pont.

Les batteries furent en position vers 1 h. 1/2. Quant au 30e d'infanterie, son chef, le colonel Nachtigall, se présenta à 1 h. 1/4 au général de Treskow II, et reçut de cet officier général des instructions qui lui firent répartir ses troupes ainsi qu'il suit :

3e et 4e compagnies du 30e, au château et dans le parc, relevant la 11e compagnie du 25e ;

1re et 2e compagnies du 30e, entre le parc et la route de Rougemont, en soutien des 6e et 7e compagnies du 25e ;

9e et 11e compagnies du 30e, en soutien à l'est de la route de Rougemont, vers le cimetière ;

5e, 8e et 10e compagnies du 30e, au débouché Sud du pont.

Un peu plus tard, afin de ménager les liens tactiques,

---

(1) Löhlein dit qu'avant 1 heure, le général de Werder, placé sur la hauteur 394, près d'Oricourt, avait pu voir, à la lorgnette, les colonnes françaises abandonner leurs directions de marche pour refluer sur Villersexel. Il semble que le commandant du XIVe corps n'a pu apercevoir que l'arrivée de la division Thornton, et peut-être le passage entre Fallon et Melecey de la division de Polignac. En tout cas, aucune colonne française n'a abandonné sa direction de marche, et, malheureusement, le 24e corps a continué imperturbablement à suivre la sienne.

le 30° dut assurer l'occupation de toute la partie Ouest de la ville, et la répartition fut modifiée ainsi qu'il suit :

3° et 4° compagnies au château et dans le parc ;

1ʳᵉ et 2° compagnies à la lisière de la ville entre le parc et la route de Rougemont ;

9° et 10° compagnies en soutien place de l'Eglise ;

11° compagnie vers le cimetière ;

5° et 8° compagnies au débouché S. du pont (1).

Les unités du 25°, rassemblées et remises en ordre, furent ainsi disposées :

1ʳᵉ compagnie à la cote 313, en soutien de la cavalerie ;

2°, 3° et 4° compagnies à la lisière Est ;

9°, 10° et 12° compagnies à la sortie vers Villers-la-Ville ;

5°, 6°, 7° et 8° compagnies en réserve place du Marché (2) ;

Enfin, la 11° compagnie fut chargée d'escorter les prisonniers vers l'arrière.

On ne peut s'empêcher de signaler ici l'entassement qui résulta de l'arrivée de tant de monde dans Villersexel.

Le développement total du front, mesuré en suivant exactement la lisière extérieure depuis le parc exclusivement jusqu'à la cote 313, n'atteignait pas 2.000 mètres. Ce front, à tout prendre, était très fort. On y consacrait cependant 18 compagnies, soit, en chiffres ronds, 3.600 hommes au minimum. Cette proportion est vraiment trop considérable. Il est inutile d'insister sur les conséquences que cette manière de faire eût pu entraîner, si l'armée française eût manœuvré.

---

(1) Voir plus loin, page 156.

(2) Il faut remarquer que, cette fois encore, le colonel Loos a rétabli soigneusement les liens tactiques des unités de son régiment.

L'explication qu'on peut chercher à en donner — l'idée d'une offensive prochaine sur Villers-la-Ville — ne correspond pas cependant à l'ensemble des dispositions presque strictement défensives prises pour l'occupation. Nous verrons plus loin qu'elle ne peut être admise (1).

A 1 heure du soir, le général de Werder était encore sur le mamelon coté 394 auprès d'Oricourt. La neige avait cessé de tomber, le temps était plus clair, et, de cet observatoire, le commandant du XIVe corps pouvait embrasser un horizon étendu, sauf du côté d'Esprels, direction dans laquelle les bois ne permettaient pas de se rendre compte de la situation (2).

A ce moment, on voyait clairement que Villersexel était entièrement aux mains de l'avant-garde de la 4e division de réserve; mais de grosses colonnes se montraient sur la route de Rougemont et vers Fallon, tandis que d'autres masses, déjà au delà de Saint-Ferjeux, semblaient faire demi-tour et marcher sur Villersexel (3). Du côté d'Esprels, le canon s'était fait entendre, indiquant certainement que la brigade von der Goltz était aux prises avec l'ennemi. Enfin, les renseignements de la cavalerie signalaient que la colonne française sur la rive droite de l'Ognon avait un effectif supérieur à celui d'une division.

Le général pouvait, sans doute, s'applaudir de cette convergence des masses françaises vers le point dont l'importance lui avait paru capitale ; cela était de bon

---

(1) Voir page 154.

(2) La croupe du bois de la Bouloye cache complètement Esprels et la vallée inférieure de l'Ognon; le bois de la Bouloye (corne sud-est) cache la position de l'artilerie du 18e corps; le mamelon 292, Marast; le bois des Brosses, Autrey-le-Vay et le bois du Chanois.

(3) C'était inexact. Voir page 149, note.

augure pour le résultat final qui se traduirait certainement par un retard dans l'arrivée de l'armée française
sur la Lisaine; mais il ne lui était pas possible, non
plus, de se dissimuler que cette concentration des forces
ennemies sur un front relativement restreint et à une
heure encore peu avancée pourrait avoir raison de l'effectif bien inférieur dont le XIVe corps disposait pour
le moment; que si l'on n'avait qu'un régiment sur la
rive gauche, la retraite de ce détachement pouvait devenir d'autant plus difficile que la brigade prussienne
(dont il ignorait la répartition) avait à défendre un front
de plus de 2.000 mètres contre un adversaire dont la
supériorité numérique n'était pas douteuse; qu'enfin, si
les Français avaient l'idée de profiter de leurs avantages
numériques pour s'élever par leur droite, les communications du corps d'armée avec Belfort se trouveraient
singulièrement compromises. En tout état de cause, il
convenait avant tout :

1° De concentrer le corps d'armée ;

2° D'assurer un soutien immédiat à la division de réserve et à la brigade von der Goltz ;

En un mot, de viser tout d'abord le but tactique immédiat, avec le plus de moyens possib'es (1), et pour
cela se mettre en mesure d'éviter aux troupes engagées
les conséquences d'un gros échec éventuel, tout en se
réservant les moyens de poursuivre, le cas échéant, la
réalisation du plan primitif.

En conséquence, le général envoya à la division badoise l'ordre d'abandonner la route d'Athesans pour se
rendre à Aillevans avec deux de ses brigades et l'artillerie de corps, la brigade dirigée sur Lure continuant

_____

(1) Bien entendu, nous ne savons si le général de Werder a fait
ces réflexions; en tout cas, ses actes nets et précis montrent avec
quelle justesse il a envisagé la situation. (Voir page 104.)

dans cette direction. La division de réserve reçut de son côté l'ordre de porter son gros au débouché Sud des bois du Grand-Fougeret, en ne laissant qu'une compagnie aux ponts jetés près de Longevelle (1).

En fait, il ne s'agissait plus de la moindre offensive, mais bien, tout simplement, de faciliter le dégagement des unités aux prises avec un adversaire supérieur. Tout cela allait entraîner pour le XIV° corps un retard probable dans son arrivée sous les murs de Belfort, retard qu'on ne pourrait réduire qu'au prix de fatigues considérables.

Cependant, ces dispositions arrêtées, il convenait que le commandant du XIV° corps se rendit compte par lui-même de la situation exacte des troupes engagées pour pouvoir fixer les conditions dans lesquelles il serait possible, pour son corps d'armée, de poursuivre sa marche vers l'Est.

Le général de Werder se dirigea donc sur Villersexel par la route directe d'Aillevans, tandis que le colonel de Leczynski prenait par la Grange-d'Ancin, afin de s'assurer de la situation du général von der Goltz.

Vers 2 heures, le général arriva à la cote 311 au sud de Villersexel. Il y rencontra le général de Schmeling, son officier d'état-major, le major de Kretschmann, et enfin le général de Treskow II. Il leur fit connaître, peut-être sans les expliquer, les ordres qu'il avait expédiés, et approuva les dispositions qui avaient été prises jusqu'à ce moment.

Au cours de cette conférence, le major de Kretschmann

---

(1) Les ordres partirent vers 1 heure. La division badoise pouvait les recevoir entre 1 heure et demie et 2 heures, et, le cas échéant, déboucher à la Grange-d'Ancin entre 4 heures et demie et 5 heures. C'est en effet ce qui arriva (voir page 182).

Quant à la division de réserve, elle ne pouvait rompre avant 1 heure et demie, ce qui place son arrivée au débouché sud des bois vers 3 heures ou 3 heures et quart.

demanda s'il n'y aurait pas lieu de pousser quelques fractions vers Villers-la-Ville. Le général de Treskow ne se montra pas partisan de cette opération et le général de Werder fut de son avis.

Il semble que le commandant du XIVe corps n'exposa pas très explicitement les raisons qui motivaient son opinion, car, à peine avait-il quitté le mamelon 311, vers 2 heures et quart ou 2 heures et demie, en compagnie du général de Schmeling, que le major de Kretschmann donna l'ordre d'occuper Villers-la-Ville.

Cette contradiction qui, au premier abord, paraît inexplicable, et qui, pour cette raison, a fait couler beaucoup d'encre, semble provenir de deux choses :

1° Un malentendu entre le général Schmeling ou son officier d'état-major et le général de Werder. Il est établi qu'après la conversation qu'ils avaient eu avec leur chef, le commandant de la 4e division de réserve et le major de Kretschmann ont été convaincus qu'ils devaient cantonner le soir à Villersexel; la preuve en est que les trains ont reçu l'ordre de se diriger sur ce point (1) ;

2° Une escarmouche entre le 1er uhlans de réserve et l'escadron du 6e cuirassiers, pointe d'avant-garde de la division de Polignac. Cette escarmouche que les historiques allemands passent sous silence est assez difficile à rétablir dans ses lignes principales.

Il semble que les choses ont dû se passer à peu près comme il suit :

Le 1er escadron du 6e cuirassiers de marche précédait à deux ou trois kilomètres la tête de la division de Polignac. Il déboucha de Saint-Ferjeux vers 1 h. 3/4 et vers 2 heures atteignit Villargent.

---

(1) Voir plus loin, page 190.

Il y trouva quatre compagnies de la 1re légion du Rhône (24e corps) qui lui signalèrent que l'ennemi occupait Villers-la-Ville.

L'escadron envoya une patrouille sur Beveuges. Elle fut vivement ramenée par un détachement de uhlans qui s'arrêtaient devant le feu des mobilisés du Rhône. Les cuirassiers se mirent en bataille à la sortie N.-O. de Villargent et les uhlans se retirèrent. Précédé de ses éclaireurs, l'escadron gagna la crête et aperçut à ce moment une section d'artillerie isolée aux prises avec les uhlans. Il la dégagea et lui permit de reprendre son feu sur Villers-la-Ville.

[On peut se demander quelle était cette section d'artillerie. Elle n'appartenait certainement pas au 24e corps. Elle était donc au 20e corps. Elle ne pouvait appartenir ni à la division de Polignac, encore trop loin, ni à la division Thornton, qui était au Grand-Magny et prenait seulement ses premières dispositions. Il semble donc que cette section était de la division Ségard et il est très probable que c'était celle qui avait accompagné le 2e bataillon de la Corse, s'était égarée dans sa retraite et cherchait à rentrer dans les lignes. Il ne nous a pas été possible de vérifier le fait (1).]

Sur ces entrefaites arriva le général de Polignac. Il retint les mobilisés du Rhône, qui manifestaient l'intention de rejoindre leur corps d'armée, donna le même ordre à quatre compagnies des mobiles du Var du même corps d'armée qui se trouvaient un peu plus en arrière et prescrivit à ces deux troupes de tenir Villargent jusqu'à l'arrivée de sa division, les mobilisés du Rhône en 1re ligne, les mobiles du Var en réserve sur la crête à l'est du village.

---

(1) De nouveaux renseignements reçus tout récemment par l'auteur permettent de considérer cette hypothèse comme fondée.

Le bruit de ce combat eut assurément son influence sur l'esprit du major de Kretschmann. Aussi bien, puisqu'il était convaincu qu'une partie de sa division devait cantonner dans Villersexel, il était de toute nécessité tactique d'occuper Villers-la-Ville. En conséquence, le 25e prussien était avisé de faire le nécessaire et le colonel de Loos prescrivit aux 10e et 12e compagnies de se porter dans la direction de Villers-la-Ville, suivies de la 3e, la 4e restant en réserve à la sortie de Villersexel. Nous verrons plus tard ce qu'il en advint.

Le général de Werder était retourné du côté du pont et l'avait franchi après avoir invité les 5e et 8e compagnies du 30e qui se trouvaient au débouché Sud à aller occuper immédiatement la tannerie au nord de la rivière. C'était, en effet, leur véritable place.

Bientôt le colonel de Leczynski vint le rejoindre. Le rapport de cet officier n'était pas très rassurant.

Le colonel était arrivé vers 1 h. 20 à la Grange-d'Ancin; il fut fort étonné de n'y trouver personne. Comment ce point qui avait paru si important au général en chef avait-il pu être abandonné ? Il est vrai que le combat paraissait s'être transporté plus à l'Ouest : on entendait une fusillade intermittente entre Moimay et Marast, on apercevait une ou deux batteries françaises en position sur le mamelon au nord d'Esprels; enfin, un duel d'artillerie était engagé plus au sud. Mais tout cela justifiait-il l'abandon de la Grange-d'Ancin ? Le colonel de Leczynski ne perdit pas le temps de se le demander et il envoya un de ses officiers chercher un bataillon de la division de réserve qui aurait pour mission de s'établir sur ce point jusqu'à l'arrivée de l'avant-garde de la division badoise qu'on fît prévenir en conséquence.

Presque au même moment se produisait le nouvel échec éprouvé sur Marast par les 2e et 3e compagnies du

30ᵉ et la 1ʳᵉ compagnie du bataillon de landwehr de Thorn, tandis qu'au contraire du côté de Moimay, en dehors de la lutte d'artillerie, il ne paraissait se passer rien de grave. Cette situation était en somme peu rassurante, malgré la présence à 1.000 ou 2.000 mètres au sud-est de la Grange-d'Ancin des 9ᵉ, 11ᵉ et 12ᵉ compagnies du 34ᵉ, réserve générale et unique de la **brigade** von der Goltz. Le colonel dut encore être assez **désagréa**blement surpris lorsque, en arrivant au débouché du bois, il rencontra le général von der Goltz lui-même, qui lui annonça que tout le 30ᵉ, moins deux compagnies, était dans Villersexel.

Dans la courte conversation qu'il eut avec le général, le colonel de Leczynski dut orienter le commandant de la brigade prussienne sur la véritable situation, lui faire connaître que l'intention du commandant en chef était qu'il restât sur la défensive et qu'au demeurant c'était sur son attitude aussi peu provocante que possible que résidait la sécurité du corps d'armée au moins jusqu'à l'arrivée de la division badoise.

En tout état de cause, c'est à quoi se résoudra le général von der Goltz.

Le chef d'état-major du XIVᵉ corps vint retrouver le général de Werder, qui se trouvait sur la rive droite, près du pont, avec le général de Schmeling. Il était un peu plus de 2 heures et demie.

IV

LE COMBAT DE VILLERS-LA-VILLE JUSQU'A 3 HEURES 1/2

Vers 2 heures et demie, la tête de la division Polignac, du 20° corps, arrivait à proximité de Villargent, qui était tenu, ainsi que nous l'avons vu, par quatre compagnies des mobilisés du Rhône (1re légion).

Le général de Polignac, dès que sa première brigade fut rassemblée (1), résolut de mettre la main sur Villers-la-Ville et le bois du Petit-Fougeret.

En conséquence, il prescrivit :

Aux mobilisés du Rhône, de se porter sur Villers-la-Ville ;

Au 55° mobiles (Jura), d'envoyer un bataillon sur le bois du Petit-Fougeret, le 2° bataillon du régiment restant en seconde ligne, la gauche à la route ;

Le 85° de ligne (deux bataillons) restait en réserve sur la crête à l'ouest de Villargent, et le 11° mobiles (Loire) formerait la réserve générale. L'artillerie de la division s'établit sur la crête directement à l'ouest de Villargent.

Ces mouvements s'exécutèrent très correctement. Les mobilisés du Jura (2° bataillon), déployés en tirailleurs, bordèrent bientôt la lisière du bois du Petit-Fougeret ; les mobilisés du Rhône, celle de Villers-la-Ville. Là,

______

(1) On a vu que la 2° brigade devait se diriger directement entre le Grand-Magny et Villargent (page 146).

l'attaque fut arrêtée net, d'abord par le feu de l'artillerie allemande établie à la cote 311, ensuite par la fusillade de l'infanterie installée au bois des Bruleux.

En effet, les fractions du 25e prussien que le colonel de Loos avait chargées d'occuper Villers-la-Ville n'étaient encore arrivées qu'à la hauteur des bois des Bruleux lorsque se dévoila l'attaque des troupes de la division Polignac. C'étaient, on l'a vu page 156, les 10e et 12e compagnies du 25e, suivies de la 3e du 25e. A leur gauche, et formant échelon, le peloton de tirailleurs de la 1re compagnie du 25e les accompagnait.

La 10e compagnie se jeta dans le bois des Bruleux, la 12e se déploya à droite de la route à la même hauteur et toutes deux se trouvèrent immédiatement engagées dans un violent combat de feux contre Villers-la-Ville et le bois du Petit-Fougeret.

Mais, quelque temps après, les uhlans de réserve signalèrent le rassemblement de masses importantes vers Villargent. C'était le reste de la division Polignac.

Le 3e compagnie du 25e se déploya aussitôt à la gauche de la 10e du 25e, et la 4e du 25e dut être appelée en réserve derrière la 3e.

Il était à ce moment 3 h. 1/4. Le major de Kretschmann, qui se trouvait à toute proximité du combat, devant la menace d'une attaque qui lui paraissait imminente, donna l'ordre à la batterie Otto, qui se trouvait, comme on le sait, à la cote 311, de se porter sur le mamelon 309, près du bois des Bruleux. Pensant en même temps que le gros de sa division devait être arrivé au pont (1), il envoya chercher un bataillon et une batterie

---

(1) Le gros de la division de réserve déboucha à 3 heures et quart environ du bois du Grand-Fougeret. Conformément aux ordres du colonel de Leczynski, le bataillon d'Osterode avait été laissé à la Grange-d'Ancin, et 2 compagnies du bataillon Graudenz avaient relevé la 11e du 25e à l'escorte des prisonniers. De plus,

avec ordre d'aller occuper la cote 313 et de couvrir le flanc gauche de l'attaque, car la 1re compagnie du 25e avait quitté sa position pour se rapprocher de la ligne de feu. Ce fut le bataillon d'Ortelsburg qui fut désigné. Il rompit vers 3 h. 45 avec la batterie qui l'accompagnait.

Bien plus, par un de ces malentendus, fréquents dans cette journée, les 5e et 8e compagnies du 30e, qui se tenaient à l'issue Nord du pont, reçurent d'un officier d'état-major l'ordre de se rendre à la cote 313 et l'exécutèrent immédiatement, suivant de près le bataillon d'Ortelsburg (1).

En arrivant à la cote 313, la batterie ouvrit le feu sur la droite des Français; ce fut d'ailleurs peu de choses, car elle ne consomma que dix-huit obus.

Quant au bataillon d'Ortelsburg, rassemblé à gauche de la batterie, il ne participa pour ainsi dire pas au combat. Cependant, lors de l'arrivée des 5e et 8e compagnies du 30e, son chef proposa au commandant de ce demi-

---

la 4e compagnie de Thorn était restée à la garde du pont d'Aillevans. Il ne restait donc, comme infanterie, au gros de cette division, que :

Le bataillon d'Ortelsburg;
Le bataillon Wehlau;
Les 1re et 3e compagnies du bataillon de landwehr de Thorn;
Les 2e et 4e compagnies du bataillon de landwehr de Graudenz;
Le reste comprenait 3 batteries et 5 escadrons.

(1) L'historique du 30e dit que cet ordre fut donné par le colonel de Leczynski; le major Kunz, qui place ce mouvement à 2 heures de l'après-midi, dit que ce fait ne peut être exact, puisqu'à cette heure le colonel se trouvait du côté de Moimay. D'autre part, ces compagnies, en arrivant à la cote 313, y trouvèrent le bataillon d'Ortelsburg. Or celui-ci ne pouvait atteindre le pont avant 3 h. 1/2 ou 3 h. 45. Il semble donc que M. le major Kunz, si exact d'ailleurs, ait commis une petite erreur. Le colonel de Leczynski pouvait, du reste, se trouver aux environs du pont entre 3 h. 1/2 et 4 heures, puisque le général de Werder l'y rencontra vers 3 h. 1/4.

La question n'a d'ailleurs, en soi, que bien peu d'importance. Le fait sérieux est que les 5e et 8e compagnies du 30e ont reçu l'ordre vers 4 heures du soir.

bataillon de se joindre à lui pour marcher sur Villers-la-Ville. Mais cet officier venait de recevoir précisément l'ordre de rejoindre son régiment.

Le bataillon d'Ortelsburg se porta néanmoins en avant et engagea le feu. Il avait déjà perdu quelques hommes quand lui arriva l'ordre de rompre immédiatement le combat et de se reporter au débouché N. du pont avec la batterie qui l'accompagnait (1). En effet, le général de Werder venait de donner cet ordre pour toutes les fractions engagées contre Villers-la-Ville.

(1) Ce bataillon perdit en tout 18 blessés et 6 disparus.

V

RÚPTURE DU COMBAT DE VILLERS-LA-VILLE ET PRÉLIMINAIRES DE LA PREMIÈRE ÉVACUATION DE VILLERSEXEL

Vers 3 heures, le général de Werder était encore aux abords du pont de Villersexel, quand brusquement éclata le bruit du combat de Villers-la-Ville. L'intensité croissante de la fusillade et aussi de la canonnade le fit se porter immédiatement dans cette direction. Il arriva un peu après 3 h. 1/4 sur le théâtre de l'action. Quand on lui expliqua la situation, il donna l'ordre formel de rompre le combat, exprima clairement son mécontentement et déclara qu'il n'avait pas du tout l'intention de pousser au delà de Villersexel. Puis, revenant vers Villersexel, il rencontra le général Schmeling, lui fit les mêmes déclarations et ajouta « qu'en raison même des difficultés d'une retraite éventuelle, il ne désirait pas maintenir à tout prix l'occupation de la localité » (2).

Le général de Treskow II se présenta quelques instants après au général et lui demanda des renforts, car précisément à ce moment « les Français, ajouta le commandant de l'avant-garde, paraissaient se disposer à attaquer la ville avec des forces infiniment supérieures » aux effectifs prussiens.

Le général de Werder refusa catégoriquement de don-

---

(1) Nous donnons ici, presque littéralement, la version de M. le major Kunz.

ner suite à cette demande. Bien mieux, il alla lui-même trouver le colonel de Nachtigall, commandant le 30e, et lui prescrivit de retirer immédiatement tout son régiment de Villersexel et de se porter sur Moimay en soutien du général von der Goltz, que le 18e corps français prenait un peu vivement. Le colonel fit observer au commandant du XIVe corps que l'évacuation immédiate de la partie sud-ouest de la ville pouvait présenter du danger si on l'exécutait avant que le 30e ait pu être relevé par le 25e, et il ajouta, comme le général de Treskow, que l'attitude des Français faisait prévoir une offensive prochaine. Le général se rendit alors personnellement vers la sortie sud-ouest de la ville et accorda que les 1re et 2e compagnies du 30e qui défendaient les environs de la Croix-Marmin ne s'en iraient qu'après avoir été relevées. Mais comme il lui sembla que le château et son parc ne semblaient nullement menacés, il maintint ses ordres primitifs en ce qui concernait le reste du régiment.

Il y eut, à ce moment, au point de vue de la transmission des ordres, des négligences et des erreurs qui furent extrêmement préjudiciables à leur bonne exécution.

D'après M. le major Kunz, le général de Werder aurait communiqué au général de Schmeling l'ordre verbal donné au colonel de Nachtigall. Ce général ne paraît pas s'en être autrement inquiété. De son côté, le colonel de Nachtigall rendit compte de cet ordre au général de Treskow, et cet officier général fit chercher le colonel de Loos, commandant le 25e, pour lui communiquer les instructions nécessaires. On ne trouva pas immédiatement le colonel de Loos, occupé vers Villers-la-Ville; le colonel Nachtigall, sans plus attendre, passa à l'exécution de l'ordre qu'il avait reçu.

Les conséquences en furent graves.

Pendant que se donnaient, du côté des Allemands, ces

ordres et ces contre-ordres, le général **Clinchant** avait achevé de déployer son corps d'armée. Lorsque la tête de la division Polignac lui fut signalée au delà de Saint-Ferjeux, il donna ses ordres pour passer le plus tôt possible à l'offensive.

Jusqu'à ce moment, il s'était borné à couvrir ses rassemblements.

L'attaque devait avoir lieu sur tout le front, les divisions accolées.

A la division Ségard, le 47ᵉ de marche marcherait en 1ʳᵉ ligne avec deux bataillons, dont le 1ᵉʳ, celui de gauche, devait essayer de pénétrer dans le parc du château, tandis que le 2ᵉ, à cheval sur la grande route, se dirigerait droit sur la ville. Le 3ᵉ bataillon devait former réserve partielle. En arrière, les mobiles des Pyrénées-Orientales suivaient en seconde ligne, prêts, suivant les errements de l'époque, à *recueillir* le 47ᵉ.

Restaient en réserve : les mobiles des Vosges, un bataillon du 78ᵉ de ligne et ce qui survivait des mobiles de la Corse.

L'artillerie de cette division était, nous le savons, à la ferme du Rullet, avec l'artillerie de réserve du corps d'armée, et concourrait à l'action du 18ᵉ corps sur la rive droite de l'Ognon.

A la division Thornton, l'attaque devait être menée par le 3ᵉ zouaves de marche, 1ᵉʳ et 2ᵉ bataillons, le 3ᵉ bataillon en seconde ligne, avec les mobiles du Haut-Rhin.

Préalablement, afin d'encadrer l'artillerie, le 2ᵉ bataillon dut aller occuper le bois du Petit-Fougeret.

La 1ʳᵉ brigade restait vers Grand-Magny, en réserve générale.

L'artillerie de la division alla s'établir sur la croupe du bois du Petit-Fougeret, à cheval sur le chemin du Grand-Magny à Villersexel.

Quant à *la division Polignac,* nous avons indiqué **plus** haut son dispositif.

Ces ordres furent donnés un peu après 3 heures. Comme il fallait attendre que le bois du Petit-Fougeret fût occupé pour pouvoir faire entrer l'artillerie en action et, par suite, que Villers-la-Ville fût en la possession de la division Polignac, on peut estimer que le mouvement en avant n'eût pas lieu avant 3 heures et demie ou 4 heures moins le quart.

En tout état de cause, l'artillerie de la division Thornton était en position à 3 heures et demie.

Précisément à cette heure, le colonel Perrin, commandant l'avant-garde de la division Penhoat (12ᵉ bataillon de chasseurs de marche, 1ᵉʳ et 3ᵉ bataillons du 52ᵉ de marche, 1 compagnie du génie, 2 batteries), venant d'Esprels, par Pont-sur-l'Ognon, atteignait le ruisseau de Pente-Vue (1).

L'arrivée de cette troupe permit de renforcer la gauche de l'attaque. On fit placer le 3ᵉ bataillon **du 52ᵉ de** marche en échelon en arrière de la droite du 3ᵉ bataillon du 47ᵉ, tandis que le 1ᵉʳ bataillon se portait également en échelon en arrière de la gauche du 2ᵉ bataillon du 47ᵉ.

Le 12ᵉ bataillon de chasseurs fut placé en réserve auprès de l'artillerie établie au Rullet.

Un peu après 4 heures, le mouvement en avant commença décidément, mais bien lentement. Avant d'en exposer les suites, retournons un instant dans le camp allemand.

L'ordre de rompre le combat de Villers-la-Ville avait été donné par le général de Werder vers 3 heures et demie, et un peu avant 4 heures il parvenait aux unités engagées.

---

(1) Voir page 125, note.

C'est à cette même heure que le colonel Nachtigall recevait l'ordre de se reporter sur la rive droite.

Il semble, sans que l'on puisse l'affirmer, que les ordres furent donnés pour que la rupture du combat et par suite l'évacuation de la position se fissent dans l'ordre suivant :

L'artillerie,

Le bataillon d'Ortelsburg,

Les compagnies du 25ᵉ engagées devant Villers-la-Ville.

Le bataillon d'Ortelsburg et toute l'artillerie devaient aller se reformer sur la rive droite ; les compagnies du 25ᵉ, provisoirement au débouché du pont sur la rive gauche.

Mais, malgré l'ordre formel du général de Werder, le combat ne put être rompu instantanément.

Depuis 3 h. 45, la batterie Otto que l'on avait poussée sur la cote 307 était prise en rouage par les batteries de la division Thornton ; le 2ᵉ bataillon du Jura commençait à sortir du bois du Petit-Fougeret, tandis que le 1ᵉʳ atteignait la clairière entre ce bois et Villers-la-Ville, et qu'à droite le 85ᵉ de ligne paraissait menacer le flanc est du bois des Bruleux, malgré la démonstration faite par le bataillon d'Ortelsburg.

Il était environ 4 h. 1/4.

Les Français, d'ailleurs, ne dépassèrent pas le front que nous venons d'indiquer, et, en définitive, les compagnies prussiennes purent commencer leur retraite sans grand dommage (1) sous la protection des 5ᵉ et 7ᵉ com-

---

(1) Les Allemands ne sont pas d'accord sur l'importance de ce combat :

Le major Kunz dit que « les masses françaises auraient repoussé les faibles compagnies prussiennes si le général de Werder n'avait pas donné l'ordre de se retirer » ; le colonel de Loos considère ce combat une opération sans importance contre de faibles fractions ennemies et ajoute qu'il n'y eut pas d'effort de la part

pagnies du 25ᵉ que le général de Treskow envoya sur la lisière Sud-Est de Villersexel.

En somme, vers 4 h. 1/2, la répartition des troupes allemandes était à peu près la suivante :

Rive gauche.

3ᵉ, 4ᵉ, 10ᵉ et 12ᵉ compagnies du 25ᵉ : entre **Villers-la-Ville** et Villersexel.

6ᵉ et 8ᵉ compagnies du 25ᵉ : partie Sud-Est de la lisière.

1ʳᵉ, 2ᵉ, 5ᵉ et 7ᵉ compagnies du 25ᵉ : partie Est.

9ᵉ compagnie du 25ᵉ : sur la place du Marché.

11ᵉ compagnie du 25ᵉ : atteint le pont, revenant de conduire les prisonniers.

1ʳᵉ et 2ᵉ compagnies du 30ᵉ : vers la Croix-Marmin, prêtes à partir.

3ᵉ, 4ᵉ, 5ᵉ, 8ᵉ, 9ᵉ, 10ᵉ et 11ᵉ compagnies du 30ᵉ : évacuent la ville et se retirent au nord du pont.

Bataillon d'Ortelsburg : revient de la cote 313.

Artillerie : les trois batteries repassent sur la rive droite.

Rive droite.

Au nord du pont : bataillon Wehlau; 1ʳᵉ et 3ᵉ compagnies du bataillon de landwehr de Thorn.

Au débouché du bois du Grand-Fougeret : 2 batteries de la 4ᵉ division de réserve (1).

En arrière : les échelons des batteries; le train de la 4ᵉ division de réserve.

Vers Moimay : les 6ᵉ et 7ᵉ compagnies du 30ᵉ; le 34ᵉ; 3 batteries (brigade von der Goltz); 2 compagnies du bataillon de landwehr de Graudenz (2).

A la Grange-d'Ancin : le bataillon d'Osterode, qui vient d'être relevé et rentre à sa division.

Entre Aillevans et Grange-d'Ancin : les deux brigades badoises.

---

des Français; le grand état-major énonce simplement que « le général de Werder fit rentrer les fractions poussées sur Villers-la-Ville ».

Il semble que s'il n'y eut pas d'effort du côté des Français, c'est que les Allemands ne leur donnèrent pas occasion d'en esquisser un de ce côté.

(1) Les deux batteries du gros paraissent s'être portées dans la direction du pont. En effet, d'après M. le major Kunz, le général de Werder, lorsqu'il revint de Villers-la-Ville, rencontra à la sortie du pont deux batteries « égarées » auxquelles il prescrivit, à moins d'ordres contraires, de s'établir à la sortie du bois du Grand-Fougeret.

(2) Voir plus loin, page 175. Ces deux compagnies avaient été envoyées par le colonel de Leczynski en soutien du 34ᵉ.

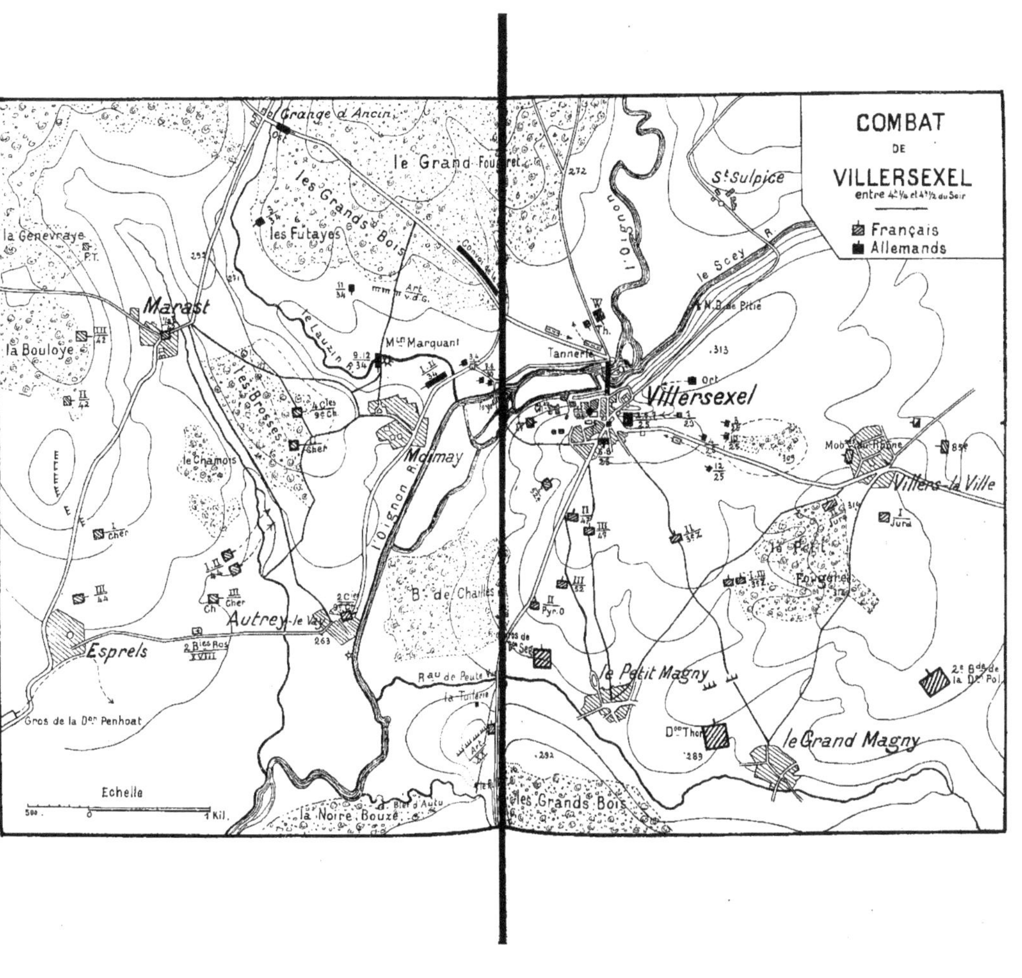

COMBAT
DE
VILLERSEXEL
entre 4 1/4 et 4 1/2 du Soir
Français
Allemands

la Grange d'Ancin
le Grand Fougeret
les Grands Bois
les Futayes
la Genevraye
P.T.
Marast
la Bouloye
le Lauzin
M.on Marquant
les Brosses
le Chamois
Tannerie
Moimay
l'Oignon
St Sulpice
le Scey
N.D. de Pitié
Villersexel
Mob. du Rhône
Villers-la-Ville
la Petit Fougeres
Autrey-le-Vay
Ch.
Esprels
Gros de la D.on Penhoat
B. de Charles
Bois de Sec
Ferme de Peute
la Tuilerie
le Petit Magny
le Grand Magny
D.on Thon
les Grands Bois
la Noire Bouze
Echelle
1 Kil.

VI

SUITE ET FIN DU COMBAT SUR LA RIVE DROITE (1).

Nous avons laissé le combat sur la rive droite au moment où la batterie Riemer venait de changer de position pour se porter en avant de la batterie Ulrich et contrebattre avec elle les batteries françaises établies au Rullet. On avait atteint 2 h. 1/2; et, en ce qui concerne l'infanterie, le combat, de ce côté, était absolument insignifiant.

A 2 h. 1/2, l'artillerie de réserve du 18e corps vint s'établir à la droite de celle de la 1re division. Toutes les pièces recommencèrent immédiatement le feu. La batterie Fischer fut appelée et se plaça à la droite de la position primitive de la batterie Riemer; elle prit pour objectif la gauche de l'artillerie française.

Quant à la batterie Riemer, prise légèrement d'écharpe par les batteries de 12 du 18e corps, elle dut se reporter en arrière, reprendre son ancienne position et ouvrir le feu contre les batteries d'Esprels. Ce duel d'artillerie continua quelque temps, vigoureusement soutenu de part et d'autre ; il allait se terminer brusquement au détriment des batteries allemandes, par la faute des compagnies du 30e, chargées précisément de les couvrir.

Nous avons vu, en effet, qu'à la suite de l'échec des

____

(1) Voir **page 143**.

compagnies de droite sur Marast, la 6e compagnie du 30e s'était portée vers la pointe Nord du bois des Brosses, où l'avait rejointe la 7e compagnie du 30e. Ces deux compagnies n'avaient laissé en arrière chacune qu'un demi-peloton. Celui de la 6e, en arrière des batteries; celui de la 7e, vers la croisée des chemins de Moimay à Marast et de la cote 292 à Autrey-le-Vay.

Enfin, un peu en arrière et au nord de Moimay, se trouvaient les 5e et 8e compagnies du 34e, réserve d'aile droite de la garnison du village. En résumé, toute la partie du bois des Brosses, en face de la parcelle sud du bois du Chanois, était absolument dégarnie. Les Français en profitèrent.

On se souvient que le 9e bataillon de chasseurs de marche avait deux compagnies dans le bois du Chanois, où elles se trouvaient avec un groupe de francs-tireurs. La tranquillité qui paraissait régner dans le bois des Brosses incita les tirailleurs que ces fractions avaient devant elles à descendre dans le ravin. Ces « éclaireurs » se glissèrent dans le bois, et, vers 3 h. 1/4, 70 à 80 hommes étaient groupés le long de la lisière Sud, se rapprochant peu à peu des batteries prussiennes.

Sur ces entrefaites, le capitaine Riemer, voyant son tir très gêné par les arbres, et ayant réussi, conjointement avec la batterie Fischer, à réduire momentanément au silence les batteries de la gauche française, résolut de se porter à la corne même du bois des Brosses. Il espérait, de cette position nouvelle, avoir raison des pièces de 12 du général Billot. La batterie se porta donc en avant, et, au moment où sa droite arriva à la corne du bois, exécuta le mouvement de « sur la droite en batterie ». Le mouvement commençait quand la batterie reçut sur sa droite une violente fusillade. Les deux pièces de droite, qui avaient déjà séparé l'avant-train, furent abandonnées; les deux autres sections se replièrent au galop derrière le bois. Les Français coururent aux pièces; mais déjà, avec une remarquable décision, le demi-peloton de la 6ᵉ compagnie du 30ᵉ, laissant ses sacs à terre, se précipitait à la corne du bois; de son côté, le sous-officier qui commandait le demi-peloton de la 7ᵉ compagnie du 30ᵉ accourut au bruit de l'engagement; enfin, un peloton de la 6ᵉ compagnie, revenant rapidement de la corne Nord du bois, chercha à couper la retraite aux tirailleurs français. Ceux-ci, après avoir tenu un instant à la corne S.-E., se replièrent et finirent par regagner à la hâte le bois du Chanois. Les fractions allemandes les poursuivirent, débouchèrent du bois des Brosses, et essayèrent de progresser vers le bois du Chanois. Accueillies par le feu violent du 9ᵉ bataillon de chasseurs, elles firent demi-tour, rentrèrent sous le couvert avec précipitation et commençaient même à évacuer le bois de Brosses, lorsque, sur l'ordre du colonel du 34ᵉ, les 5ᵉ et 8ᵉ compagnies du 34ᵉ, que nous avons vues en réserve au nord de Moimay, se hâtèrent de se reporter en avant, refoulant les tirailleurs français qui avaient suivi la retraite des fractions du 30ᵉ. Subissant l'influence d'une panique des francs-tireurs, les compagnies de chasseurs qui occupaient le bois du Chanois faiblirent un instant. Cela permit aux 5ᵉ et 8ᵉ compagnies du 34ᵉ de se déployer :

La 5ᵉ face à Autrey,

La 8ᵉ face au bois du Chanois, dont quelques-uns de ses tirailleurs atteignirent la lisière Est.

Mais, dès la première attaque, le commandant Libermann (1) envoyait au 2ᵉ bataillon du Cher l'ordre de marcher sur le bois du Chanois, et, avec deux compa-

____

(1) Le commandant Libermann, de l'état-major, avait été envoyé de ce côté par le général Billot, pour suivre de près les opérations.

gnies du 9ᵉ bataillon de chasseurs, se portait d'Autrey contre la 5ᵉ compagnie du 34ᵉ.

En même temps, le général Billot faisait redoubler le feu de l'artillerie sur Moimay; il envoyait à Autrey le 3ᵉ bataillon des mobiles du Cher, que le 1ᵉʳ bataillon allait remplacer à hauteur de l'artillerie. Il faisait presser la marche du 44ᵉ de marche, qui rentrait des Pateys (1), et maintenait en arrière d'Esprels, comme réserve éventuelle, le gros de la division Penhoat, dont la tête était arrivée un peu avant 3 heures.

La 5ᵉ compagnie du 34ᵉ ne tint pas contre les chasseurs; la 8ᵉ, découverte sur son flanc gauche, dut se replier rapidement (2). Les deux compagnies vinrent se rallier au nord-ouest de Moimay, à l'abri du mamelon que, « sur l'ordre du général von der Goltz, » l'artillerie venait d'évacuer pour se reporter sur sa première position, à la lisière des Grands-Bois

Les chasseurs et les mobiles du Cher arrivèrent dans le bois des Brosses et le nettoyèrent complètement; les 6ᵉ et 7ᵉ compagnies du 30ᵉ, ainsi que la 2ᵉ compagnie du 34ᵉ, qui en occupaient la partie Nord, se retirèrent dans le ravin du Lauzun et continuèrent vers le moulin Marquant.

Voyant ce mouvement de retraite, le général Feillet-Pilâtrie lança le 1ᵉʳ bataillon (3 compagnies) du 42ᵉ de marche, et une compagnie du 3ᵉ sur Marast, qui fut occupé sans coup férir. Il était environ 4 heures (3).

---

(1) Ce régiment avait quitté le bois de Chaney vers 2 heures du soir, conformément à l'ordre envoyé vers 1 heure du soir. (Voir page 140.)

(2) Les pertes de la 5ᵉ furent insignifiantes. Celles de la 8ᵉ furent plus considérables. Dans toute la journée, cette compagnie eut 3 tués et 23 blessés, dont 1 officier. Or, elle ne fut guère engagée qu'à ce moment. (Voir le tableau des pertes à la fin du travail.)

(3) Nous devons nous borner : Ce petit épisode, dans son ensemble comme dans ses détails, sera fructueusement médité par le

Ce retour offensif d'effectifs relativement faibles eut un effet immédiat sur les troupes prussiennes qui occupaient Moimay : elles évacuèrent le village.

Les Allemands expliquent par un malentendu cet abandon qu'ils ne peuvent nier. Certes, il est bien possible qu'il y ait eu méprise. Mais, il est indiscutable que la rapidité avec laquelle ses conséquences se sont manifestées, a ses raisons même dans les circonstances où elle s'est produite. Il est, en tous cas, très instructif de s'en demander les causes.

Peut-être faut-il les voir tout simplement dans la surprise dont l'artillerie avait été victime, la retraite précipitée des 5e et 8e compagnies du 34e et celle des 6e et 7e compagnies du 30e ? Il n'y aurait là rien de très étonnant, en raison même de la situation assez singulière des troupes de Moimay, dont l'horizon, — on s'en rendra compte par un coup d'œil jeté sur la carte, — était extrêmement limité.

D'autre part, l'historique du 34e prussien, rédigé en 1879, dit expressément : « Il était à peu près 4 heures lorsque arriva l'ordre d'évacuer la position le plus vite possible. »

Nous avons vu, à ce sujet (page 163), que vers 3 h. 45 ou 4 heures, le colonel Nachtigall reçut l'ordre de rallier, avec le 30e, la brigade von der Goltz. Il est vraisemblable que cet officier supérieur dut envoyer à son général un de ses adjudants pour lui rendre compte des conditions dans lesquelles il serait en mesure de se mettre à sa disposition. Est-ce là l'origine du malentendu.

---

lecteur. Dans son domaine restreint, il semble présenter tout à fait la caractéristique de ces combats partiels qui, quoi qu'on en ait, se livreront toujours sur le front — et dont, le plus souvent, les fluctuations heureuses ne pourront pas être exploitées, du moins au moment le plus favorable, parce que les moyens nécessaires ne seront pas *immédiatement* disponibles.

si malentendu il y a? Cet officier a-t-il été à Moimay chercher le général et a-t-il dit que « le régiment se repliait », donnant lieu, par cela même, à une fausse ininterprétation de ses paroles? C'est bien possible. Toujours est-il que le général von der Goltz, de la lisière du bois du Grand-Fougeret, s'aperçut vers 4 heures que le 34e abandonnait sa position. Il a raconté lui-même que, furieux, il s'écria : « Mais qui donc a donné cet ordre? » Il prit d'ailleurs immédiatement les mesures nécessaires pour arrêter ce faux mouvement.

La retraite avait été suffisamment marquée, pour que le colonel de Leczynski, qui surveillait lui aussi la marche du combat du côté de Moimay, ait couru au gros de la division de réserve qui venait de terminer son rassemblement, y ait pris les troupes les plus rapprochées, deux compagnies du bataillon de Grandenz, et les ait immédiatement poussées dans la direction de Moimay, en repli du 34e.

Il serait puéril de discuter plus longtemps à propos de cette question. Il suffit de montrer que si, d'une part, l'état d'énervement des chefs des troupes allemandes à ce moment, peut faire admettre facilement que leurs ordres aient été mal interprétés, on ne peut nier, d'autre part, que, comme nous le disions plus haut, le recul de l'artillerie et l'abandon du bois des Brosses aient pu avoir une certaine influence sur l'état d'esprit des fractions qui occupaient Moimay.

Quoi qu'il en soit, la retraite **momentanée de la garnison** de Moimay s'étendit jusqu'au delà du ruisseau de Lauzun.

Laissant les 6e et 7e compagnies du 30e et la 2e compagnie du 34e continuer leur mouvement en arrière et aller se rassembler près de la Forge, le général von der Goltz appela sans tarder les 9e, 11e et 12e compagnies du 34e, constituant sa réserve de brigade, qui, jusque-là, étaient restées sur la lisière des Grands-Bois. Ces compagnies (1) durent participer à la nouvelle occupation du village qui fut réalisée comme il suit :

En première ligne :

12e compagnie : à la sortie vers Marast.
1re compagnie : à la sortie vers Esprels.
4e compagnie : au cimetière.
9e compagnie : à la sortie vers Autrey.
6e compagnie : réserve partielle au centre du village.

En deuxième ligne :

5e compagnie : en soutien de la 9e.
7e compagnie : dans le ravin, en arrière.
8e compagnie : au nord du Moulin-Marquant.

En arrière de la gauche :

Les deux compagnies du bataillon Graudenz.
Puis, un peu plus tard, la 7e compagnie du 30e.

Le village fut divisé en deux secteurs placés chacun sous les ordres d'un chef de bataillon (2).

Tous ces mouvements étaient terminés un peu avant 4 h. 1/2.

Mais, sur ces entrefaites, la situation s'était modifiée avec avantage du côté des Français. On a vu que, sur la rive gauche de l'Ognon, le 20e corps était prêt à marcher, que l'avant-garde de la division Penhoat l'avait rejoint, précisément dans le moment que le général de Werder faisait reculer ses éléments avancés. Le général Billot savait que l'on allait procéder à l'attaque de Villersexel pendant que le 18e corps ferait effort, de son côté, sur la rive droite. Là, la division Feillet-Pilâtrie, que le 44e venait de rejoindre, avait presque ses élé-

____

(1) Moins la 11e, laissée en soutien immédiat de l'artillerie.
(2) Rappelons que la 2e avait suivi en partie la 6e compagnie du 30e; que le reste de cette compagnie était avec la 3e, qui, depuis 1 h. 3/4, après son échec sur Marast, se trouvait dans le bois des Futayes.

ments au complet; le gros de la division Penhoat était
à portée de la soutenir, enfin la division Bonnet s'était
elle-même rapprochée. On pouvait donc songer à l'offensive, et, par une circonstance heureuse, on avait con-
quis sans grande peine l'un des points d'appui les plus
favorables, le bois des Brosses. Il aurait fallu, certes,
être en mesure de profiter de cet avantage, d'en profiter
immédiatement pour mettre la main sur Moimay. Mais
hélas! à ce moment favorable, on ne disposait que d'un
bataillon immédiatement à proximité, le 1er bataillon
du Cher. Le 44e était encore à Esprels, à plus de trois
kilomètres de l'objectif (1); le 73e mobiles était trop
loin; enfin on ne pouvait songer à employer le gros de
la division Penhoat que le général en chef réclamait,
d'ailleurs, sur la rive gauche.

Néanmoins, on ne perdit pas de temps, et, un peu
avant 4 heures, le 44e de marche reçut l'ordre de se porter, avec deux bataillons, dans le ravin au nord d'Autrey, en laissant en réserve près de l'artillerie son 3e bataillon. Il allait être chargé d'enlever Moimay, de concert avec les fractions du 9e bataillon de chasseurs de
marche et des mobiles du Cher en ce moment dans le
bois des Brosses. En seconde ligne, le 1er bataillon du
Cher restait provisoirement au bois du Chanois, tandis
que le 3e, à Autrey, appuierait la droite de l'attaque,

---

(1) *Situation de la 1re division du 18e corps à 4 heures :*

42e de marche : 1er bataillon (3 compagnies) et 3e bataillon (1
compagnie) à Marast; 3e bataillon (5 compagnies) au nord-ouest
de Marast; 2e bataillon à la corne sud du bois de la Boulaye.

9e bataillon de chasseurs de marche : 4 compagnies au bois des
Brosses; 2 compagnies à Autrey-le-Vay.

Mobiles du Cher : 1er bataillon à la corne sud-ouest du bois du
Chanois; 2e bataillon au bois des Brosses; 3e bataillon en arrière
d'Autrey-le-Vay.

44e de marche : sort d'Esprels pour se rassembler à 500 mètres
à l'Est.

73e mobiles : dans le bois de Chaney.

dont la direction était confiée au général Robert. Deux batteries de la réserve devaient venir la soutenir en se portant au nord-est d'Autrey.

Les 1ᵉʳ et 2ᵉ bataillons du 44ᵉ se portèrent en ligne déployée, le 2ᵉ bataillon à droite, dans la direction marquée par le chemin de terre passant au nord d'Autrey-le-Vay.

Le passage du ruisseau de Marast occasionna quelque désordre vite réparé et le régiment, prenant l'abri de la crête, se forma en colonne serrée par division, la gauche au bois des Brosses. A ce moment un brouillard soudain ne permettait guère de voir, dans la vallée, à une distance supérieure à 400 ou 500 mètres.

Le 44ᵉ reçut l'ordre de se porter à l'attaque.

Le 1ᵉʳ bataillon, déployant quatre compagnies sur un rang, avec deux compagnies en soutien, se porta au delà de la crête qui se dirige sur Autrey, descendit dans la dépression qui s'étend au sud de Moimay, et commença à gravir la pente qui conduit au village, en prenant sa direction sur l'église; le 2ᵉ bataillon, appuyant à droite, vint se former dans le même ordre que le premier, à cheval sur le chemin conduisant d'Autrey à Moimay. Pendant ce temps, l'artillerie augmentait l'intensité de son feu, et les tirailleurs du bois des Brosses faisaient pleuvoir sur la lisière du village une grêle de balles. Les défenseurs du village ne s'illusionnaient pas sur l'imminence d'une attaque, les commandements, les sonneries de clairon, l'attitude même des troupes qui occupaient le bois des Brosses ne laissaient aucun doute à ce sujet. Aussi, les compagnies chargées de la défense de la lisière, avaient-elles appelé tous leurs fusils en ligne.

Bientôt, du brouillard qui s'élevait du fond de la vallée, surgirent à trois cents mètres à peine, les deux bataillons du 44e, les officiers au premier rang, le lieutenant-colonel Achilli (1) devant le premier bataillon. Malgré un feu rapide qui fait de larges brèches dans les rangs, les deux bataillons s'avancent avec un admirable entrain.

Les Allemands, aveuglés par la fumée produite par leur tir rapide, cessent le feu un instant (2). Le 44e profite de cette accalmie et gagne du terrain. Le tir rapide des Allemands recommence bien vite; la première ligne s'arrête; les soutiens la rejoignent et l'entraînent; mais les pertes deviennent de plus en plus sensibles; les officiers tombent; les rangs s'éclaircissent à vue d'œil; il faut s'arrêter. On attend des renforts : ils n'arrivent pas. Bien plus, les tirailleurs du 9e bataillon de chasseurs et des mobiles du Cher, sortis du bois avec entrain sur la gauche de l'attaque, sont écrasés par le feu de l'artillerie prussienne établie à la lisière des Grands-Bois; ils font demi-tour et regagnent leur couvert. On tient encore cependant; on compte sur l'arrivée de l'artillerie. Mais les deux batteries qui sont venues s'installer à la corne Sud du bois des Brosses voient leur objectif caché par le brouillard et par l'obscurité qui commence à venir ; elles risquent de tirer sur le 44e : le général Robert leur donne l'ordre de s'en aller.

Cependant, enlevé par son colonel et ses officiers, le brave 44e fait encore un effort. Quelques fractions s'approchent à 25 mètres de la lisière; c'est en vain. Il faut se décider à la retraite; elle commence par la droite.

A ce moment, le major de Hirschberg, du 34e, qui

---

(1) Cet officier supérieur, dont la bravoure était légendaire, avait encore le bras en écharpe des suites d'une blessure reçue à Beaune-la-Rolande. Il devait tomber glorieusement au combat de la Cluse, le 1er février, dans un dernier retour offensif.

(2) Exemple remarquable de la discipline du feu. Le feu, d'après l'historique du 34e prussien, cessa instantanément sur l'ordre verbal du major commandant le secteur sud du village.

commandait le secteur Sud du village, profitant de ce mouvement de recul, fit battre la charge à deux tambours qui se trouvaient à proximité, et s'élança en avant avec une centaine de tirailleurs des 9e du 34e et 7e du 30e. Ce retour offensif, qui paraît d'ailleurs n'avoir pas été violent, suffit cependant à déterminer la retraite définitive du 44e, qui disparut lentement dans le brouillard.

Dès le premier arrêt du 44e, le général Robert avait fait appeler le 3e bataillon du Cher; ce bataillon perdit un peu de temps à se former et arrivait seulement à hauteur de la corne du bois des Brosses, quand l'échec du régiment de marche était consommé. Protégé d'une part par cette troupe, de l'autre par les tirailleurs du bois des Brosses qui continuèrent à tenir leur position, le 44e alla se reformer au nord d'Autrey, dans le ravin. Il avait perdu 7 officiers et 150 hommes tués ou blessés (1), soit environ 10 p. 100 de son effectif.

Ce régiment peut considérer justement cette action comme un titre de gloire. En face de soldats vigoureux, bien commandés et bien retranchés, il a fait tout ce que l'on peut attendre de braves gens lancés dans une attaque de front. Assurément ces deux bataillons montrèrent en cette circonstance un courage, un entrain, et une constance sous le feu qui peuvent les faire hardiment comparer aux meilleures troupes employées dans cette guerre.

En somme, que manqua-t-il à cette attaque pour réussir ? Une réserve solide et capable de donner le dernier effort. Si le 3e bataillon du régiment, au lieu d'être maintenu en soutien d'artillerie, avait été placé der-

---

(1) 1 officier et 5 hommes qui n'avaient pas *voulu* se retirer et continuèrent à faire le coup de feu furent faits prisonniers à 50 mètres de la lisière de Moimay.

rière la droite de l'attaque avec mission, non pas de
la recueillir, suivant les errements de l'époque, mais
bien de la pousser, nul doute que le succès aurait récom-
pensé ces héroïques efforts : la véritable économie con-
siste à savoir en temps utile dépenser sans compter.
Mais, pour être juste, il ne faut pas oublier qu'au moment même où se produisait l'attaque de Moimay, l'artillerie badoise, comme nous allons le voir, ouvrait précisément le feu contre les défenseurs de Marast. Il est
probable que cette circonstance a eu sa répercussion sur
l'emploi des réserves de droite.

Quoi qu'il en soit, le 34e prussien, remis de cette
chaude alerte, poussa un peu en avant de Moimay les
4e et 7e compagnies qui organisèrent un service de sûreté et échangèrent, encore pendant quelque temps, de
rares coups de fusil avec les tirailleurs français. Le reste
du régiment s'installa sommairement dans les maisons
du village et resta désormais inactif.

Pendant que se déroulait ce brillant épisode, un fait
grave se passait à la gauche du 18e corps.

Nous avons vu que, dès 1 heure du soir, le général de
Werder avait envoyé à la division badoise l'ordre de
se porter sur Aillevans avec deux brigades et l'artillerie de corps (1).

L'ordre atteignit la division au moment où la queue
de la dernière brigade venait de dépasser Mollans, marchant sur Vy-lès-Lure. Il était 1 h. 1/2. On fit immédiatement demi-tour, et la division, le 3e badois et une batterie en tête se mit en route à 1 h. 45 sur son nouveau
point de direction. L'avant-garde atteignit Aillevans
peu avant 4 heures (2). Elle dut continuer sur la

(1) Voir pages 151 et 156.
(2) L'historique du 3e badois (111e) dit 3 h. 1/2. Nous ferons re-

Grange-d'Ancin avec mission de couvrir la droite dans la direction de Marast.

Le général de Glümer qui avait précédé sa division, trouva là le bataillon d'Osterode et très probablement des fractions de la 3e compagnie du 34e. On put lui indiquer que Marast et le bois des Brosses étaient occupés par les Français; il lui était possible en outre d'apercevoir l'artillerie française en position entre Marast et Esprels. En ce moment, la canonnade était intense du côté de Moimay, et une diversion dans la direction de Marast ne pouvait être qu'opportune.

Aussi, lorsque vers 4 h. 1/2 l'avant-garde déboucha de la Grange-d'Ancin, le général fit-il prendre position à la batterie qui l'accompagnait à environ 200 mètres au nord de la route et près de la lisière du bois. Le 3e bataillon du 3e badois dut la couvrir : la 11e compagnie en avant, la 10e en soutien immédiat, et enfin les 9e et 12e en réserve en arrière et à droite.

Pendant que ces dispositions s'exécutaient, deux autres batteries vinrent rejoindre la première et l'encadrèrent.

Ces trois batteries (4e lourde, 1re et 4e légères) ouvrirent le feu à 4 h. 1/2, disent les historiques, sur deux colonnes françaises venant d'Esprels, qui d'ailleurs s'arrêtèrent immédiatement. Il y a là assurément une erreur explicable aussi bien par la distance (2.800 mètres) que par l'obscurité qui commençait à tomber. En fait, l'artillerie française (deux batteries de la division Feillet-Pilâtrie) ouvrirent le feu sur l'artillerie badoise, sans résultat d'ailleurs, pendant que quelques

---

marquer que de Mollans à Aillevans il y a 10 kilomètres, que d'après le même historique, le 3e badois était à 1 h. 45 à Mollans, et que, par suite, il ne pouvait atteindre Aillevans avant 4 heures, surtout en raison de l'état des routes.

tirailleurs sortis de Marast et du bois des Brosses tiraient contre l'artillerie et son soutien (1).

Mais déjà le 1er bataillon du 3e badois ne tardait pas à arriver (2). Il allait être suivi du premier bataillon du gros (1er bataillon du 4e badois) que le général de Glümer s'était hâté de demander, au bruit croissant du combat de Moimay, pensant, à juste raison, qu'on ne pouvait différer plus longtemps une action énergique dans la direction de Marast. Il estima que le meilleur moyen de produire un effet certain était de dessiner un mouvement enveloppant par la droite, tandis que de front on menacerait Marast. Cette solution avait évidemment l'inconvénient de mettre le dispositif à la merci d'une contre-attaque tentée soit du bois des Brosses, soit au contraire du bois de la Bouloye. Le général de Glümer crut, sans doute, que l'effet moral du mouvement débordant aurait raison de toute velléité offensive.

En conséquence les 10e et 11e compagnies du 3e badois durent se porter directement sur Marast; les 9e et 12e compagnies du 3e badois s'élevèrent par leur droite vers la corne Est du bois de la Génévraye pour se rabattre ensuite au Sud. Les 1re et 2e compagnies du 3e badois appuieraient ce mouvement en échelon intérieur, tandis que la 4e compagnie restait en réserve et que la 3e compagnie surveillait la droite dans la direction de Borey.

L'artillerie devait préparer l'attaque en couvrant de feu le bois des Brosses et la lisière du bois de la Bouloye.

Devant le mouvement des 9e et 12e compagnies du 3e

---

(1) La 4e batterie légère eut 1 sous-officier blessé. Les Français tiraient à environ 1.200 mètres.

(2) Le 3e badois marchait en avant-garde avec ses trois bataillons, la gauche en tête. Le 3e continua sur la Grange-d'Ancin, le 2e fut envoyé à la garde des ponts de Longevelle avec 1 batterie et 1 peloton de dragons; le 1er continua aussi sur la Grange-d'Ancin.

badois, quelques francs-tireurs placés à la gauche du
42e de marche furent pris de panique. Ils entraînèrent
dans leur fuite tout le 3e bataillon du 42e. Les quatre
compagnies qui occupaient Marast l'évacuèrent précipitamment (1).

Les 9e et 12e compagnies du 3e badois purent atteindre
sans coup férir les hauteurs au nord du village, qu'occupèrent ensuite les 10e et 11e.

Les Badois ne poussèrent que quelques patrouilles au
delà des maisons et s'y installèrent comme pour y passer
la nuit. L'artillerie resta en position sous la garde du
1er bataillon du 4e d'infanterie, qui était arrivé sur ces
entrefaites, permettant aux 3e et 4e compagnies du 3e badois de rejoindre, à Marast, leur bataillon.

Il était en ce moment 6 heures. L'obscurité était complète.

Autour de Marast, de Moimay et d'Autrey, la journée
était finie, tandis qu'à Villersexel, le combat reprenait
avec la plus grande énergie.

Dans la nuit, les Allemands, comme on le verra plus
loin, évacuèrent Moimay et Marast, que le 18e corps
occupa avant le jour (2).

---

(1) Le 42e de marche se reforma très rapidement et vint occuper
la lisière du bois de la Boulaye.
(2) Le général Billot avait, on l'a vu, fait rapprocher la division Bonnet, qui, vers 11 heures du soir, occupa Esprels avec
un régiment.

VII

OFFENSIVE DES FRANÇAIS ET PREMIÈRE ÉVACUATION
DE VILLERSEXEL

Nous avons laissé la situation sur la rive gauche de
l'Ognon au moment où les Français se portaient lentement en avant, pendant que le 30ᵉ prussien commençait
son mouvement de retraite et que les unités envoyées
vers Villers-la-Ville se hâtaient de se replier, sur l'ordre du général de Werder.

Du côté des Français, le 1ᵉʳ bataillon du 47ᵉ avait
atteint vers 4 heures la partie ouest du parc du château, s'y logeait et commençait à progresser lentement
vers l'Est, au moment même où les 3ᵉ et 4ᵉ compagnies
du 30ᵉ venaient de se replier. Le 1ᵉʳ bataillon du 52ᵉ se
porta alors à la porte Ouest du parc et s'y arrêta.

Pendant ce temps, les 2ᵉ et 3ᵉ bataillons du 47ᵉ commençaient leur mouvement en avant; mais ils ne tar-
daient pas à le suspendre, tandis qu'à leur droite le
3ᵉ zouaves de marche n'était pas encore parti.

Cependant, la retraite des batteries allemandes établies à la cote 311 semblait indiquer un mouvement en
arrière des Allemands.

Le général Bourbaki le pensa; puis, voyant l'hésita-
tion du 47ᵉ, il se porta sur la ligne de feu, rassembla
autour de lui les tirailleurs de ce régiment et se lança
à leur tête sur le débouché de la route de Rougemont.
Le 3ᵉ bataillon du 52ᵉ, qui se trouvait derrière la droite
du 47ᵉ, suivit le mouvement.

L'impulsion se communiqua à droite et à gauche. Le 1er bataillon du 52e, laissant deux compagnies à la porte du parc, marcha en colonne de divisions sur la rue conduisant à la mairie, tandis que le 2e bataillon du 3e zouaves, à cheval sur le chemin du Grand-Magny, se portait sur le mamelon 311.

L'attaque de cette ligne mince et sans organisation sérieuse réussit cependant en partie; grâce à l'intervention du général Bourbaki, elle se fit avec un élan remarquable. Nous allons en voir les conséquences chez les Allemands.

Dans Villersexel, on se le rappelle, la lisière de la ville, du côté de l'attaque des Français, n'était plus tenue que par les 6e et 8e compagnies du 25e, entre la route de Rougement et le chemin du Grand-Magny, et, plus à l'Ouest, par les 1re et 2e compagnies du 30e, qui, d'ailleurs, se disposaient à s'en aller. Dans le désordre qui paraît avoir régné à ce moment, on ne trouva pour relever ces deux compagnies que la 11e du 25e, qui, revenant d'escorter les prisonniers, atteignait le pont. On l'envoya immédiatement vers la place de l'Eglise.

Au moment où cette compagnie allait atteindre la place, les 1re et 2e du 30e, se retirant déjà, avaient probablement dépassé la Grande-Rue (1).

Le commandant de la 11e, entendant tirailler du côté du château, alla de sa personne voir ce qui se passait et s'aperçut, à son grand étonnement, que le château était aux mains des Français. Il réussit à regagner sa compagnie, envoya rendre compte de la situation et eut

---

(1) Il paraît probable que ces compagnies ayant vu l'arrêt de la marche du 47e, avaient jugé qu'elles pouvaient se retirer. Sans cela, on est forcé d'admettre qu'elles sont parties devant la seconde attaque. En tout état de cause, elles n'ont pas attendu leur relèvement. Il est, à ce sujet, intéressant de remarquer que la 1re compagnie du 30e ne subit aucune perte, et que la 2e n'eut dans toute la journée que deux hommes blessés et un disparu.

tout juste le temps de déployer ses hommes la droite à la mairie, pour les voir refouler par le 1er bataillon du 52e, qui réussissait à déboucher en partie sur la place.

Pendant ce temps, le 2e bataillon du 47e atteignait la sortie de la route de Rougemont, y bousculait les fractions avancées de la 6e compagnie du 25e et progressait lentement vers la place du Marché.

Le général de Treskow II fut profondément impressionné par la nouvelle de l'occupation du château. La nuit était venue, et comme, en définitive, le général de Werder avait très explicitement indiqué son intention de ne tenir Villersexel que jusqu'à la nuit ; comme, d'autre part, le repliement des troupes envoyées sur Villers-la-Ville était presque achevé, il crut pouvoir se décider à donner l'ordre d'évacuer la ville.

C'était, en somme, une très grave détermination, surtout dans un moment où les Français franchissaient victorieusement la lisière.

Peut-être le général de Treskow craignit-il qu'en retardant l'opération, les progrès des Français, dans la partie Ouest de la localité, ne devinssent rapidement très dangereux pour sa retraite? Peut-être aussi pensat-il que le général de Werder ne voulait à aucun prix engager l'avant-garde de la 4e division de réserve dans un combat de rues que l'obscurité allait rendre certainement difficile et long? Il ne sembla pas, en tous cas, qu'il ait réfléchi aux conséquences immédiates que cette évacuation précipitée ne pouvait manquer d'avoir en ce qui concernait le gros de sa division. Quoi qu'il en soit, l'ordre fut donné et son exécution commença immédiatement par les fractions en réserve et celles qui se trouvaient sur la lisière Est de la ville (1).

---

(1) M. le major Kunz semble dire que c'est à ce moment que le bataillon d'Ostelburg reçut l'ordre de se retirer. C'est possible,

Le mouvement ne pouvait plus être couvert que par la 11ᵉ compagnie du 25ᵉ, luttant difficilement aux environs de l'église; par la 6ᵉ du 25ᵉ, vivement pressée par le 47ᵉ de marche dans la partie voisine de la route de Rougemont et dont le flanc droit était fort menacé; par la 8ᵉ du 25ᵉ, qui tenait la gauche de la 6ᵉ, et qui, d'ailleurs, commençait son mouvement de retraite.

Cette dernière compagnie avait déjà abandonné la lisière à hauteur du chemin du Grand-Magny, quand deux compagnies du 3ᵉ zouaves de marche, conduites par leur lieutenant-colonel, pénétrèrent à leur tour dans la ville précisément par ce chemin.

Les zouaves s'avancèrent avec précaution, fouillant quelques maisons, et arrivèrent sans dommage « jusqu'au coin de la rue qui débouche sur la place du Marché; là, ils reçurent quelques coups de fusil » de fractions de la 8ᵉ compagnie du 25ᵉ, qui occupaient une maison située à l'angle gauche de cette rue et de la place (1). Ils s'arrêtèrent.

Sur la droite, dans la direction de la route de Villers-la-Ville, on entendait le bruit de la marche cadencée des 5ᵉ et 7ᵉ compagnies du 25ᵉ, qui abandonnaient cette partie de la lisière (2). Le lieutenant-colonel n'avait

---

mais il apparaît, d'après les distances et les heures, que son mouvement s'exécuta avant que le général de Treskow ait reçu l'avis de l'occupation du château. Du reste, M. de Wengen dit formellement que l'évacuation eut lieu dans l'ordre suivant : l'artillerie, le bataillon d'Ortelsburg, etc.... Cela paraît concluant.

(1) Il semble, d'après ces lignes, que les zouaves ne dépassèrent pas la croisée du chemin du Grand-Magny avec le chemin circulaire allant de la route de Villers-la-Ville à une ruelle située à l'est de la route de Rougemont.

(2) La relation à laquelle nous empruntons ces lignes dit même que le lieutenant-colonel entendit distinctement ces mots : « Les Français sont là. » Elle ajoute que les détachements ennemis passaient rapidement, négligeant la rue où étaient les zouaves. Nous le croyons sans peine.

guère que 200 hommes autour de lui; il n'osa pas pousser plus loin. Bien plus, se trouvant trop en l'air, il donna l'ordre de retraite et vint retrouver le 2e bataillon de son régiment qui s'était avancé près du mamelon 311.

Nous n'avons pas le courage d'insister sur cette erreur que le moindre sentiment des liaisons nécessaires aurait évitée bien facilement.

Heureusement, le 47e et le 52e poussaient vigoureusement en avant. Le 1er bataillon du 52e se dirigea vers le pont par la place de l'Eglise et les rues avoisinantes; le 2e du 47e descendit la route de Rougemont. Il avait en arrière de lui le 3e du 47e, le 3e du 52e et les mobiles des Pyrénées-Orientales (2e bataillon).

Le 1er bataillon du 52e réussit assez vite à occuper la place de l'Eglise en repoussant la 2e compagnie du 25e qui défendit péniblement les ruelles conduisant au pont; quant au 2e bataillon du 47e, il fut arrêté en arrivant à la place du Marché par la 8e compagnie du 25e, bientôt appuyée par les 5e et 7e, et couverte à droite par des fractions de la 6e, qui occupèrent la grande rue conduisant à l'église.

Entre temps, le reste du 25e évacuait la ville et traversait le pont sous le feu du 1er bataillon du 47e, installé en partie dans le château. Mais en arrivant sur la rive droite, il venait se heurter à un désordre inexprimable causé d'abord par la précipitation de la retraite de l'artillerie et du 30e, ensuite et surtout par l'arrivée des 80 voitures constituant le train de la 4e division de réserve qui venaient de la Grange-d'Ancin (1).

---

(1) L'arrivée inopportune de ce convoi, qui croyait venir cantonner à Villersexel, montre qu'à l'état-major de la division de réserve, on s'était laissé surprendre par les événements. Le convoi avait, d'ailleurs, déjà subi quelque disgrâce, car dans le courant de l'après-midi, vers 3 h. environ, le colonel de Leczynski avait

En fait, il y avait là, au milieu d'un brouillard épais et dans une obscurité presque complète :

Des fractions du 30e ;

Les 80 voitures du train de la 4e division de réserve ;

3 batteries et leur échelon ;

8 compagnies du 25e ;

Le bataillon d'Ortelsburg.

Un peu plus loin et en ordre se trouvaient le bataillon de Wehlau et les 1re et 3e compagnies du bataillon de Thorn.

Il est facile de se figurer l'effet qu'aurait produit, dans cet amas d'hommes, de chevaux et de voitures, l'arrivée de quelques obus tirés par l'artillerie de la division Polignac, si cette division, au lieu de se contenter d'occuper Villers-la-Ville et le bois des Bruleux, avait poussé au moins une avant-garde sur le mamelon 313.

Le général de Werder se porta de sa personne au milieu de cette foule confuse, et, aidé des officiers de son état-major, parvint à y remettre un peu d'ordre (1).

Pendant ce temps, le 2e bataillon du 25e continuait à couvrir la retraite, très vivement pressé par les Français. Les 5e et 7e et deux pelotons de la 8e commençaient à franchir le pont, protégés par la 6e et un peloton de la 8e. Mais des fractions du 1er bataillon du 52e débouchèrent en ce moment par la rue basse qui est parallèle à la rivière, et le dernier détachement du 25e vit sa retraite extrêmement compromise : il fallut se faire jour à la baïonnette. L'action fut vive et le capitaine de Reisewitz, qui commandait le 2e bataillon du 25e, y fut tué

---

déjà dû faire mettre hors de la route un certain nombre de voitures par le bataillon d'Osterode, par conséquent aux environs de la Grange-d'Ancin. (V. Kunz, pages 103, 104.)

(1) « Ce n'était pas facile, dit M. le major Kunz, car les voitures du convoi ne pouvaient faire demi-tour qu'avec la plus **grande difficulté.** »

d'un coup de baïonnette (1). Le détachement réussit à se dégager et à se maintenir au débouché Sud du pont, tandis que les 6ᵉ et 7ᵉ compagnies du 25ᵉ allaient se rallier en arrière.

Grâce à l'élan remarquable de trois bataillons favorisés, il est juste de le dire, par les circonstances, les Français, en une demi-heure, avaient réussi à occuper la ville. Il était environ 5 heures.

La situation des troupes françaises sur la rive gauche de l'Ognon était, en ce moment, la suivante :

1° A Villersexel et dans ses environs immédiats.

47ᵉ de marche :

    1ᵉʳ bataillon : dans le château et dans le parc;
    2ᵉ bataillon : dans la rue descendant directement au pont.
    3ᵉ bataillon : entre cette rue, l'église et l'Ognon.

52ᵉ de marche :

    1ᵉʳ bataillon : entre la place de l'Eglise et l'Ognon.
    3ᵉ bataillon : à l'entrée de la ville, sur la route de Rougemont.

3ᵉ zouaves de marche :

    2ᵉ bataillon à 200 mètres de la lisière, à cheval sur le chemin du Grand-Magny.
    1ᵉʳ et 3ᵉ bataillons : en arrière.

2ᵉ bataillon des Pyrénées Orientales : arrive à hauteur du 3ᵉ bataillon du 52ᵉ.

2° Troupes d'infanterie disponibles.

20ᵉ corps :

    3ᵉ division : 1 bataillon des Pyrénées Orientales; 1 bataillon et 6 compagnies des Vosges, débris des bataillons de la Corse, vers Petit-Magny.
    2ᵉ division : mobiles du Haut-Rhin (2 bataillons), 1ʳᵉ brigade (5 bataillons) vers Grand-Magny.
    1ʳᵉ division : 1ʳᵉ brigade à Villers-la-Ville et environs; 2ᵉ brigade au sud du Petit-Fougeret.

---

(1) L'historique du 25ᵉ dit « d'un coup de baïonnette (Hieb-wunde) à la tête ». M. de Wengen dit « d'un coup de crosse ».

24e corps :

> 3e division : **3 bataillons de la légion du Rhône; 3 compagnies de mobiles du Var**, en arrière de Villargent, vont rentrer à leur division.

18e corps :

> 2e division : **12e bataillon de chasseurs de marche**, près du Rullet; **2e bataillon du 52e, 77e mobiles, 92e de ligne (2 bataillons)**, vont quitter Esprels.

En résumé, sur le lieu même du combat ou en mesure d'intervenir sans délai, on dispose de neuf bataillons, dont quatre seulement sont engagés. En arrière et à moins de 3 kilomètres de Villersexel, il reste vingt-trois bataillons, sans compter bien entendu le gros de la division Penhoat, ni le détachement appartenant au 24e corps.

Il y aurait certes bien des réflexions à faire sur l'absence presque totale de mesures prises par le commandement pour assurer définitivement la possession de Villersexel et pour profiter par conséquent du succès qu'on venait d'obtenir.

Bornons-nous à faire remarquer qu'il eût été strictement rationnel de faire suivre chacun des bataillons d'attaque d'une unité — un bataillon, par exemple — en ordre serré qui aurait relevé immédiatement les troupes engagées, leur aurait permis de se rallier commodément et aurait assuré d'une façon sérieuse la possession du débouché du pont (1). Dira-t-on qu'on n'en a pas eu le temps, mais qu'en somme les dispositions étaient prises pour réaliser cette idée? Ces dispositions étaient donc trop tardives.

En fait, suivant les habitudes de l'époque, *dont on ne doit d'ailleurs imputer la responsabilité à personne*, les

---

(1) Nous ne parlons ici, bien entendu, que de l'occupation même de la localité. La première chose à faire était d'en assurer les flancs, et, ici, le flanc nord, par l'envoi d'une partie de la division Polignac sur le mamelon 313.

bataillons de soutien attendaient, selon l'expression même d'un acteur du drame, que la première ligne ait besoin d'eux, c'est-à-dire se tenaient, avant tout, prêts à la recueillir. On n'avait point le sentiment de la nécessité des efforts successifs, de la poussée ininterrompue. Il semble que l'on ne voyait dans une attaque qu'une courte manifestation offensive dont les résultats étaient bien incertains et que la première idée fut celle de parer à un échec (1).

Les conséquences de cette manière de voir se manifestèrent immédiatement.

---

(1) On peut trouver un indice de la lutte contre ce qui restait de cette manière de voir dans le remarquable rapport qui servait d'introduction au règlement de 1875 pour les manœuvres de l'infanterie.

VIII

RETOUR OFFENSIF DES ALLEMANDS ET RÉOCCUPATION DE VILLERSEXEL

Un peu avant 5 heures, le général de Werder se retrouva, d'après M. le major Kunz, aux environs de la tannerie, au nord du pont, avec le chef de son état-major. On avait fini par déblayer le débouché; mais la situation ne semblait pas très favorable.

Le colonel de Leczynski venait de voir, du côté de Moimay, l'attitude du 18e corps rendre pour le moment tout repliement impossible pour la brigade von der Goltz et nécessiter l'intervention de la division badoise. Sans doute, on pouvait être assez tranquille de ce côté depuis l'arrivée de cette division et la remise du 30e à la disposition de son chef naturel. Mais à Villersexel, la ville était perdue ; l'adversaire dominait complètement la rive droite. Dans ces conditions, il était impossible de se dérober.

A l'unanimité, l'état-major fut d'avis de faire reprendre la ville. Sans doute, un combat de nuit avait de gros inconvénients; sans doute, le 25e était harassé; il n'en fallait pas moins le renvoyer au feu, si l'on voulait avoir la possibilité de dégager la droite.

Le général de Werder donna des ordres en conséquence. Tout le 25e devait être chargé de reprendre la ville, en dégageant d'abord la grande rue de Rougemont (1),

---

(1) Nous désignons ainsi la rue qui, continuant la route de Rougemont, descend directement sur le pont.

tandis qu'un bataillon de landwehr, passant le long de la rivière, sur la rive gauche, chercherait à reprendre le château.

Lorsque cet ordre parvint au colonel de Loos, les 6e et 7e compagnies du 25e atteignaient le débouché Nord du pont, sous la protection des 5e et 8e, groupées au débouché Sud (1).

La 5e se formant rapidement en colonne par section (colonne d'escouades) se porta en avant tambour battant, suivie de fractions plus ou moins mélangées des 6e et 7e. La colonne remonta ainsi la rue de Rougemont jusqu'à la croisée de la grande rue conduisant à l'église. Elle y fut arrêtée par une vive fusillade partant tout autant de la rue de Rougemont que des rues voisines. Protégée par la déclivité du terrain et aussi par un petit mur qui se trouvait à gauche de la rue, précisément au changement de pente, elle allait se former sur quatre rangs, quand une colonne épaisse déboucha droit devant elle. C'était vraisemblablement une fraction du 2e bataillon du 47e.

Sans attendre de commandement, les Prussiens exécutèrent un feu rapide qui fit reculer l'assaillant. La compagnie put alors se former sur quatre rangs dans toute la largeur de la rue.

Pendant ce temps, les 6e et 7e compagnies du 25e se portaient dans les rues latérales et engageaient le combat, maison par maison, avec des fractions du 3e bataillon du 47e et du 1er du 52e, pendant que la 8e se plaçait en réserve derrière la 5e et que le 3e bataillon du 25e allait occuper sans difficultés la lisière Sud-Est et Est, la 11e compagnie du 25e à la sortie vers Grand-Magny, la 12e du 25e vers Villers-la-Ville, les 9e et 10e du 25e en réserve.

______

(1) Voir page 191. Il était un peu plus de 5 heures.

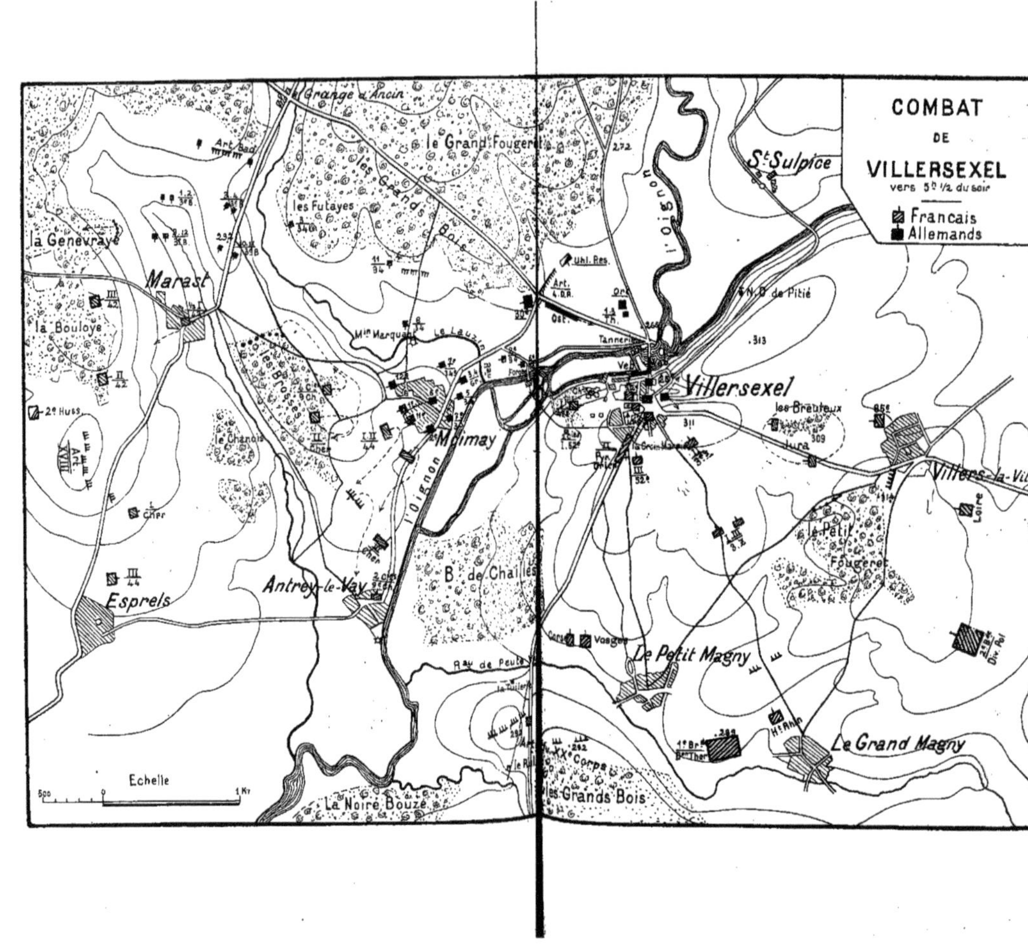

COMBAT
DE
VILLERSEXEL
vers 5h 1/2 du soir
Francais
Allemands
Grange d'Ancin
le Grand Fougeret
St Sulpice
les Grands Bois
les Futayes
Uhl. Res.
l'Oignon
la Genevraye
Art. 4.B.R.
N.D. de Pitié
Marast
Tanneri
.313
la Bouloye
M.n Marquart
le Lauzin
Ve
Villersexel
les Breuteux
2e Huss
les Brosses
Jura
311
le Chanois
Moimay
la Gde Marnelle
le Petit
l'Oignon
Fougeret
Esprels
Antrey-le-Vay
B. de Chailles
Villers-la-Vile
Loire
Carté   Vosges
Le Petit Magny
Rau de Peule
la Tuilerie
H.t Ann
Le Grand Magny
Div. Pol.
1e Br.
B.on Ther
XXe Corps
Echelle
La Noire Bouze
les Grands Bois
500   0   1 Kr

Le 1ᵉʳ bataillon du 25ᵉ se massait à la sortie Sud du pont, suivi du bataillon Wehlau qui, le long de la rivière, se dirigeait vers le château dans les conditions que nous verrons plus loin.

Cependant, la 5ᵉ compagnie du 25ᵉ envoyait en avant et sur ses flancs des patrouilles de volontaires. Ceux-ci fouillèrent les maisons et les ruelles voisines; ils jetèrent dans la rue des meubles et des matelas, et, protégés par ces abris improvisés, purent se maintenir à quelque distance en avant et prévenir à temps le gros de la compagnie de l'approche des attaques.

Elles furent nombreuses et vigoureuses. Quatre fois, des fractions du 3ᵉ bataillon du 52ᵉ se lancèrent bravement en avant, et chaque fois, elles furent arrêtées à trente pas par les salves de la 5ᵉ compagnie du 25ᵉ (1).

Les 6ᵉ et 7ᵉ compagnies du 25ᵉ continuaient à progresser bien lentement, de leur côté, dans les deux ruelles qui débouchent dans la grande rue, à l'est de l'église. Le 1ᵉʳ bataillon du 52ᵉ qui, comme on l'a vu, s'était avancé jusqu'au pont, et, par suite même de son action, s'était quelque peu émietté, n'en reculait pas moins très lentement, particulièrement dans celle des ruelles qui se trouve le plus à l'Ouest. Le général Clinchant envoya, pour le soutenir, le 2ᵉ bataillon des Pyrénées-Orientales, avec mission d'aller occuper la place de l'Eglise. Ce bataillon, prenant par la petite rue immédiatement à l'ouest de la rue de Rougemont, déboucha dans la grande

---

(1) Il semble que, contrairement à ce qui arrive généralement en pareille circonstance, la 5ᵉ compagnie du 25ᵉ exécuta *réellement* des salves. M. le major Kunz dit que du point où se trouvait l'état-major du XIVᵉ corps, on entendait distinctement les commandements du capitaine, suivis régulièrement du bruit d'une salve parfaitement correcte. C'est là un exemple bien rare de discipline et de sang-froid. (Voir à ce sujet les *Lettres sur l'infanterie*, du prince de Hohenlohe, et aussi les *Etudes sur le combat*, du colonel Ardant du Picq.)

rüe vers 5 h. 3/4 ou 6 heures, eut à y bousculer quelques patrouilles (de la 5e compagnie du 25e et de la 7e du 25e probablement) et atteignit le point qui lui avait été fixé. Quelques hommes de ce bataillon envoyés en avant se joignirent aux fractions du 1er bataillon du 52e (1).

Enfin, dans le secteur Sud-Est du village, le 3e bataillon du 25e se borna à entretenir une fusillade plus ou moins nourrie avec le 3e zouaves de marche, établi, nous le savons, en arrière de la cote 311.

Dans la ville proprement dite, la situation se maintint ainsi jusque vers 7 h. 1/4 ou 7 h. 1/2. Mais pendant ce temps il se passait au château un événement grave, tandis que, de leur côté, les Français voyaient arriver le gros de la division Penhoat, qui, vers 6 heures et demie, avait franchi le ruisseau de Pente-Vue, et, ralliant le 12e bataillon de chasseurs de marche, recevait du général Bourbaki l'ordre de se rapprocher de Villersexel.

---

(1) Il semble que quelques fractions très faibles de ce bataillon de mobiles allèrent également rejoindre au château le 1er bataillon du 47e.

IX

REPRISE DU CHATEAU PAR LES BATAILLONS DU LANDWEHR (1).

Nous venons de voir (page 198) que le bataillon de landwehr de Wehlau, suivant le bord de la rivière, marchait vers le château. Les deux compagnies de tête (5e et 8e (2) se dirigèrent vers la face Nord de l'édifice, par le moulin, tandis que les deux autres (6e et 7e), tournant à gauche le long du mur du parc, cherchèrent à gagner la grille d'honneur.

Les 5e et 8e furent arrêtées au moulin par le feu des fractions du 1er bataillon du 47e qui occupaient le château. Quant aux 6e et 7e, elles remontaient péniblement la ruelle escarpée et couverte de verglas qui longeait le mur, quand, arrivées au haut de la pente, elles reçurent, presque à bout portant, un feu extrêmement violent d'une faible fraction du 1er bataillon du 52e qui se trouvait près de la grille d'honneur. Elles se replièrent en désordre, et comme la ruelle par laquelle elles étaient venues était enfilée, elles se hâtèrent de tourner dans la première rue à droite (3).

---

(1) Nous suivons presque exactement, pour cet épisode, le récit de M. de Wengen, dont l'exactitude paraît grande.

(2) Le bataillon Wehlau comprenait les 5e, 6e, 7e et 8e compagnies du 1er régiment de landwehr de la Prusse orientale.

(3) Il est indispensable, pour comprendre cet épisode, de le suivre avec soin sur le croquis de la page 205.

A ce moment arrivait la tête du bataillon d'Osterode qui, conduit par son chef marchant devant la première compagnie, s'était engagé, sur l'ordre du major, à la suite du bataillon Wehlau (1). La moitié de la compagnie de tête d'Osterode (la 2e) avait déjà dépassé le débouché de la rue par laquelle se retiraient les 6e et 7e compagnies du bataillon Wehlau quand celles-ci se précipitèrent en débandade, coupèrent en deux la compagnie et mirent tout ce qui suivait dans la plus grande confusion. Cette masse reflua vers le pont et il fallut un certain temps pour remettre les choses en état.

Pendant ce temps, le major de Wussow, commandant le bataillon d'Osterode, continuait sa route, suivi d'une centaine d'hommes, sans se douter de ce qui se passait derrière lui. Ce petit détachement gravit la ruelle longeant le mur du parc qui le dissimulait aux vues des défenseurs du château. Par un bonheur extraordinaire, il parvint au sommet de la pente qu'il trouva inoccu-

---

(1) Le bataillon Osterode avait été relevé vers 4 h. 1/2 par les Badois de la mission que le colonel de Leczynski lui avait donnée à la Grange-d'Ancin.

En arrivant au débouché du bois du Grand-Fougeret, le major de Wussow, qui le commandait, reçut du général de Werder l'ordre de s'arrêter et d'envoyer demander des instructions au général de Schmeling. Il y envoya son adjudant.

Le général de Werder s'éloigna. Le major de Wussow, entendant la fusillade reprendre dans la ville avec une intensité croissante, demanda au général von der Goltz, qui se trouvait là, s'il n'y avait pas lieu de se rapprocher du pont sans attendre le retour de l'officier envoyé auprès du commandant de la division.

Le général répondit que lui-même agirait ainsi. Le bataillon se dirigea vers le pont. En y arrivant, le major passa auprès du colonel de Leczynski, en conférence avec le major de Kretschmann : « Alors, disait cet officier supérieur, il ne reste plus qu'à lancer la landwehr dans la ville. » Et, se retournant vers le commandant du bataillon d'Osterode, il lui ordonna d'aller occuper le château, où déjà le bataillon Wehlau avait été envoyé.

Nous citons ces détails parce qu'ils éclairent nettement l'état d'esprit des officiers de l'état-major à cette période de la lutte.

pée (1). La grille d'honneur était ouverte : les landwehriens, accueillis par le feu des défenseurs du château et d'une petite fraction établie dans le pavillon du concierge, à gauche de la grille, se précipitent à la baïonnette, chassent les défenseurs du pavillon de leur poste, et trouvant la porte du rez-de-chaussée du château ouverte, pénètrent dans le grand salon donnant au Nord.

Les fractions du 47e (deux compagnies peut-être), qui, jusqu'alors, avaient été occupées à tirailler contre les 5e et 8e compagnies du bataillon Wehlau établies vers le moulin, surprises par cette brusque irruption, se retirent dans l'aile Ouest, dans les caves et à l'étage supérieur.

Ce n'est qu'à ce moment que le major de Wussow s'aperçut qu'il n'avait avec lui qu'une centaine d'hommes. Il crut qu'il s'était produit un malentendu et envoya un officier chercher le reste du bataillon. Mais déjà une fraction du 1er bataillon du 52e avait réoccupé la grille d'honneur et cet officier fut fait prisonnier.

La situation du détachement de landwehr était donc assez critique.

Cependant, les 5e et 8e compagnies du bataillon de landwehr de Wehlau, franchissant le mur du parc auprès du moulin, commençaient à s'élever le long de la pente raide au sommet de laquelle se trouve la façade

---

(1) Il est difficile d'expliquer cette circonstance, puisque, quelques minutes auparavant, les 6e et 7e compagnies du bataillon de landwehr de Wehlau avaient reçu une fusillade meurtrière précisément du point que le major de Wussow occupait sans coup férir. Il a dû y avoir un malentendu de la part du 1er bataillon du 52e, et peut-être du bataillon des Pyrénées-Orientales, qui occupaient en partie la place de l'Eglise. Peut-être la fraction qui avait défendu la ruelle, s'était-elle portée sur le château ou sur le bâtiment du concierge au bruit du combat livré par le 1er bataillon du 47e contre les 5e et 8e compagnies du bataillon de landwehr de Wehlau ? Il est vraisemblable que cette deuxième hypothèse est exacte. La suite du combat paraît le prouver.

Nord du château, en profitant de ce que le feu des Français s'était presque complètement éteint. Le major de Wussow s'en aperçut. On ouvrit les fenêtres, et les fractions avancées des deux compagnies de landwehr, s'aidant des aspérités de la muraille et aussi des espaliers qui s'y trouvaient, réussirent à entrer dans le salon.

Laissant quelques hommes pour garder les issues du rez-de-chaussée, le major de Wussow prit ses dispositions pour enlever le premier étage. Il avait auprès de lui un officier, le lieutenant Förtsmann, qui connaissait les êtres et lui indiqua un escalier dérobé. Cet officier, accompagné de quelques hommes, prit par cet escalier, tandis que le major, avec le gros de sa troupe, montait par l'escalier d'honneur. Il y eut un court combat, le lieutenant Förtsmann fut tué; mais les Allemands pénétrèrent dans les appartements du premier étage et y firent prisonniers environ 120 hommes.

Pendant ce temps, les 1re, 3e et le reste de la 2e compagnie du bataillon d'Osterode s'étaient avancés derrière les 5e et 8e, suivies elles-mêmes des 6e et 7e compagnies du bataillon de landwehr de Wehlau, et pénétraient dans le rez-de-chaussée par les fenêtres du salon. La 4e compagnie du bataillon d'Osterode, gravissant la pente le long du mur, avait atteint la cour près de l'aile Est. Elle pénétra également dans l'édifice (1).

Le colonel de Krane, commandant le 2e régiment de landwehr, avait suivi le même chemin que le gros du

____

(1) D'après M. le major Kunz, l'effectif de ces huit compagnies était d'environ 1.400 hommes. Comment tout ce monde put-il tenir dans les appartements du rez-de-chaussée et du 1er étage? Nous croyons plus vraisemblable qu'une grande partie de cet effectif resta au dehors contre la façade Nord. Il n'était pas possible, en effet, de rester facilement dans la cour, car le 1er bataillon du 52e avait fait occuper la grille, et le gros du 1er bataillon du 47e, qui se trouvait dans le parc, continuait la fusillade contre le château.

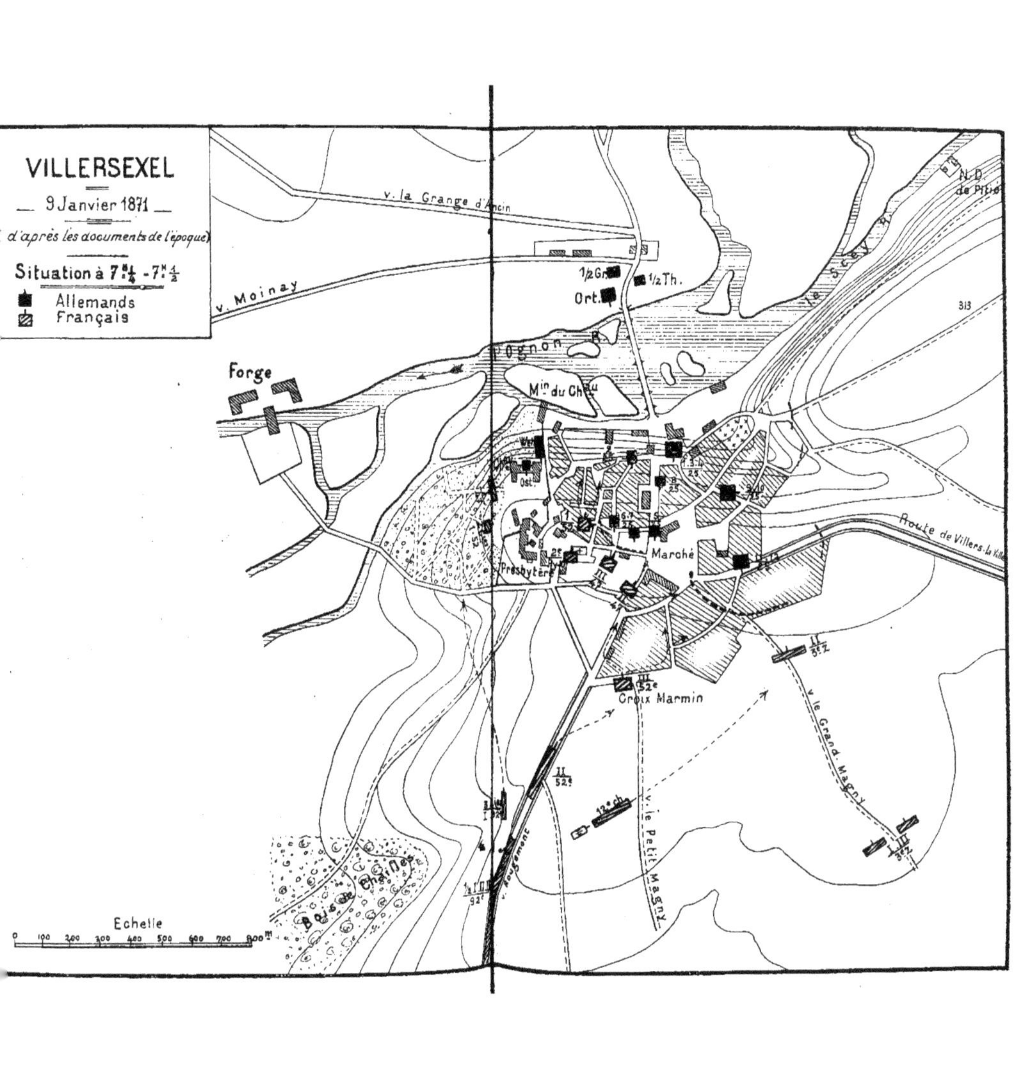
VILLERSEXEL
9 Janvier 1871
d'après les documents de l'époque
Situation à 7h¼ - 7h½
Allemands
Français
v. la Grange d'Ancin
v. Moinay
½ Gr.
½ Th.
Ort.
Pognon R.
Forge
Mᶦⁿ du Chêu
N.D. de Pitié
313
Vᵗ
Ostᵗ
Presbytère
2ᵉ
Marché
Route de Villers-la-Ville
Croix Marmin
II 52ᵉ
II 52ᵉ
v le Grand Magny
II 52ᵉ
I 52ᵉ
42ᵉ ch.
v le Petit Magny
Bois de Chênes
Echelle
0   100   200   300   400   500   600   700   800ᵐ

bataillon d'Osterode. Il mit immédiatement de l'ordre dans l'entassement des huit compagnies et les répartit ainsi qu'il suit :

1re compagnie du bataillon de landwehr d'Osterode à l'aile Ouest ;

2e et 3e au centre ;

4e à l'aile Est ;

Le bataillon Wehlau en réserve dans la cour le long de l'aile Est.

On continua à fouiller l'édifice et la 1re compagnie du bataillon de landwehr d'Osterode fit encore une vingtaine de prisonniers.

Pendant ce temps, on cherchait en vain à pénétrer dans les caves, où un certain nombre de Français continuaient à tenir vigoureusement; il en était de même au deuxième étage. On était arrivé ainsi à 7 h. 1/4.

Le colonel de Krane envoya un officier au général de Schmeling pour lui faire connaître la situation et lui signaler en particulier la résistance obstinée des Français dans l'intérieur du château.

Du côté des Français, dans cette partie du théâtre de la lutte, la situation était la suivante :

Dans le parc : 4 compagnies du 1er bataillon du 47e et environ 2 compagnies du 1er bataillon du 52e.

Près de la cour : des fractions du 1er bataillon du 52e et peut-être du 2e bataillon des Pyrénées-Orientales occupaient la grille et les deux pavillons d'entrée.

X

ORDRES GÉNÉRAUX DONNÉS ENTRE 7 ET 8 HEURES PAR LES COMMANDANTS EN CHEF

Vers 6 h. 45, le général de Werder, voyant que les landwehriens étaient virtuellement maîtres du château, fit convoquer les adjudants à la Grange-d'Ancin, s'y rendit de sa personne et fit dicter l'ordre suivant :

« Les troupes tiendront les localités qu'elles ont conquises et victorieusement conservées dans la journée.

» La 1re brigade (badoise) sera établie à Arpenans le 10 à la première heure. Une brigade badoise occupera Oricourt et Oppenans. Une troisième brigade badoise se tiendra en réserve à la bifurcation de la route Lure-Aillevans avec le chemin d'Arpenans.

» La brigade Goltz occupera Aillevans.

» La division Schmeling franchira l'Ognon à Longevelle sur deux ponts d'équipage et occupera Longevelle et Villafans, avec mission de défendre les ponts du ruisseau du Scey. La compagnie de pionniers établira une passerelle sur l'Ognon dans le voisinage de Gouhenans.

» Les mouvements s'exécuteront comme il suit :

» La division badoise, maintenant un détachement des trois armes à Marast, commencera immédiatement son mouvement.

» La brigade Goltz, laissant Moimay occupé, la suivra et se tiendra en liaison avec elle pour ce départ.

» La division Schmeling prendra la nouvelle route

de Longevelle. Elle occupera Villersexel avec deux bataillons et de la cavalerie.

» Le commandant de la division pourra y laisser un peu d'artillerie s'il le juge utile (1). »

Le général de Werder avait l'intention d'occuper cette position, de manière à être, le 10, de bonne heure, prêt à repousser une attaque éventuelle de l'ennemi.

Le général, qui savait, à cette heure, aussi bien par le développement du combat que par les prisonniers, que trois corps français avaient marché le 9 vers le front Esprels-Vellechevreux, supposait que ces troupes auraient terminé leur concentration dans la soirée, et que, très vraisemblablement, l'armée française, cherchant à le couper de Belfort, se porterait réunie, le 10, dans la direction du Nord. Il semble, d'après les dispositions qu'il prescrivit, avoir eu l'intention de rester sur la défensive dans la région de Villafans, et peut-être d'exécuter sa contre-attaque par sa droite.

En tout cas, il rappela à lui le détachement de Vesoul (2).

Le colonel Bayer, qui le commandait, reçut l'ordre de rappeler à lui le détachement Paczynski et de se mettre en route, le 10, à la première heure, pour les Belles-Baraques. De là, il devait reconnaître sur Esprels, et, dans le cas d'un engagement général, intervenir dans cette direction. Le major Paczynski devait, de son côté, essayer de prendre, par Borey, la liaison avec le général de Werder (3).

---

(1) Löhlein, ouvrage cité, page 170.

(2) Ce détachement (voir page 99) comprenait : 2 bataillons du 4e régiment badois, le bataillon de landwehr d'Eupen (6 compagnies), 1 escadron et 2 batteries. Il était placé sous les ordres du colonel Bayer, du 4e badois. A Port-sur-Saône se trouvaient en outre 2 compagnies d'infanterie et 1 escadron, sous les ordres du major Paczynski.

(3) Le détachement de Vesoul pouvait être aux Belles-Baraques

L'ensemble de ces dispositions avait donc pour effet d'opposer à toute entreprise de la droite française ce qui restait de la 4ᵉ division de réserve, soit, en infanterie, 8 bataillons, que pouvait renforcer en temps utile une brigade badoise, et de mettre à même d'intervenir contre les troupes françaises laissées sur la rive droite de l'Ognon 2 brigades badoises, la brigade von der Goltz, et enfin le détachement de Vesoul, soit 21 bataillons 1/2. Il est juste d'ajouter que, grâce aux deux ponts d'équipage de Longevelle, la brigade von der Goltz était en mesure d'apporter rapidement à la division de réserve le concours de ses six bataillons.

Ces dispositions, théoriquement, semblent donc parfaitement plausibles. Mais il faut remarquer qu'en définitive, le point dangereux n'était occupé que par des troupes harassées qui avaient marché et combattu une partie de la journée, quand, au contraire, la droite des Français pouvait être considérée comme n'ayant subi, le 9, ni pertes, ni fatigues.

On peut se rendre compte, dès lors, que si le 24ᵉ corps, et peut-être la 1ʳᵉ division du 20ᵉ, avaient profité de la nuit pour s'emparer des passages du Scey, que le XIVᵉ corps était hors d'état de lui disputer, la situation des Allemands serait devenue bien précaire pour peu que, du côté des Français, on déployât un peu d'habileté dans cette manœuvre (1).

Quoi qu'il en soit, le général de Werder, après avoir donné ces ordres, quitta la Grange-d'Ancin pour Aillevans, où il prit ses quartiers pour la nuit. Il avait laissé

---

le 10, vers 9 heures du matin; le détachement Paczynski pouvait arriver à Borcy le même jour, vers 2 heures du soir.

(1) Nous ne croyons pas utile d'insister sur cette idée. Si l'on veut bien jeter un coup d'œil sur le tableau donné aux pages 191 et 192, et se rappeler en même temps que le 24ᵉ corps se trouvait entre Vellechevreux et Secenans, on se rendra compte qu'elle était au demeurant, parfaitement réalisable.

auprès du général de Schmeling, comme **officier de liaison**, le capitaine Ziegler, de son état-major.

Du côté des Français, nous avons vu que, vers 6 h. 1/2, le gros de la division Penhoat (2ᵉ bataillon du 52ᵉ, 92ᵉ de ligne, 77ᵉ mobiles, 1 batterie) avait atteint le ruisseau de Pente-Vue, venant d'Esprels, par Pont-sur-l'Ognon, et que le général Bourbaki lui avait prescrit de se rapprocher de Villersexel, en ralliant le 12ᵉ bataillon de chasseurs de marche, qui, jusqu'alors, était resté auprès de l'artillerie.

Pendant que cette troupe exécutait son mouvement, le général en chef envoya à l'amiral Penhoat l'invitation de faire relever par les troupes de sa division, et dès que cela serait possible, les unités engagées du 20ᵉ corps. Ce dernier corps d'armée devait reprendre son mouvement vers l'Est (1).

On peut se demander à quelle préoccupation obéit le général Bourbaki en donnant cet ordre (2).

À-t-il eu l'idée de faire exécuter à ce corps d'armée une marche de nuit avec l'intention de prononcer dès le 10 au matin un mouvement enveloppant par sa droite? Cela paraît douteux, car le 24ᵉ corps aurait dû recevoir un ordre en harmonie avec celui donné au 20ᵉ corps, et il n'apparaît pas que cet ordre ait été envoyé. Voulait-il tout simplement « rectifier » la position du 20ᵉ corps pour le mettre à même de poursuivre vers Belfort sa route dès la matinée du 10? C'est probable, quoique, en

---

(1) Rapport de l'amiral Penhoat (journal des marches). On peut d'ailleurs se demander si l'ordre a été donné exactement dans ces termes en ce qui concerne le 20ᵉ corps.

(2) Le général en chef voulait avant tout, cela est certain, retirer le plus tôt possible le 20ᵉ corps de la mêlée, et à juste raison, d'ailleurs. Nous n'osons pas croire que ce fut dans le but unique de reprendre dès le lendemain, purement et simplement, la marche sur Belfort.

définitive, le 9 janvier, ce corps d'armée ait atteint les objectifs de marche que l'ordre de mouvement lancé de Montbozon lui avait assignés.

Dans ce cas, le général Bourbaki, tout comme son adversaire, aurait estimé, vers 7 heures du soir, qu'il était en possession définitive de Villersexel et qu'il pouvait considérer l'ennemi comme décidément en retraite. Mais alors, comment n'a-t-il pas fait procéder immédiatement au départ de reconnaissances chargées de s'assurer de ce fait sur la rive droite du Scey? Car rien n'était moins certain que la retraite d'un adversaire qui, vers 6 heures du soir, tenait encore victorieusement Moimay, venait d'enlever Marast, et enfin montrait dans Villersexel une attitude relativement très offensive. C'étaient là des arrière-gardes, dira-t-on. Mais on pouvait le supposer, tout en étant bien loin d'avoir à ce sujet une certitude absolue.

Le général pouvait-il, en admettant que le XIV\ :sup corps avait commencé sa retraite, espérer prévenir ce corps d'armée sur la Lisaine? Il semble difficile de le croire, car, si le 24\ :sup corps pouvait aisément reprendre, le 10 janvier, un mouvement que n'avait troublé aucune disposition en vue d'une intervention vers Villersexel, le 20\ :sup corps avait vu bien du désordre et de la confusion se mettre dans ses unités. Il faudrait régulariser tout cela et on pouvait craindre que la journée du 10 y serait en partie consacrée.

Dès lors, ne semble-t-il pas qu'il eût été, sinon judicieux, du moins raisonnable de chercher, le 10, à mettre définitivement hors de cause l'ennemi vis-à-vis duquel on avait obtenu le 9 un certain succès? L'inertie du 24\ :sup corps dans la journée du 9 rendait, il est vrai, cette opération difficile; elle était encore possible en ne perdant pas de temps. Et, en somme, c'était bien là ce que craignait le général de Werder.

Certes, ce n'est point à 7 heures du soir que cette décision aurait dû être prise, mais bien vers 2 heures, lorsque, d'une part, le développement des attaques allemandes et leur allure montraient que l'on avait devant soi, ou à toute proximité, un effectif important. C'est à ce moment, nous l'avons déjà dit, qu'il convenait d'écarter résolument toutes les suggestions stratégico-géographiques dont l'éducation militaire de cette époque obscurcissait en France les meilleurs esprits, pour faire face à l'obstacle qui venait se dresser contre l'exécution du plan d'opérations et chercher à le détruire avant de songer à toute autre combinaison. Et, en définitive, il suffisait de commander « face à gauche ».

A 7 heures du soir, nous le répétons, la chose était encore possible.

En tout cas, la division Penhoat suffisait largement pour assurer l'occupation de Villersexel et même de ses abords immédiats, et, en soi, l'ordre donné à 7 heures du soir est parfaitement justifié.

Mais ni l'un ni l'autre des généraux en chef ne devaient voir s'accomplir intégralement les instructions qu'ils avaient données.

XI

REPRISE DU COMBAT DANS VILLERSEXEL. — ÉVACUATION DU CHATEAU PAR LES LANDWEHRIENS

Pour l'exécution des instructions qui 'lui avaient été données, l'amiral Penhoat prit les dispositions suivantes :

Le 2ᵉ bataillon du 52ᵉ, prenant par la route de Rougemont, devait pousser droit devant lui pour dégager les 2ᵉ et 3ᵉ bataillons du 47ᵉ, tandis que les 1ᵉʳ et 3ᵉ du 52ᵉ (1) continueraient la lutte dans la ville.

Le 92ᵉ devait envoyer trois compagnies dans le parc par la porte de l'Ouest, tandis que les trois autres pénétreraient dans la localité par la rue de la Mairie et attaqueraient le château de ce côté (2).

Les deux autres bataillons resteraient en réserve à l'ouest de la route de Rougemont.

Le 12ᵉ bataillon de chasseurs de marche et le 77ᵉ mobiles se placeraient en réserve au sud de la cote 311.

Ces mouvements commencèrent sans délai.

Le 2ᵉ bataillon du 52ᵉ atteignit la lisière de la ville un peu avant 8 heures et lança immédiatement deux compagnies dans la rue de Rougemont (3). Quelques

____

(1) Le 3ᵉ bataillon du 52ᵉ n'avait qu'une partie de son effectif engagé. Il restait environ deux compagnies qui, de concert avec le 3ᵉ zouaves de marche, entretenaient un combat traînant aux environs de la sortie vers le Grand-Magny.

(2) Ces trois compagnies furent, en fait, retenues auprès des deux autres bataillons.

(3) Voir, pages 195 et 198, la répartition des compagnies du 25ᵉ prussien.

instants auparavant, la 8ᵉ compagnie du 25ᵉ avait relevé la 5ᵉ du 25ᵉ. Elle arrêta net par un feu rapide l'offensive vigoureuse du 52ᵉ et força ces braves soldats à chercher un abri dans la partie sud de la place du Marché. La 8ᵉ compagnie du 25ᵉ les fit suivre par des patrouilles qui reçurent également la mission d'incendier les maisons des lisières Sud et Ouest de la place. Il s'éleva ainsi une sorte de barrage de feu qui mit définitivement un terme à l'offensive française sur ce point.

Le 2ᵉ bataillon du 52ᵉ dut renoncer, en conséquence, à progresser directement de ce côté. Aidé d'un détachement du génie, il chercha à gagner du terrain latéralement vers l'Ouest, en poussant successivement ses compagnies dans la grande rue et de là dans la première ruelle parallèle à la rue de Rougemont.

Grâce à cette action, les 2ᵉ et 3ᵉ bataillons du 47ᵉ retiraient peu à peu la plus grande partie de leurs troupes de combat. Cependant, un effectif relativement important du 2ᵉ bataillon continuait à lutter dans les maisons au nord de la grande rue, plus ou moins cerné, plus ou moins en liaison avec le 1ᵉʳ bataillon du 52ᵉ, mais combattant toujours avec une merveilleuse ardeur contre les 6ᵉ et 7ᵉ compagnies du 25ᵉ, auxquelles venaient bientôt se joindre des fractions de la 5ᵉ.

Le combat continua ainsi, par un splendide clair de lune, sans qu'il soit possible d'en déterminer convenablement les péripéties. Historiques français, historiques allemands, tous les documents laissent l'impression d'un désordre et d'une confusion inouïs, mais aussi d'une ténacité et d'une ardeur offensive dont les deux adversaires peuvent justement s'enorgueillir.

Nous ne voulons rappeler ici aucun des épisodes cités dans ces historiques. L'excitation extraordinaire des combattants qui, dans cette nuit mémorable, s'approchè-

rent de part et d'autre bien près des limites des forces
humaines (ils marchaient ou combattaient sans manger
depuis l'aube) excuse toute méprise et toute exagération dans leurs souvenirs. On ne peut assurément les
consulter qu'à titre de renseignement et sous toutes réserves : ils n'en donnent pas moins le sentiment très net
de l'ardeur admirable, de la résistance héroïque de ces
hommes dont beaucoup préférèrent s'ensevelir sous les
ruines fumantes de leurs conquêtes plutôt que de se
rendre : mort glorieuse qui n'a pas été assez célébrée ;
exemple sublime qui doit faire battre le cœur d'un vrai
soldat.

Plus à l'Ouest, les quatre compagnies du 1ᵉʳ bataillon
du 52ᵉ et quelques fractions du 2ᵉ bataillon des mobiles
des Pyrénées-Orientales avaient repoussé peu à peu la
droite de la 7ᵉ compagnie du 25ᵉ. Vers 7 h. 1/2, elles
étaient parvenues jusqu'à la rue basse qui, du pont, conduit au château. Il fallut envoyer la 2ᵉ compagnie du 25ᵉ
pour rétablir la communication. Cette compagnie n'y
réussit que trop tard pour éviter une grave erreur aux
troupes de landwehr qui occupaient le château.

Nous avons vu (page 206) que le colonel de Krane
avait envoyé vers 7 h. 1/4 un officier au général de
Schmeling pour lui rendre compte de la réussite de
l'offensive des landwehriens et aussi de la résistance
acharnée que les Français opposaient encore dans les
caves et au deuxième étage du château.

L'officier rencontra le général près du pont; il rem-
plit sa mission, et, à l'annonce de la ténacité que les défenseurs continuaient de montrer, reçut purement et
simplement la réponse : « Eh bien ! qu'on les enfu-
me ! » (1). L'adjudant reprit le chemin du château.

____

(1) Le général de Schmeling a déclaré qu'il n'entendait pas

Quand il arriva dans la rue basse, il se heurta aux fractions de la 7ᵉ et de la 4ᵉ du 25ᵉ (1) qui reculaient sous la pression du 1ᵉʳ bataillon du 52ᵉ. Il dut, pour rentrer dans le parc, suivre le bord de la rivière et passer par le moulin. Quant il parvint au pied de l'aile Est, le colonel Krane et le major de Wussow étaient occupés à fouiller le premier étage.

Il rendit compte de sa mission au commandant du bataillon Wehlau, lui communiqua l'ordre d'enfumer les Français, ce qui fut immédiatement exécuté. Mais cet officier fit connaître en même temps au commandant du bataillon que des fractions ennemies occupaient la rue basse, coupant ainsi la communication avec le pont; il ajouta que le 25ᵉ évacuait la ville (2).

Fort ému de cette nouvelle, le commandant du bataillon Wehlau ne paraît pas avoir réussi à en rendre compte à son colonel.

Dès que l'incendie eut été allumé, il fit faire demi-tour à son bataillon, le dirigeant par le moulin, où il passa l'Ognon à gué. La plus grande partie du bataillon d'Osterode (3 compagnies 1/2 environ) suivit le mouvement par une erreur d'autant plus excusable que le château commençait à brûler. Il ne resta plus dans l'édifice que le major de Wüssow, le colonel de Krane et une fraction de la 4ᵉ compagnie du bataillon d'Osterode qui, probablement, avait accompagné ces deux officiers dans la visite qu'ils faisaient au premier étage.

être pris au mot. Nous donnons acte bien volontiers à sa mémoire de ce sentiment d'humanité.

(1) Cette compagnie avait été envoyée en soutien de la 7ᵉ à une heure qu'il n'a pas été possible de déterminer.

(2) Il est oiseux de rechercher la cause exacte de l'erreur de cet officier. Peut-être, à l'impression ressentie par lui à la vue de la retraite des 4ᵉ et 7ᵉ compagnies du 25ᵉ, s'est-il joint un écho des conversations entendues dans l'entourage du général Schmeling? Du reste, peu importe.

Le bataillon Wehlau opéra facilement sa retraite ; la 1ʳᵉ compagnie du bataillon de landwehr d'Osterode, qui emmenait avec elle les prisonniers faits dans l'aile Ouest (1 officier et 24 hommes du 47ᵉ), fermait la marche. Quand elle déboucha dans la cour, elle fut assaillie par une vigoureuse attaque de la fraction du 1ᵉʳ bataillon du 52ᵉ qui occupait la grille. La compagnie perdit ainsi huit de ses prisonniers; mais les braves soldats du 52ᵉ étaient trop peu nombreux pour poursuivre leur succès et les landwehriens d'Osterode purent se retirer vivement sans trop de dommage. Il était 8 heures et demie environ et la situation allait devenir décidément favorable pour les Français.

A ce moment, le colonel de Krane et le major de Wussow arrivaient dans le petit salon du rez-de-chaussée, fort inquiets de n'y plus trouver personne. Brusquement, ils reçurent des coups de feu par les fenêtres de la cour. Ils se hâtèrent de se retirer dans le grand salon donnant au Nord pour faire intervenir les fractions de landwehr qu'ils croyaient y trouver. A leur grand désappointement, le salon était vide. Par contre, les Français occupaient la cour; d'autres fractions pénétraient du parc dans l'aile Ouest. C'était le 1ᵉʳ bataillon du 92ᵉ.

Ce bataillon, nous l'avons vu (page 213), avait reçu l'ordre de reprendre le château vers 7 h. 1/2 ou 7 h. 3/4 (1). Son demi-bataillon de droite avait pénétré dans le parc par la porte Ouest, et, ralliant les fractions du 1ᵉʳ bataillon du 47ᵉ et du 1ᵉʳ du 52ᵉ qui s'y trouvaient, avait marché contre l'aile Ouest. Ces compagnies reçurent quelques coups de fusil, salut d'adieu de la 1ʳᵉ com-

---

(1) Le demi-bataillon de gauche du 1ᵉʳ bataillon du 92ᵉ ne fut pas engagé immédiatement. En effet, lorsqu'il arriva sur la place de la Mairie, ou plutôt au débouché de cette place vers le Sud, le château était virtuellement pris. L'amiral l'arrêta et se maintint provisoirement en réserve avec les deux autres bataillons.

pagnie du bataillon d'Osterode, mais pénétrèrent vers 8 h. 1/2 dans l'édifice, délivrant ainsi 120 prisonniers. D'autres fractions du 47ᵉ et du 52ᵉ arrivant par la cour, apercevant la lumière qui éclairait les deux officiers prussiens, ouvrirent immédiatement le feu contre eux. Ceux-ci, nous l'avons vu, se retirèrent en se barricadant dans l'aile Est avec une centaine d'hommes de la 4ᵉ d'Osterode.

Alors commença dans l'intérieur du château, déjà en proie à l'incendie, une lutte relativement traînante qui ne donna aucun résultat positif.

Tout cela avait demandé du temps. Les landwehriens avaient rallié ce qui restait de leur division (Ortelsburg, 1/2 bataillon de Thorn, 1/2 bataillon de Grandenz) ; on venait de s'apercevoir de l'absence du colonel de Krane, du major de Wussow et d'une partie de la 4ᵉ compagnie du bataillon d'Osterode.

Les 1ʳᵉ et 3ᵉ compagnies du bataillon de Thorn reçurent immédiatement l'ordre de se porter sur le château et d'y recueillir le détachement qui s'y trouvait abandonné à lui-même. Ces compagnies franchirent le pont et s'engagèrent dans la rue basse. Reçues par un feu violent, elles firent demi-tour et prirent par le bord de la rivière, pour essayer de gagner le château en franchissant le mur du parc auprès du moulin. Leur chef ne croyait pas que l'édifice fut au pouvoir des Français ; aussi se trouva-t-il fort étonné quand les premiers hommes qui parurent à la crête du mur se trouvèrent en butte à une violente fusillade partant des fenêtres.

Son étonnement ne fit que s'accroître quand, ayant fait ouvrir le feu par ses hommes, il entendit crier du château : « Ne tirez donc pas : nous sommes ici, nous, vos camarades ! »

On reconnut la voix du colonel de Krane. Le feu cessa

et le colonel donna ses ordres : le 1/2 bataillon de Thorn devait ouvrir un feu violent sur la face Nord du château, pendant que le colonel et ses compagnons se feraient jour à la baïonnette par la cour (1).

Il en fut ainsi; mais forcé de suivre le mur du parc, le détachement se trouva bientôt pris entre le feu des Français et celui du 1/2 bataillon.

Heureusement le mur était peu élevé, et, aidés par leurs camarades, les landwehriens parvinrent à le franchir, non sans pertes (2). Tout le monde, suivant le bord de la rivière, se retira dans la direction du pont, dont le 1/2 bataillon de Thorn défendit le débouché Sud face à l'Ouest.

A la suite de cet épisode, le 1ᵉʳ bataillon du 47ᵉ occupa les abords immédiats du château qui était entièrement en flammes, tandis que le 1/2 bataillon du 92ᵉ alla s'établir au moulin en se couvrant dans la direction du pont.

Il était environ 9 heures et demie.

Le colonel Knappe de Knappstadt, qui commandait la 1ʳᵉ brigade de la 4ᵉ division de réserve, sentant que l'occupation du château pouvait compromettre gravement la sécurité des unités du 25ᵉ qui luttaient encore dans la ville, donna l'ordre de le reprendre.

Cette offensive fut tentée par les trois bataillons déjà engagés (Osterode, Wehlau et 1/2 Thorn). Le bataillon d'Ortelsburg fut chargé de la soutenir. Nous n'avons trouvé nulle part le détail des dispositions adoptées pour ce retour offensif. Mais, quelles qu'elles aient été, il y avait, on le conçoit bien, toutes sortes de raisons pour que cette attaque échouât. C'est d'ailleurs ce qui se produisit. Reçue par le feu des trois compagnies du 92ᵉ

---

(1) Il est possible que ce soit par la cour; mais il est plus probable que ce fut par l'aile Est.

(2) Osterode perdit ce jour-là 31 disparus. Il eut 6 officiers et 75 hommes blessés. (Voir le tableau des pertes.)

établies au moulin, la colonne n'insista pas. Elle fit demi-tour, précédée du bataillon d'Ortelsburg qui venait à peine de franchir le pont et se retira sur la rive droite en laissant seulement les 1re et 3e compagnies du bataillon de landwehr de Thorn le long de l'Ognon, sur la rive gauche. Un peu plus tard, le détachement du 92e essaya de gagner le pont en suivant l'Ognon; le feu des compagnies de Thorn et de quelques tirailleurs placés sur la rive droite l'arrêta. Le 92e se borna dès lors à occuper le moulin et les maisons avoisinantes.

Ainsi finit ce combat du château sur lequel nous nous sommes laissés aller à donner quelques détails parce qu'il nous a paru rempli d'intérêt. Ce n'est pas que les péripéties en elles-mêmes en paraissent plus remarquables que celles du combat livré dans les autres parties de la ville; mais c'est que, là surtout, on voit clairement les conséquences d'une absence presque totale de direction ferme et avertie dans l'un et l'autre des partis. La première occupation par huit compagnies françaises vers 4 h. 1/4 devait être définitive pour peu que l'on prît pour l'assurer les mesures les plus simples. De même, le succès que les bataillons de landwehr remportèrent inopinément en le réoccupant, aurait été assurément plus durable si le colonel de Krane, au lieu de bonder l'habitation de ses 1.400 hommes, avait cherché à en dégager les abords. Tout cela s'est fait sans ordre et sans méthode : c'est un enseignement.

XII

LE 25ᵉ PRUSSIEN REÇOIT L'ORDRE DE ROMPRE LE COMBAT
CONQUÊTE DÉFINITIVE DE LA VILLE PAR LES FRANÇAIS

Vers 9 heures et demie, le général de Werder, à son quartier d'Aillevans, vit arriver le capitaine Ziegler, de son état-major. Cet officier, resté auprès du général Schmeling, venait lui rendre compte, de la part de cet officier général, de la tournure peu favorable que prenait le combat dans Villersexel. Contrairement aux espérances de l'état-major, les Français, loin de s'être laissé intimider par le retour offensif du 25ᵉ prussien et de la landwehr, paraissaient au contraire bien décidés à continuer la lutte qui, en raison de la fatigue des troupes engagées, semblait ne pas devoir tourner à l'avantage des Allemands.

Le général en chef envoya, par le major de Grolmann, l'ordre au général de Schmeling de « rompre le combat si on pouvait le faire sans trop de désavantage », et tranquillement il s'alla coucher.

Cette sérénité d'âme dans un moment qui, au premier abord, pouvait sembler extrêmement critique pour le XIVᵉ corps, est assurément remarquable.

Mais, au demeurant, que pouvait faire le général? Sa journée, à lui, n'était-elle pas finie? Il avait donné ses ordres pour les mouvements de la nuit; depuis plus de trois heures, sa droite était parfaitement tranquille; devant Villersexel, en dehors des quelques troupes qui restaient à la 4ᵉ division de réserve (Ortelsburg, 1/2 Graudenz), il disposait encore de tout le 30ᵉ prussien, dont neuf compagnies sur douze n'avaient, pour ainsi dire, pas été engagées. C'était plus qu'il n'en fallait pour empêcher les Français de déboucher sur le front et de troubler ainsi l'exécution des mouvements ordonnés. Enfin, à ce moment, le général ne pouvait encore être averti de l'évacuation du château par les landwehriens, et la facilité avec laquelle ceux-ci y avaient pénétré un peu avant 7 heures pouvait lui donner une certaine confiance dans la manière dont ils défendraient ce point d'appui. Il pouvait donc attendre tranquillement l'aube du 10 janvier.

Le seul point noir, c'étaient les difficultés que le 25ᵉ allait inévitablement rencontrer pour se dégager tout seul. Car, en raison même de l'éloignement du château, il fallait nécessairement que l'évacuation de cet édifice fût précisément la première opération à exécuter pour rompre le combat. On devait supposer que l'ennemi ne manquerait pas de profiter immédiatement de cette circonstance. Dès lors, le 25ᵉ pourrait-il, sans grandes pertes, réussir à se retirer de la lutte ? C'était peu probable. Mais qu'y faire ? Rendre les abords du château intenables en les accablant sous le feu de l'artillerie ? Pour bien des raisons, c'était difficile. Faire exécuter par les fractions disponibles un vigoureux retour offensif, soit directement, soit dans la partie Est du village ? Ce n'était guère admissible à l'heure à laquelle on était arrivé et en présence des nécessités du lendemain. Du reste, n'aurait-il pas été souverainement déraisonnable de lancer à ce moment de nouvelles troupes dans cette fournaise où l'on n'en avait que trop envoyé ?

La rupture du combat serait pénible et longue ? Tant mieux : les Français n'en seraient que plus solidement fixés autour de Villersexel. On y perdrait du monde, sans doute, mais ce sacrifice était inéluctable et on ne pouvait que le rendre plus grand encore, si l'on faisait soutenir le 25ᵉ.

D'ailleurs, le résultat était atteint. En voyant son adversaire laisser le 24ᵉ corps inactif, concentrer au contraire plus d'un corps d'armée contre le front restreint d'une petite ville qui n'avait qu'un seul débouché et user successivement ses jeunes troupes dans un combat de rues dont les profits possibles ne pouvaient en aucun cas correspondre à l'importance des moyens mis en œuvre, le général allemand était en droit de se croire assuré de pouvoir gagner avant les Français les positions préparées sur la Lisaine, et d'avoir aussi la conviction que, dans cette journée, il avait exercé la totalité de l'action personnelle qu'on peut réclamer d'un général en chef.

Lorsque le général de Schmeling reçut l'ordre de rompre le combat, il était un peu plus de 10 heures. Le brouillard s'était dissipé ; la lutte se poursuivait avec acharnement sous la clarté de la lune et aux reflets de l'incendie du château, maintenant entièrement en flammes, et auquel faisait, en quelque sorte, pendant celui des maisons de la place du Marché. Les compagnies du 25ᵉ se resserraient peu à peu autour de l'axe formé par la rue de Rougemont.

La 8ᵉ compagnie du 25ᵉ, sur la place du Marché, protégée par l'incendie qu'elle avait allumé, était relativement tranquille. Les 6ᵉ et 7ᵉ, dans les maisons à l'ouest de la rue de Rougemont, avaient à subir les assauts vigoureux et répétés des 2ᵉ et 3ᵉ bataillons du 52ᵉ, que venaient de renforcer les trois compagnies restantes du 1ᵉʳ bataillon du 92ᵉ.

La 9ᵉ compagnie du 25ᵉ, rappelée de la partie Est de la ville, où elle se tenait en réserve, avait dû participer aux opérations de la 6ᵉ et la soutenir.

Dans la rue basse, la 2ᵉ compagnie du 25ᵉ, épuisée à la suite de son combat contre le 1ᵉʳ bataillon du 52ᵉ et les fractions des mobiles des Pyrénées-Orientales, avait été relevée par la 4ᵉ, qui conservait difficilement la possession du débouché de la rue vers le pont. Enfin, sur le bord de l'Ognon, le demi-bataillon de Thorn entretenait le feu avec les trois premières compagnies du 1ᵉʳ bataillon du 92ᵉ qui, établies au moulin, cherchaient de temps en temps à progresser par petites fractions.

On voit que, du côté des Français, la lutte se poursuivait vivement. La répartition des troupes était la suivante vers 11 heures :

Au château : 1ᵉʳ bataillon du 47ᵉ; 2 compagnies du 1ᵉʳ bataillon du 52ᵉ; 3 compagnies du 1ᵉʳ bataillon du 92ᵉ.

Au nord de la place de l'Eglise et jusqu'à la rue Basse : 1ᵉʳ bataillon du 52ᵉ et quelques hommes du 2ᵉ bataillon des Pyrénées-Orientales.

Entre l'église et la rue de Rougemont : 3ᵉ bataillon du 52ᵉ, moins quelques fractions (2 compagnies?) établies au débouché du chemin du Grand-Magny.

Autour de la place du Marché et dans les maisons avoisinant le débouché de la Grande-Rue : fractions des 2ᵉ et 3ᵉ bataillons du 47ᵉ; 3 compagnies du 1ᵉʳ bataillon du 92ᵉ; 2ᵉ bataillon du 52ᵉ.

En réserve :

Vers la cote 311 : 2ᵉ bataillon du 92ᵉ, 12ᵉ bataillon de chasseurs de marche, 1 batterie.

Au sud de la mairie : 3ᵉ bataillon du 92ᵉ.

Les troupes de la division Penhoat formaient donc un quart de cercle s'étendant depuis la sortie vers le Grand-Magny jusqu'au moulin du château, le centre s'avançant jusqu'à la rue basse du village. On n'avait pu entamer le massif compris entre la grande rue, la rue de Rougemont et la première ruelle à l'Ouest.

Pendant ce temps, la plus grande partie des 2ᵉ et 3ᵉ bataillons du 47ᵉ, le 2ᵉ des mobiles des Pyrénées-Orientales et le 2ᵉ du 3ᵉ zouaves s'étaient retirés de la lutte et s'en allaient passer la nuit aux environs de Magny.

Vers minuit et demi, l'amiral Penhoat avait envoyé chercher deux pièces d'une de ses batteries et voulut attendre leur arrivée avant d'essayer d'en finir avec le pâté de maisons qui résistait aux efforts.

Le 92ᵉ qui, précisément, se trouvait chargé de cette attaque, reçut l'ordre d'y surseoir.

Le général de Treskow profita de cette accalmie ; il donna l'ordre de la retraite. Le mouvement devait commencer par le 3ᵉ bataillon, que nous avons vu établi dans la partie S.-E. de la ville vers 6 h. 1/2 - 7 heures, et qui, depuis, s'était lentement rapproché vers l'Ouest et avait même envoyé la 9ᵉ compagnie au secours de la 6ᵉ. Le 2ᵉ bataillon suivrait, tandis que le 1ᵉʳ, dont deux compagnies étaient absolument intactes, formerait l'arrière-garde.

En même temps, le général de Schmeling, averti, faisait repasser le 1/2 bataillon de Thorn sur la rive droite et demandait au général von der Goltz de rapprocher du pont l'un des bataillons du 30ᵉ qui, depuis 5 heures du soir, était resté massé à la sortie Sud-Est des bois du Grand-Fougeret. Le 1ᵉʳ bataillon du 30ᵉ fut désigné et alla s'installer à l'ouest du débouché du pont (1).

La retraite du 3ᵉ bataillon du 25ᵉ fut assez facile (2). Quant au 2ᵉ, l'opération fut plus pénible. La 6ᵉ compagnie, qui occupait le massif de maisons entre la rue de Rougemont et la ruelle à l'Ouest, se trouvait en ce moment en butte aux nouvelles attaques du 92ᵉ. Il fallut

---

(1) Il y resta jusqu'à 2 h. 1/4 et ne se retira qu'après le départ du 1ᵉʳ bataillon du 25ᵉ.

(2) Il semble cependant que la 11ᵉ compagnie du 25ᵉ dut se retirer précipitamment. En tout cas, elle perdit dans la journée 24 prisonniers non blessés. Est-ce à ce moment, ou bien vers 4 h. 1/2, quand elle se heurta aux environs de l'église au 1ᵉʳ bataillon du 52ᵉ ? Il paraît bien probable que c'est dans la nuit qu'elle subit cette disgrâce.

De Bourges. 16

qu'une partie de la 8ᵉ intervint pour la dégager, sans
pouvoir cependant lui éviter de laisser aux mains des
Français seize de ses hommes. La 5ᵉ et la 7ᵉ se retirèrent
sans trop de difficultés.

Pour le 1ᵉʳ bataillon, les 2ᵉ et 4ᵉ compagnies eurent
à livrer un combat assez sérieux aux environs du débouché de la rue basse, contre le demi-bataillon de droite
du 1ᵉʳ bataillon du 92ᵉ, très vraisemblablement appuyé
par le canon (1). Pendant la première partie du combat
de nuit, la 1ʳᵉ compagnie du 25ᵉ avait organisé en avant
du débouché Sud du pont une barricade improvisée.
Vers 1 h. 3/4, la 3ᵉ compagnie, formant l'extrême arrière-
garde, l'occupa et protégea le défilé du reste du bataill-
lon.

C'est ainsi que, sous le feu que dirigeaient sur le pont
les fractions françaises occupant le château, le 25ᵉ prussien put opérer sa coûteuse retraite. A 2 h. 1/4, la rive
gauche de l'Ognon était définitivement évacuée par les
Allemands : le 2ᵉ bataillon du 92ᵉ se porta à la barricade
du pont et l'occupa, tandis que les autres unités essayaient de remettre de l'ordre dans leurs fractions quelque peu désorganisées et allaient se reposer des fatigues
considérables de cette journée.

Ainsi finit le combat de nuit de Villersexel. Aux deux
partis, il avait coûté cher. Etait-il nécessaire ?

En Allemagne, on paraît en douter. Le général von
der Goltz lui-même aurait dit, d'après M. de Wengen :
« Je suppose qu'on n'a continué le combat dans la nuit
que pour l'honneur des armes. »

Nous nous permettons de ne pas partager absolument

---

(1) M. le major Kunz dit cependant que le 1ᵉʳ bataillon du 25ᵉ
opéra sa retraite sans difficulté. Divers documents nous font pré-
férer la version que nous donnons.

l'avis du général prussien. Quoi que l'on puisse dire, il faudra toujours en arriver à confesser que, lorsqu'on a donné, entre 5 et 6 heures du soir, l'ordre de reprendre la ville, il était bien difficile matériellement et moralement surtout de prendre une autre décision. Rappelons d'ailleurs que ce fut l'avis unanime de l'état-major. Il faut donc reconnaître que, si cette résolution peut, dans le silence du cabinet, être considérée comme une erreur exclusivement théorique, la situation des affaires commandait au général en chef de ne point laisser ses soldats, et ses meilleurs soldats, sous l'influence plus ou moins justifiée d'un échec apparent, infligé par un adversaire pour lequel ils n'avaient eu jusqu'alors aucune considération.

Pour les Français, il n'y a aucun doute. L'affaire engagée devait être poursuivie au point de **vue tactique** comme au point de vue moral. La question n'est même pas à discuter.

Ceci dit, nous conviendrons volontiers avec M. le major Kunz que ce combat montre une fois de plus — et avec quelle éloquence ! — toute la confusion, le désordre, les pertes inutiles qu'entraînent inéluctablement les opérations de nuit. Mais il faudrait se garder de faire de « Villersexel » le type des combats de nuit; c'est proprement la défense et l'attaque d'une tête de pont, c'est-à-dire d'une position n'ayant d'un côté qu'un seul débouché. C'est donc, en somme, un cas tout particulier qu'on aurait grand tort de généraliser.

L'attaque de nuit de l'un des **points d'appui** d'une ligne de bataille est une chose toute différente, et le combat dans la localité même n'en est qu'un épisode. Nous espérons que ceci nous dispensera de développer davantage notre pensée. Certes, les opérations de nuit seront toujours difficiles et coûteuses. Il ne faudra pas cependant hésiter à les ordonner dès que le profit qu'on compte en retirer, paraîtra proportionnel aux pertes qu'elles entraînent.

Pendant que le 25e évacuait définitivement la ville qu'il avait si vigoureusement défendue, les autres troupes du XIVe corps s'acheminaient vers les destinations que leur avait fixées l'ordre donné à 7 heures et demie.

Le mouvement avait commencé par la division badoise, qui laissa Marast occupé jusque vers 2 heures et demie du matin par deux bataillons du 3e badois et la 4e batterie légère. Entre 1 heure et demie et 2 heures, la brigade von der Goltz évacua sans bruit le village de Moimay, et, ralliant au passage le 30e, qui, comme nous l'avons vu, laissa son 1er bataillon aux environs du pont, se retira dans le plus grand silence sur Aillevans, où elle fut formée à 5 h. 30 du matin, rejointe par le bataillon laissé en arrière.

Quant à la 4e division de réserve, elle prit la nouvelle route de Longevelle, franchit l'Ognon sur les ponts établis dans la matinée du 9, et atteignit les environs de Villafans vers 6 heures du matin. Deux bataillons du 25e s'établirent à Saint-Sulpice, un bataillon au pont de Longevelle; le reste de la division cantonna à Villafans. Il y avait vingt-cinq heures que ces troupes étaient sur pied et qu'elles n'avaient pris aucune nourriture.

De son côté, l'armée de l'Est resta pendant le reste de la nuit sur les positions qu'elle occupait. Le 18e corps fit naturellement tenir Marast et Moimay dès qu'on eut constaté la retraite des Allemands.

Le 10, les corps se rassemblèrent et s'établirent au cantonnement :

Le 18e corps, à Villersexel et environs ;
Le 20e corps, à Villers-la-Ville et Villargent ;

Le 24ᵉ corps, de Grange-la-Ville à Gemonval ;
La réserve générale à Courchaton.

Pour les troupes allemandes, et en particulier pour le
soldat, la journée était mauvaise : c'était un insuccès,
sinon la défaite. Il est possible que, comme le dit M. le
major Kunz, l'idée de la victoire ne soit entrée que plus
tard dans le cerveau de ceux des Français qu'il nomme
les « ultra-patriotes », et que, sur le moment, les heu-
reux.combattants de Villersexel n'aient éprouvé qu'un
sentiment de profond soulagement en voyant la retraite
de leurs adversaires. Nous ne le croyons cependant pas,
car nous tenons précisément de plusieurs de ces combattants, auxquels leur énergie et leur ténacité avaient
justement donné le droit d'être si « heureux », nous
tenons l'assurance que, dès minuit, ils se considéraient
comme parfaitement victorieux. Quant à ceux que M. le
major Kunz appelle, non sans dédain, les ultra-patriotes,
la dépêche télégraphique expédiée vers 7 heures du soir
de Villersexel et partie à 7 h. 40 de Rougemont montre
clairement que, dès cette heure, l'on avait, au quartier
général de l'armée de l'Est, l'impression que le succès
était virtuellement acquis. On pourra en critiquer les
termes, si l'on veut; la pensée de la victoire y est bien
nette.

Il n'en était pas de même des Allemands : nous n'en
voulons pour preuve que ces quelques lignes, que nous
citons de mémoire, d'après l'historique du 34ᵉ régiment
d'infanterie :

« Sur les hommes de troupe et sur les officiers qui,
marchant avec eux, n'étaient point au courant des combinaisons stratégiques de l'état-major, cette retraite de
nuit, exécutée dans un profond silence, produisait une
impression tout à fait déprimante, et ce ne fut qu'au
bivouac de Leval, lorsqu'on sut enfin de quoi il s'agis-

sait, que la confiance et le calme revinrent dans les esprits. »

Les pertes des deux côtés étaient lourdes :
Le XIV° corps perdait 558 tués, blessés ou prisonniers, dont 25 officiers (1).

Les pertes des Français s'élevaient au chiffre de 1.250 hommes environ, tués, blessés, disparus et prisonniers. Ces derniers étaient au nombre d'environ 500, appartenant presque tous aux bataillons de la Corse et des Vosges. 33 officiers avaient été tués ou blessés.

Les effectifs *ayant été au feu* se sont élevés, du côté des Français, à 14.000 hommes; du côté des Allemands, à 12.000 hommes.

Si l'on défalque les prisonniers, l'on voit que les pertes (environ 450 hommes pour les Allemands et 600 hommes pour les Français) sont sensiblement équivalentes. Cela montre que, de part et d'autre, l'ardeur fut la même.

---

(1) Voir les tableaux détaillés des pertes. (Note n° 3.)

ÉPILOGUE

L'armée de l'Est ne profita pas de sa victoire. Il y avait assurément à remettre de l'ordre dans les unités, à ravitailler l'artillerie et à faire venir les convois. Mais il y avait surtout, dans l'esprit du général en chef, cette idée que l'ennemi allait reprendre l'offensive. On ne bougea donc pas; bien au contraire, on se fortifia sur les positions. Il est inutile d'insister sur cette déplorable erreur : les faits sont assez éloquents par eux-mêmes.

Le général de Werder ne perdit pas de temps. Dans la nuit, deux escadrons du 2ᵉ dragons badois furent envoyés sur toutes les routes conduisant à la Lisaine avec mission d'en interdire l'accès à toute voiture.

Entre 7 heures et 8 heures du matin, on envoya aux troupes les ordres suivants :

La division badoise marchera sur Lure et de là s'échelonnera jusqu'à Ronchamp ;

Le détachement Goltz se portera sur *le Val*, prêt a soutenir ou à relever la 4ᵉ division de réserve si elle était trop pressée par l'ennemi. Il se retirera sur Beverne dès que cette opération pourra se faire sans difficultés ;

La 4ᵉ division de réserve se dirigera sur Athesans, d'où elle fera observer les débouchés de la forêt de la Grange, puis sur Lyoffans.

Tous ces mouvements s'exécutèrent à partir de 9 heures.

Le détachement Goltz resta jusqu'à 3 heures à *le Val*,

où il fit la soupe, et se porta ensuite à Beverne, où il cantonna.

Pendant ce temps, le détachement du colonel Bayer (1) faisait une démonstration vers Esprels et se retirait ensuite sur Vy-les-Lure.

A Lure, le général de Werder constituait une sorte d'arrière-garde composée de trois régiments de cavalerie, des troupes d'étapes (1 bataillon 1/2 et 2 batteries), et placée sous les ordres du colonel de Willisen, avec mission d'observer et d'inquiéter la ligne de l'Ognon et de se procurer des renseignements sur l'ennemi.

Il quittait ensuite la ville avec l'assurance presque complète de pouvoir occuper, avant l'arrivée des Français, les positions reconnues sur la Lisaine.

---

(1) Voir page 208.

OBSERVATIONS FINALES

Les réflexions que nous avons faites au cours de ce récit nous dispenseront d'abuser de la patience des lecteurs en présentant ici de longues considérations plus ou moins théoriques.

Nous nous bornerons donc à revenir brièvement sur deux points qui nous ont plus particulièrement frappés dans cette étude :

Le commandement ;

La capacité guerrière des troupes.

Le commandement. — M. le major Kunz a caractérisé très nettement cette journée, en ce qui concerne l'action du commandement dans le XIVe corps, par le proverbe français : Ordre, contre-ordre : désordre.

Que ce soit à Moimay ou à Villersexel, cette appréciation nous semble parfaitement justifiée. Il y a eu ce jour-là, de la part des divers commandants de troupes, une tendance à sortir du cercle de leurs attributions.

Nous avons vu, tout au début de l'affaire, le général von der Goltz prescrire de sa propre initiative des dispositions et des mesures qui empiétaient quelque peu soit sur les prérogatives du commandement supérieur, soit sur l'action propre d'un autre général; un peu plus tard, le major de Kretschmann, agissant au nom de son chef, a engagé une opération absolument contraire aux vues du commandant du XIVe corps. Enfin, depuis 2 h. 3/4 jusqu'à la fin du combat, on a pu constater que les chefs supérieurs se tournaient vers les questions de détail, prescrivaient des mesures d'exécution directement aux unités, et le plus souvent négligeaient d'en avertir et l'échelon supérieur et surtout les échelons intermédiaires. Quel désordre en fut la conséquence ! Il fallut, on s'en souvient, l'intervention personnelle et en quelque sorte matérielle du général en chef lui-même pour remettre un peu de régularité dans cette confusion; et, pendant ce temps, l'adversaire faisait des progrès qui auraient pu être décisifs et devenir désastreux pour le XIVe corps.

Tout cela, nous l'avons déjà dit, paraît être la conséquence indéniable de ce fait que le général en chef, qui, dans les réunions de Vesoul, avait exposé les grandes lignes de son plan, n'avait pas cru devoir, dès le matin du 9 janvier, mettre ses subordonnés au courant des modifications que les circonstances imposaient à sa pensée. Au demeurant, aucun des chefs en sous-ordre ne semble avoir su exactement ce que le commandement exigeait de ses troupes. Et cependant, chose remarquable, tous ces officiers étaient des plus distingués; depuis de longues semaines, ils servaient sous les ordres du général de Werder; ils étaient habitués à sa « manière »; de même, leurs relations avec le colonel de Leczynski étaient déjà anciennes.

Cela ne suffit point à leur assurer dans cette journée une communauté de vues. L'on peut s'étonner de cette disparition de « l'unité de doctrine » chez des officiers qui, presque tous, avaient passé par l'Académie de guerre... Assurément, l'attitude des Français y fut pour quelque chose. Il y avait de l'imprévu dans la situation et comme un changement dans les habitudes de l'adversaire.

De son côté, le général de Werder ne pouvait s'illusionner sur les difficultés de la position de son corps d'armée. Débordé par l'action intempestive de ses subordonnés, il semble que, pendant quelque temps, il ait perdu un peu de ce calme que les chefs doivent, avant tout, conserver dans les moments critiques. Certes, plus tard, et c'est son honneur, il a su réparer le dommage, et il l'a fait avec une précision remarquable. Il n'en est pas moins vrai que cet abandon d'un instant a manqué d'avoir pour ses troupes les plus funestes conséquences.

Du côté des Français, il y a eu infiniment moins de désordre.

L'intervention personnelle du général en chef s'est aussi manifestée : elle a été pour le fond et pour la forme ce qu'on devait attendre du brillant soldat qu'était le général Bourbaki. Les commandants de corps d'armée n'ont point empiété sur les attributions de leurs subordonnés. Eux et leurs généraux ont payé de leur personne quand il le fallait, et c'est assurément à leur attitude personnelle que leurs jeunes troupes ont dû leur entrain.

Mais il faut reconnaître que l'action des chefs les plus élevés s'est cantonnée dans des limites bien restreintes et s'est en quelque sorte bornée au champ étroit de leurs vues immédiates (1).

----

(1) A ce point de vue, nous demandons respectueusement à M. le général Billot la permission d'exposer, avec la franchise la plus déférente, notre opinion sur une question qui, depuis longtemps, devrait être définitivement close.

Quelques esprits, et non des moins bons, ont fait à cet officier général le reproche plus ou moins déguisé de ne pas avoir agi assez offensivement contre la ligne Moimay-Marast. Nous croyons, dans l'exposé qui précède, en avoir assez dit pour montrer combien cette appréciation est injustifiée.

La situation du 18e corps, le 8 au soir, les conditions extraordinairement difficiles d'un ravitaillement indispensable, les circonstances dans lesquelles l'ordre de mouvement a pu parvenir

Nous avons déjà exposé combien il était regrettable que le général en chef, vers 2 h. 1/2, n'ait pu se tracer de la situation réelle un tableau qui l'aurait invité à faire intervenir le 24e corps ; qu'il n'ait pas au moins poussé le 20e corps à lancer la division Polignac à l'est de Villersexel; qu'il n'ait pas senti en un mot qu'il ne s'agissait pas d'un combat de localité, mais bien d'une bataille décisive à laquelle était lié le sort de sa campagne et dans laquelle il avait l'initiative des opérations.

Le général Clinchant, lui aussi, qui, quelque temps après, devait donner, dans des circonstances si tristement difficiles, la mesure de son talent, le général Clinchant s'est laissé hypnotiser par les péripéties immédiates de ce qui ne devait former qu'un épisode de l'engagement, par ces murs de village devant lesquels les efforts de ses meilleures troupes se consumaient dans une guerre de chicane, tandis que sa droite pouvait intervenir facilement en dehors de ce terrain de lutte désordonnée, et fournir, peut-être même par une simple démonstration, la solution la plus brillante et la moins coûteuse.

Il y a à tout cela une raison latente, une raison élevée aussi, qu'il ne faut chercher ni dans le caractère, ni dans les qualités ou les défauts de ces officiers généraux, mais bien dans le milieu où s'était faite leur éducation militaire, dans la conception qu'on se faisait en France, à cette époque, des méthodes de guerre, en un

---

aux troupes et aux convois, la mission du corps d'armée, l'état même des routes ne permettaient pas et ne pouvaient pas permettre de disposer, à 4 heures du soir, des effectifs nécessaires pour l'exécution d'un grand mouvement offensif.

Il est entendu que ce mouvement était désirable, que sa réussite aurait eu les conséquences les plus heureuses...... *Sunt verba et voces :* l'attaque en masse n'était matériellement pas possible. Le commandant du 18e corps ne peut en être rendu responsable à aucun point de vue. Les éléments dont il disposait ont « rendu » tout ce que l'on pouvait en exiger, et, en définitive, il n'a tenu qu'à un fil que l'attaque de 5 heures ne réussisse complètement. (Voir page 180.)

mot dans cette tactique de *mezzo termine* dont la renaissance est due aux guerres de la Péninsule et qui a trouvé son développement dans les petites expéditions d'Algérie, renouvelant, dans leur esprit, les concepts du XVIIe et du XVIIIe siècle. Il y a là comme un mélange singulier des procédés généraux de la guerre de siège et des principes de l'ordre linéaire. Ne chercher le succès que par la réussite des efforts de petites colonnes plus ou moins parallèles, répartir par conséquent l'action offensive en largeur, diviser la probabilité d'un échec; mais, par suite, restreindre les conséquences d'un succès; conserver soigneusement une grosse partie de ses forces pour parer à une disgrâce éventuelle de ces attaques diluées : telle était, sinon la doctrine enseignée — il n'y en avait pas — tout au moins la doctrine généralement admise.

En 1854, en 1859, on avait obtenu des succès et des succès décisifs : la méthode, on le conçoit, n'y était pour rien; mais on avait en face de soi un adversaire dont les idées militaires étaient équivalentes, et surtout l'on avait encore dans les rangs les plus élevés de la hiérarchie de ces élèves du maréchal Bugeaud que le souvenir, quelquefois inconscient, des leçons reçues autrefois, venait inspirer dans les moments décisifs.

Certes, les guerres d'Algérie nous ont donné de vaillants soldats, des brigadiers et des divisionnaires dont l'intrépidité, le brillant courage et l'ascendant admirable sur la troupe ont brodé sur nos drapeaux bien des noms fameux; mais, hélas! elles ont brisé aussi l'idée tactique; elles ont fait perdre non seulement la conception napoléonienne de la grande guerre, mais même celle du combat (1).

---

(1) Certes, les guerres coloniales sont pour les officiers une école d'énergie et de décision. Mais à côté de cet avantage, il ne

Comment, dès lors, se permettre de reprocher à des individualités des erreurs dont leur éducation militaire est seule responsable?

Loin de là, il est de toute justice que nous soyons pénétrés de respect et de reconnaissance pour ces chefs qui n'ont marchandé ni leur réputation, ni leurs efforts. Car, en définitive, c'est grâce à eux que nos jeunes troupes ont pu tenir au feu ; c'est grâce à eux que nous avons pu prolonger la résistance; c'est grâce à eux enfin que l'énergie du gouvernement de Bordeaux a pu réussir, dans cette triste période, à sauver au moins notre honneur.

Les troupes. — Les troupes allemandes ont montré dans cette journée une endurance remarquable. Depuis le 9, à 5 h. 1/2 du matin, jusqu'au 10, à 5 heures du soir, la 4ᵉ division de réserve a couvert environ 35 kilomètres, et certains de ses éléments ont combattu pendant seize heures. Dans le même temps, la brigade von der Goltz a couvert environ 42 kilomètres, et l'un de ses régiments a été au feu pendant six heures. Enfin, la 2ᵉ brigade badoise, en vingt-quatre heures, a parcouru également 42 kilomètres.

Dans les conditions où l'on se trouvait, ce sont là de

---

faut pas se dissimuler qu'elles peuvent avoir, sur certains caractères, une influence désastreuse.

Lancé au loin, livré à ses propres forces, au milieu de peuplades plus ou moins belliqueuses, exposé chaque jour à voir naître des complications dont, à des époques trop fréquentes, la politique ne veut pas entendre parler; obligé néanmoins de prendre, le plus souvent sans délai, des décisions très graves, le commandant d'une colonne ou d'un territoire a besoin de tout son caractère et de toute son énergie morale pour ne pas s'arrêter à des mesures moyennes, à des décisions qui ne compromettent rien, qui n'engagent à fond ni sa responsabilité propre, ni celle de ses chefs ou de son gouvernement, mais qui, par contre, n'aboutissent à aucune solution.

belles performances qui montrent ce que l'on peut demander à des troupes bien commandées et entraînées.

Le 25e prussien mérite une mention spéciale. Ce régiment a ouvert le feu vers 9 heures et l'a cessé à 2 heures du matin. Il s'est battu avec une résolution remarquable. Cela est tout à l'honneur du chef qui l'avait instruit et des officiers qui ont su obtenir de leur troupe des efforts aussi continus.

Il n'en est pas tout à fait de même des bataillons de landwehr. L'exposé très impartial que nous avons essayé de faire de leur participation à la lutte a permis, nous l'espérons, de se rendre compte de leurs qualités et de leurs imperfections.

Mais, de la comparaison qu'on peut établir entre ces bataillons et le 25e prussien, se dégage avec éclat l'importance capitale de l'encadrement. On se souvient de la première panique du bataillon Wehlau lorsque, pour la première fois, il marchait vers le château. On n'a pas oublié l'erreur inconcevable de ce même bataillon se retirant en toute hâte, sans avertir le colonel de Krane, sous les ordres duquel il était placé, et cela sur un renseignement quelque peu incertain. De ces erreurs, ce ne sont point les individualités qui sont responsables, mais bien le milieu dans lequel elles vivent et l'organisation qui les relie. Or, dans son ensemble, l'attitude de ces troupes n'a pas été mauvaise; ce qui leur a manqué, c'est la cohésion, c'est l'harmonie dans les efforts, un peu aussi la solidarité, toutes choses qui sont dues à l'action permanente de cadres homogènes et instruits. Nous reviendrons tout à l'heure sur cette question.

Les troupes françaises, eu égard à leur composition et aux circonstances, ont montré, elles aussi, de réelles qualités.

On a vu, au 18e corps, la brillante conduite du 44e de

marche. La division Penhoat, de son côté, est entrée dans la lutte après une étape d'une trentaine de kilomètres, et l'on sait avec quel acharnement le 52ᵉ de marche a combattu pendant dix heures consécutives, écrivant là une belle page de son historique.

Au 20ᵉ corps, le 47ᵉ de marche a montré également beaucoup d'énergie et de ténacité.

Les gardes mobiles qui ont été engagés ont eu, en général, une bonne attitude.

Mais, de ce côté aussi, on a pu se rendre compte de l'importance de l'encadrement, d'une manière encore plus lumineuse que chez nos adversaires.

Le 47ᵉ de marche, formé de 5 à 600 hommes de la légion d'Antibes, auxquels on avait joint environ 1.500 mobiles, avait, parmi les régiments de marche, la composition se rapprochant le plus de celle des régiments de garde mobile. Mais ses hommes étaient encadrés aussi bien par les officiers et sous-officiers de la légion d'Antibes que par des officiers et sous-officiers rappelés ou provenant des dépôts.

La garde mobile, de son côté, comptait, dans ses cadres, peu d'hommes ayant servi. Presque toujours, il est vrai, les officiers supérieurs et les capitaines, du même pays que leurs hommes, avaient, dans la vie civile, possédé une situation ou exercé des fonctions leur donnant sur la masse un ascendant réel; c'était une facilité pour la discipline et un avantage moral considérable que nous ne retrouverons peut-être plus au même degré dans nos forces de seconde ligne, et c'est à cela, il n'en faut pas douter, que ces troupes durent leur attitude : les hommes connaissaient leurs officiers, les respectaient et les estimaient. Ce n'était pas une compensation suffisante à l'inexpérience de la vie militaire et à l'absence de toute éducation tactique : les malheurs des mobiles de la Corse et des Vosges le prouvent surabondamment. Sans doute, ces jeunes gens avaient un premier élan auquel leurs adversaires eux-mêmes ont dû rendre justice; mais cette ardeur durait peu; au premier obstacle, on se butait, et les moindres péripéties du combat prenaient à ces yeux inexpérimentés des proportions décisives.

Voyons au contraire le 44ᵉ de marche. A part quelques anciens soldats, il compte dans ses rangs beaucoup d'hommes de la 2ᵉ portion (ayant fait six mois de service), et surtout des jeunes gens appelés depuis trois mois. Mais il a des cadres : il a un chef qui fait l'admiration de ses hommes, qui sait commander, se faire obéir et qui paie d'exemple. Tous ses officiers, sauf les jeunes sous-lieutenants, ont vécu de longues années de la vie militaire; tous ses sous-officiers ou presque tous sont d'anciens soldats. Aussi quel entrain dans l'attaque, quelle constance sous le feu !

Et ce n'est pas seulement au combat que ces différences se manifestent : c'est aussi dans la vie journalière de campagne. Ce n'est point, en effet, en quelques semaines que des officiers ou des sous-officiers, plus ou moins improvisés, apprendront leur métier de « bons bergers ». Ce n'est point en quelques semaines qu'ils sauront organiser l'existence intérieure de leur unité, pourvoir, comme il convient, à ses besoins, et acquérir sur leurs hommes l'ascendant qui obligera ceux-ci à oublier les fatigues sans gloire d'une longue marche pour aller aux distributions, préparer leurs aliments, vaquer, en un mot, aux besognes matérielles indispensables à l'entretien d'une troupe (1).

---

(1) Nous tenons d'un officier qui fit cette campagne au régiment de marche d'Afrique que, sauf dans les derniers jours de janvier, cette troupe a toujours touché régulièrement ses vivres. Les corvées, il est vrai, devaient parfois aller les chercher à 4 ou 5 kilomètres.

Pendant ce temps, le plus souvent, les régiments de mobiles se contentaient de la nourriture problématique qu'ils glanaient

Peut-être un commandement habile saura-t-il tirer un parti convenable de formations de ce genre : ce n'est qu'après des années d'un apprentissage coûteux — les guerres de la Révolution le démontrent — qu'on pourra leur demander un effort décisif.

Il y a là, pour nous, une leçon dont il nous faut tirer profit; elle nous a coûté assez cher, d'ailleurs...

Ne demandons à nos formations de réserve qu'un rôle proportionné à leurs moyens. Au bout de quelque temps d'entraînement, elles seront capables d'une résistance absolue aux fatigues générales d'une campagne, peut-être plus considérable que celle que l'on rencontrera chez les jeunes gens de l'armée active. On pourra, sans doute, leur demander des longues marches : ces hommes faits les supporteront bien pour peu que leurs chefs s'occupent soigneusement d'eux. Mais au combat, il faut bien l'avouer, les cadres, malgré leur bonne volonté et leur valeur individuelle, constitueront toujours le plus grave défaut de la cuirasse. En dépit de tous leurs efforts, ils n'auront pas dans leur ensemble cette tournure d'esprit, cette cohésion, cette unité d'instruction, cet ascendant moral et cette habitude du commandement que seule peut donner la vie régimentaire longuement pratiquée.

Et si l'on ajoute à cela les conséquences indiscutables de l'influence dissolvante de la vie de cette époque où, sous les étiquettes les plus étrangement différentes, les aspirations individualistes se manifestent avec tant d'âpreté, on se convaincra de tout ce que peuvent avoir d'irréalisable ces projets plus ou moins étudiés de substituer à une organisation permanente qui discipline les

---

aux abords de leur cantonnement. A la IIe armée de la Loire, nous tenons le fait d'un capitaine de mobiles, il en fut souvent de même, et des chargements de pain entiers étaient abandonnés faute de preneurs.

forces, les intelligences et les volontés en les dirigeant vers un but unique, ces groupements bâtards qu'on peut décorer de différents noms, mais qui ne sont, en définitive, qu'une juxtaposition de forces, d'intelligences et de volontés individuelles, incapables, au moment critique, et parce qu'elles n'en auront pas le temps, de s'agréger convenablement, de s'habituer à l'obéissance, et même d'oublier leurs mesquines rivalités et leurs petits intérêts.

NOTE N° 1

HORAIRE DU COMBAT DE VILLERSEXEL

L'horaire du combat de Villersexel est une des choses les plus dicutées de l'autre côté du Rhin .

Celui que nous présentons ci-dessous est le résultat de nos recherches et aussi de calculs de marche très simples. De plus, nous avons eu des bases suffisamment solides dans les heures de départ des cantonnements, le passage de certaines colonnes en des points déterminés, et la connexité nécessaire de certains mouvements d'unités différentes.

Nous sommes quelquefois en désaccord avec M. le major Kunz et avec M. de Wengen ; ces accidents sont peu fréquents

8 h. 30. L'avant-garde de la division de réserve débouche du bois du Grand-Fougeret et déploie sa tête.

9 h. Le 1er bataillon de la Corse entre dans Villersexel.

9 h. 45. La pointe d'avant-garde de la division Feillet-Pilatrie arrive à Esprels.

10 h. 1/2. Les 11e et 12e compagnies du 25e pénètrent dans la parc du château.

L'avant-garde de la brigade von der Goltz atteint la Grange-d'Ancin.

11 h. 45. Le 25e occupe totalement Villersexel.

Midi. La division Ségard, du 20e corps, termine son rassemblement près du ruisseau de Pente-Vue.

Le 34e prussien va entrer dans Moimay; l'artillerie de la brigade von der Goltz ouvre le feu sur le bois de Chailles.

L'artillerie du 20e corps se démasque près du Rullet.

Midi 1/4. Echec du détachement de droite de la brigade von der Goltz, vers Marast.

Midi 1/2. La division Thornton (20e corps) débouche dans la vallée du ruisseau de Pente-Vue.

Un escadron des uhlans de réserve fait prisonniers quelques mobiles des Vosges entre Villers-la-Ville et Villargent. Il est arrêté devant ce dernier village par les mobilisés du Rhône.

1 heure. Les batteries von der Goltz, transportées au nord-ouest de Moimay, entament la lutte contre les batteries du 20e corps et celles de la division Feillet-Pilatrie.

1 h. 1/4. Arrivée du général Bourbaki sur le terrain du 20e corps.

Nouvel échec des Allemands sur Marast.

1 h. 30. Les deux batteries d'avant-garde de la 4e division de réserve arrivent au sud de Villersexel. Le 30e prussien occupe la partie ouest de la ville.

2 heures. — Escarmouche aux environs de Villargent entre les uhlans de réserve et le 1er escadron du 6e cuirassiers. L'artillerie de réserve du 18e corps arrive à Esprels.

2 h. 30. La tête de la division Polignac (20e corps) débouche sur Villargent.

Débuts du combat de Villers-la-Ville.

Lutte intense d'artillerie sur la rive droite.

Vers 3 heures. Surprise de la batterie Riemer, de la brigade von der Goltz.

3 h. 15-3 h. 30. Le général de Werder arrive sur le terrain du combat de Villers-la-Ville, et, peu après, donne l'ordre de rompre le combat.

3 h. 45. Le bataillon d'Ortelsburg et une batterie du gros de la division de réserve vont occuper le mamelon 313. Ils sont suivis à peu de distance par deux compagnies du 30e, bientôt rappelées.

Echec du retour offensif exécuté sur Autrey et le bois du Chanois par les 5e et 8e compagnies du 34e.

4 heures. Le général de Werder donne l'ordre au 30e prussien d'aller rejoindre sa brigade. Le 1er bataillon du 47e pénètre dans le parc du château. Le 20e corps commence son mouvement en avant.

4 h. 1/4. Le 25e abandonne les abords de Villers-la-Ville, qu'occupe la division Polignac.

Le 9e bataillon de chasseurs de marche et un bataillon des mobiles du Cher occupent définitivement le bois des Brosses.

Le 34e évacue Moimay, qu'il réoccupe une demi-heure après.

Le 44e de marche est envoyé entre le bois des Brosses et Autrey.

Ordre pour l'attaque de Moimay.

4 h. 1/2. Le 47e s'empare du château; le 1er bataillon du 52e arrive sur la place de l'Eglise; le 2e bataillon du 3e zouaves s'avance avec deux compagnies jusqu'à la place du Marché et recule.

L'avant-garde de la division badoise arrive à la Grange-d'Ancin.

4 h. 35 - 5 h. 1/4. Attaque infructueuse du 44e de marche sur Moimay.

5 heures. Le 25e a évacué presque totalement Villersexel. Il reçoit l'ordre de reprendre cette localité.

5 h. 15 - 5 h. 30. Enlèvement de Marast par les Badois.

6 h. - 6 h. 15. Le major de Wussow pénètre dans le château avec 80 hommes.

6 h. 30. Le gros de la division Penhoat arrive sur le ruisseau de Pente-Vue.

7 heures. Cette division reçoit l'ordre de relever le 20e corps.

7 h. 30. Le 1er bataillon du 92e (3 compagnies) entre dans le parc.

8 heures. La landwehr abandonne le château; un petit détachement y reste cerné.

Le 2e bataillon du 52e entre en ligne vers la place du Marché.

8 h. 1/2. Le 1er bataillon du 92e et le 1er bataillon du 47e reprennent le château, sauf l'aile Est.

9 h. 15 - 9 h. 30. Retraite définitive des landwehriens.

Le général de Werder donne, à Aillevans, l'ordre de rompre le combat.

10 heures. Départ de la division badoise.

1 h. 30. Départ de la brigade von der Goltz, moins le 1er bataillon du 30e.

2 h. 30. La ville est définitivement évacuée par les Allemands.

NOTE N° 2

EFFECTIFS

XIVe CORPS D'ARMÉE.

(D'après M. le major Kunz.)

Brigade von der Goltz.

	FUSILS.	SABRES.	PIÈCES.
6 bataillons à 875 fusils............ 8 escadrons à 120 sabres.......... 3 batteries	5.250	960	18

4e division de réserve.

	FUSILS.	SABRES.	PIÈCES.
5 bataillons de landwehr à 700 fusils. . . . . 3 bataillons actifs à 875 fusils.... 7 escadrons à 120 sabres.......... 5 batteries.	6.075	840	30

Division badoise.

	FUSILS.	SABRES.	PIÈCES.
18 bataillons à 750 fusils environ 12 escadrons à 120 sabres........... 10 batteries. . . . . 1 compagnie de pontonniers. ...	13.500	1.440	60
Totaux........................	24.825	3.240	108

Ne furent pas disponibles pour le combat de Villersexel :

	FUSILS.	SABRES.	PIÈCES.
Brigade von der Goltz : 2 compagnies.	420	»	»
4e division de réserve : 1 compagnie.	175	»	»
Division badoise : 1 brigade............	4.500	»	12
Cavalerie.	»	?	»
Totaux....................	5.095	»	12
Restaient disponibles...........	19.730	?	96

Furent réellement engagés :

	FUSILS.	SABRES.	PIÈCES.
Brigade von der Goltz : en entier, moins 2 compagnies.	4.830		18
4e division de réserve :			
5 bataillons de landwehr moins 4 compagnies.			
3 bataillons actifs.	5.455	120	18
3 batteries			
1 escadron.			
Division badoise :			
3 bataillons			
3 batteries.	2.250		18
Totaux....................	12.535	120	54

Soit 60 p. 100 de l'effectif disponible environ.

Armée de l'Est.

Il est extrêmement difficile d'évaluer exactement les effectifs de l'armée de l'Est.

En principe, les bataillons de marche étaient de six compagnies à 125 hommes, soit de 750 hommes. Mais souvent cet effectif fut dépassé à la création.

Les bataillons de garde mobile étaient à 8 compagnies de 150 hommes, soit de 1.200 hommes.

Mais, les combats de la Loire d'une part, les fatigues des transports de l'autre, enfin les épidémies de variole et de fièvre typhoïde avaient singulièrement réduit ces effectifs.

Seul, le 24e corps avait peu souffert.

Nous croyons être encore au-dessus de la vérité en attribuant :

Pour les 18e et 20e corps :
   600 fusils par bataillon de marche;
   700 fusils par bataillon de garde mobile.
Pour le 24e corps :
   700 fusils par bataillon de marche;
   800 fusils par bataillon de garde mobile.

Cette évaluation est impossible pour la cavalerie. Nous y avons renoncé.

D'après ces bases, nous pensons que l'armée de l'Est disposait, le 9 janvier, sur le champ de bataille ou à proximité, des effectifs suivants :

18e CORPS.

	FUSILS.	PIÈCES.
1re division. . .	8.000	18
2e division. . . .	7.100	18
3e division	8.300	18
Réserve d'artillerie. . .	»	40
Total	23.400	94

20e CORPS.

	FUSILS.	PIÈCES.
1re division. . . .	8.000	12
2e division. . . .	6.500	12
3e division. . . .	7.100	12
Réserve d'artillerie. . .	»	24
Totaux	21.600	60

24ᵉ CORPS.

	FUSILS.	PIÈCES.
1ʳᵉ division. . . .	5.400	18
2ᵉ division. . . .	10.500	18
3ᵉ division. . . .	7.000	18
Réserve d'artillerie. . . .	»	30
Totaux. . . .	23.000	84

RÉSERVE GÉNÉRALE.

	FUSILS.	PIÈCES.
Brigade d'infanterie. . .	5.100	18
Totaux généraux (en chiffres ronds)	73.000	256

(non compris la cavalerie et 2 batteries à cheval).

Sur lesquels il a été engagé :

18ᵉ CORPS.

	FUSILS.	PIÈCES.
1ʳᵉ division. . . .	5.900	18
2ᵉ division. . . .	4.300	(?) 12
Réserve d'artillerie. . . .	»	(?) 24

20ᵉ CORPS.

	FUSILS.	PIÈCES.
1ʳᵉ division. . . .	2.600	(?)
2ᵉ division. . . .	1.200	12
3ᵉ division. . . .	3.100	12
Réserve d'artillerie. . . .	»	18

24ᵉ CORPS.

	FUSILS.	PIÈCES.
3ᵉ division. . . .	(?) 1.200	(?)
Totaux. . . .	18.300	96

dont il faut déduire, en définitive, 3.500 fusils qui n'ont été réellement engagés à aucun moment.

En conséquence, l'armée de l'Est n'a envoyé au feu que 14.500 fusils et 96 pièces, soit à peine 20 p. 100 de son effectif d'infanterie et moins de 40 p. 100 de son artillerie.

NOTE N° 3

PERTES

Allemande.

Nous donnons avec autant de détails que possible les pertes des différentes unités d'après les historiques. On pourra se rendre compte ainsi de l'action réelle qu'elles ont manifestée. On trouvera quelques différences entre les chiffres que nous présentons et ceux qu'indiquent soit l'ouvrage de Löhlein, soit les relevés du grand état-major, soit d'autres ouvrages. Elles sont, en somme, de peu d'importance. sauf en ce qui concerne les chiffres donnés par Löhlein.

	OFFICIERS (1).		TROUPE.	
	Tués ou blessés.	Disparus.	Tués ou blessés.	Disparus.
1° Brigade von der Goltz.				
30e d'infanterie : 2e compagnie......	»	»	2	1
— 5e —	»	»	2	»
— 6e —	»	»	6	2
— 7e —	»	»	8	1
— 10e —	»	»	2	»
Totaux pour le 30e.......	»	»	20	4
34e d'infanterie : 1re compagnie......	»	»	1	»
— 2e —	»	»	3	»
— 4e —	»	»	4	»
— 5e —	»	»	4	»
— 7e —	»	»	2	1
— 8e —	1	»	25	»
— 9e —	»	»	14	»
— 12e —	»	»	1	»
Totaux pour le 34e.......	1	»	54	1
Artillerie......................	3	»	7	»
Total pour la brigade....	4	»	81	5
2° 4e division de réserve.				
25e d'infanterie : 1re compagnie......	»	»	4	»
— 2e —	»	»	16	1
— 3e —	»	»	3	»
— 4e —	1	»	14	2
— 5e —	5	»	16	»
— 6e —	»	»	18	19
— 7e —	1	»	5	5
— 8e —	1	»	21	5
— 9e —	»	»	20	2
— 10e —	»	»	8	»
— 11e —	»	1	12	24
— 12e —	»	»	4	9
Totaux pour le 25e.......	8	1	141	67(2)

(1) Les Allemands comprennent sous cette rubrique les officiers et les sous-officiers ou employés portant la dragonne d'officier.

(2) Ces totaux, empruntés à l'historique du 25e, paraissent peut-être un peu au-dessous de la vérité. M. le major Kunz donne : officiers (tués et blessés), 9; troupe (tués ou blessés), 158; disparus, 69; total général, 236, au lieu de 217.

	OFFICIERS (1).		TROUPE.	
	Tués ou blessés.	Dis-parus.	Tués ou blessés.	Dis-parus.
Totaux pour le 25ᵉ (*report*)....	8	1	141	67
Landwehr. Etat-major du 2ᵉ régiment............	1	»	»	»
— Osterode............	5	1	75	31
— Ortelsburg...........	»	»	12	6
— Graudenz (3ᵉ et 4ᵉ compagnies)............	»	»	4	1
— Thorn (1ʳᵉ et 3ᵉ compagnies).............	1	»	28	3
— Wehlau.............	4	»	39	12
Totaux pour la landwehr...	11	1	158	53
Artillerie.................	»	»	8	»
Cavalerie.................	»	»	4	»
Ambulance................	»	»	2	8
Totaux pour la division.....	19	2	313	128
3ᵒ *Division badoise*.				
3ᵉ régiment d'infanterie...........	»	»	5	»
Artillerie.................	»	»	1	»
Totaux pour la division....	»	»	6	»
Récapitulation.				
Brigade von der Goltz...........	4	»	81	5
4ᵉ division de réserve.............	19	2	313	128
Division badoise................	»	»	6	»
Totaux...........	23	2	400	133
	25		533	
	558 (1)			

Français.

Nous avons dû nous contenter, pour établir les pertes françaises, de documents relativement incertains. Peut-être, en

---

(1) Les chiffres donnés par Löhlein sont très inférieurs : 424, dont 14 officiers. Il est établi qu'il a commis des erreurs.

dépouillant les archives, plus ou moins complètes à ce sujet, qui existent au ministère de la guerre, arrivera-t-on à des chiffres plus exacts. Ce serait d'ailleurs un travail de pure curiosité.

	OFFICIERS.		TROUPE.	
	Tués ou blessés.	Dis-parus.	Tués ou blessés.	Dis-parus.
1° _18ᵉ corps._				
1ʳᵉ division : 9ᵉ bataillon de chasseurs.	2	»	41	»
— 42ᵉ de marche..........	»	»	20	13
— mobiles du Cher........	2	»	40 (?	»
— 44ᵉ de marche..........	7	1	150	6
— Artillerie.............	»	»	»	»
2ᵉ division : 52ᵉ de marche..........	2	»	66	»
— 92ᵉ de ligne............	2	»	38	1
Totaux pour le 18ᵉ corps....	15	1	355	20
2° _20ᵉ corps._				
1ʳᵉ division : mobiles du Jura........	1	»	50	»
2ᵉ division : 3ᵉ zouaves de marche...	»	»	25	10
— artillerie.............	1	»	(?)	»
3ᵉ division : mobiles des Vosges......	2	1	10	120
— mobiles de la Corse.....	3	11	27	350
— 47ᵉ de marche..........	8	»	117	83
— mobiles des Pyrénées-Orientales...........	2	»	25	»
Artillerie de réserve.............	1	»	10 (?	»
Totaux pour le 20ᵉ corps....	18	12	264	563
3° 24ᵉ corps. — Mobilisés du Rhône.	»	»	15	31
Récapitulation.				
18ᵉ corps......................	15	1	355	20
20ᵉ corps......................	18	12	264	563
24ᵉ corps......................	»	»	15	31
	33	13	634	614
	46		1.248	
	1.294			

ORDRE DE BATAILLE

ARMÉE DE L'EST

Commandant en chef : général de division Bourbaki.
Chef d'état-major général : général de division Borel.
Commandant de l'artillerie : général de brigade de Blois de la Calande.
Commandant du génie : général de brigade Séré de Rivière.
Intendant en chef : intendant général Friant.

18ᵉ CORPS D'ARMÉE.

Commandant : général de division Billot.
Chef d'état-major : colonel Gallot.

1ʳᵉ *division.*

Général Feillet-Pilatrie.

1ʳᵉ brigade.

Colonel Leclaire.

9ᵉ bataillon de chasseurs de marche, X....
42ᵉ de marche, lieutenant-colonel Couston.
19ᵉ mobiles (Cher), lieutenant-colonel de Choulot.

2ᵉ brigade.

Général Robert.

44ᵉ de marche, lieutenant-colonel Achilli.
73ᵉ mobiles (1 bataillon du Loiret, 2 bataillons de l'Isère), lieutenant-colonel de Raucourt.
Artillerie, commandant Alips (3 batteries de 4 : 20ᵉ du 9ᵉ, 13ᵉ mixte du 13ᵉ, 14ᵉ du 13ᵉ).

Génie : 1 section.

13 bataillons : 3 batteries.

2ᵉ *division.*

Contre-amiral Penhoat.

1ʳᵉ brigade.

Colonel Perrin.

12ᵉ bataillon de chasseurs de marche, commandant Villeneuve.

52ᵉ de marche, lieutenant-colonel Quénot.

77ᵉ mobiles (Tarn, Allier, Maine-et-Loire), lieutenant-colonel de Labro.

2ᵉ brigade.

Général Perreaux.

92ᵉ de ligne, colonel Bardin.

Régiment de marche d'infanterie légère d'Afrique (2 bataillons), lieutenant-colonel Gratreaud.

Artillerie, commandant X... (3 batteries de 4 : 22ᵉ du 2ᵉ, 21ᵉ du 9ᵉ, 21ᵉ du 13ᵉ).

1 section du génie : sapeurs du Loiret.

12 bataillons, 3 batteries.

3ᵉ *division.*

Général Bounck.

1ʳᵉ brigade.

Colonel Goury.

4ᵉ zouaves de marche, colonel de Boisfleury.

81ᵉ mobiles (Charente-Inférieure, Cher, Indre), lieutenant-colonel Renaud.

2e brigade.

Lieutenant-colonel Bremens.

14e bataillon de marche (4 compagnies), commandant Bonnet.
53e de marche, lieutenant-colonel Brenières.
82e mobiles (Charente, Var, Vaucluse), lieutenant-colonel Ho-
mey.
Artillerie, commandant X... : 3 batteries de 4 : 21e du 8e, 22e
du 14e, 20e du 15e.
1 section du génie.
13 bataillons, 3 batteries.

Réserve d'artillerie.

Commandant Rossigneux.

2 batteries de 12 : 34e de marine, 35e de marine.
2 batteries de 4 : 21e du 7e,
2 batteries de mitrailleuses : 23e du 15e, garde mobile de l'Isère.
1 batterie de 4 de montagne : garde mobile de l'Isère.

7 batteries (40 pièces).

Division de cavalerie.
Général de Brémond d'Ars.

1re brigade.
Général Charlemagne.

2e hussards de marche, lieutenant-colonel de Pointis.
3e lanciers de marche, lieutenant-colonel Renaudot.

2e brigade.
Général Hainglaise.

5e dragons de marche, lieutenant-colonel d'Ussel.
5e cuirassiers de marche, lieutenant-colonel de Brécourt.

Artillerie : 2 batteries à cheval (16e du 19e, 17e du 19e).
16 escadrons, 2 batteries.
Totaux pour le 18e corps : 38 bataillons, 16 escadrons, 18 batteries.

20e CORPS D'ARMÉE.

Commandant : général de division Clinchant.
Chef d'état-major : colonel Varaigne.

1re *division.*

Général de Polignac.

1re brigade.

Général Logerot.

85e de ligne (2 bataillons), lieutenant-colonel Godefroy.
55e mobiles (Jura, 2 bataillons), lieutenant-colonel de Montravel.
11e mobiles (Loire, 2 bataillons), lieutenant-colonel Poyeton.

2e brigade.

Colonel Brisac.

67e mobiles (1 bataillon, Haute-Loire; 1 bataillon, Haute-Garonne), X....
4e bataillon de mobiles de Saône-et-Loire, X....
24e mobiles (Haute-Garonne, 2 bataillons), lieutenant-colonel de Sarmejane.
Artillerie : 1 batterie de 4 (13e du 3e), 1 batterie de 12 (14e du 13e).
Cavalerie : 2e lanciers de marche (4 escadrons), lieutenant-colonel Basserie.
1 compagnie du génie (mobiles de la Loire).
11 bataillons, 4 escadrons, 2 batteries.

2e *division*.

Général Thornton.

1re brigade.

Général de Seigneurens.

25e bataillon de chasseurs de marche (4 compagnies), commandant Bailly.
34e mobiles (Deux-Sèvres), lieutenant-colonel Rouget.
2e bataillon de mobiles de la Savoie, commandant Dubois.
Francs-tireurs de Bordeaux.

2e brigade.

Colonel Vivenot.

3e zouaves de marche, lieutenant-colonel Bernard.
68e mobiles (Haut-Rhin, 2 bataillons), lieutenant-colonel Dollfus.
Artillerie : 1 batterie de 4 (21e du 6e), 1 batterie de 12 (19e du 12e).
Cavalerie : 7e régiment de chasseurs, colonel de Ricaumont.
1 compagnie du génie (mobiles de la Loire).
10 bataillons, 4 escadrons, 2 batteries.

3e *division*.

Général Ségard.

1re brigade.

Colonel Durochat.

47e de marche, colonel X....
Mobiles de la Corse (2 bataillons), lieutenant-colonel Parent.

2e brigade.

Colonel Simonin.

58e mobiles (Vosges et Meurthe), lieutenant-colonel Muller.

2 bataillons des Pyrénées-Orientales, X....
Artillerie : 1 batterie de 4 (18ᵉ du 14ᵉ), 1 batterie de 12 (23ᵉ du 2ᵉ).
Cavalerie : 6ᵉ cuirassiers de marche, X....
1 compagnie du génie (ouvriers volontaires de Tours).
Francs-tireurs de l'Allier, du Puy-de-Dôme, de Cannes, de Nice.
9 bataillons, 4 escadrons, 2 batteries.

Réserve d'artillerie.

3 batteries de 12 (23ᵉ du 6ᵉ, 14ᵉ du 12ᵉ, 24ᵉ du 12ᵉ).
1 batterie de mitrailleuses.

Totaux pour le 20ᵉ corps : 30 bataillons, 12 escadrons, 10 batteries.

24ᵉ CORPS D'ARMÉE.

Commandant : général de division Bressolles.
Chef d'état-major : lieutenant-colonel Tessier.

1ʳᵉ *division.*

Général d'Ariès.

1ʳᵉ brigade.

Lieutenant-colonel Desvaux du Lyf.

15ᵉ bataillon de marche, X....
63ᵉ de marche, lieutenant-colonel Desveaux du Lyf.
3 bataillons de mobiles (Haut-Rhin, Haute-Garonne, Tarn-et-Garonne), lieutenant-colonel d'Ollonne.

2ᵉ brigade.

(Ne fut pas formée).
Artillerie : 3 batteries de 4 (1ʳᵉ *bis* du 9ᵉ, 2ᵉ montée du 13ᵉ, 3ᵉ de mobiles du Doubs).
1 section du génie.
7 bataillons, 3 batteries.

2e *division.*

Général Comagny (Thibaudin).

1re brigade.

Lieutenant-colonel Irlande.

21e bataillon de chasseurs de marche, commandant Hermier.
60e de marche, lieutenant-colonel Jouneau.
61e de marche, lieutenant-colonel Dauriac.

2e brigade.

Lieutenant-colonel Bramas.

14e mobiles (Yonne), lieutenant-colonel Bramas.
87e mobiles (Lozère, Tarn-et-Garonne, Basses-Pyrénées), lieutenant-colonel Bordier.
Artillerie : 3 batteries de 4 (10e *bis* du 3e, 3e montée du 3e, 22e du 6e).
13 bataillons, 3 batteries.

3e *division.*

Général Carré de Busserolles.

1re légion de mobilisés du Rhône, lieutenant-colonel Valentin.
2e légion de mobilisés du Rhône, lieutenant-colonel Chabert.
89e mobiles (1 bataillon du Var, 1 bataillon de la Gironde), lieutenant-colonel Maréchal.
4e bataillon des mobiles de la Loire, commandant Chalus.
Artillerie : 3 batteries de 4 (7e du 3e, 23e du 8e, 4e montée du 3e).
Cavalerie : 7e régiment de cavalerie mixte, lieutenant-colonel Droz.
9 bataillons, 4 escadrons, 3 batteries.

Réserve d'artillerie.

3 batteries de 12 (24e du 9e, 24e du 13e, 25e du 14e).
1 batterie à cheval (19e du 19e).

De Bourgee.   18.

1 batterie de montagne (?).

Totaux pour le 24ᵉ corps : 29 bataillons, 4 escadrons, 14 batteries.

Réserve générale.

Général Pallu de la Barrière.

Brigade d'infanterie.

X....

38ᵉ de ligne, lieutenant-colonel Courtot.
29ᵉ de marche, lieutenant-colonel Carré.

Brigade de cavalerie.

Général de Boërio.

2ᵉ chasseurs d'Afrique de marche, lieutenant-colonel Gaume.
3ᵉ dragons de marche, lieutenant-colonel Durdilly.
Régiment de marche d'infanterie de marine, lieutenant-colonel Coquet.
Artillerie : 3 batteries de 8.
1 section du génie.
8 bataillons, 8 escadrons, 3 batteries.

Total général pour l'armée de l'Est.

105 bataillons.
40 escadrons.
45 batteries.

XIVᵉ CORPS ALLEMAND

(Extrait.)

Commandant : général de l'infanterie de Werder.
Chef de l'état-major : lieutenant-colonel de Leczynski.

A. *Division grand-ducale badoise.*

Commandant : général-lieutenant de Glümer (depuis le 10
 décembre).
Chef de l'état-major : major Tacts d'Amerongen.

1re brigade.

Colonel de Wechmar.

Grenadiers du corps, lieutenant-colonel Hofmann.
2e régiment de grenadiers (roi de Prusse), lieutenant-colonel
 Stölzel.

2e brigade.

Général-major de Degenfeld.

3e d'infanterie, lieutenant-colonel Krauss.
4e d'infanterie (prince Guillaume), colonel **Bayer.**

3e brigade.

Général-major Keller.

5e d'infanterie, colonel Sachs.
6e d'infanterie, lieutenant-colonel Dern.
Parc du génie, équipage léger de ponts, compagnie de pon-
 tonniers.
Cavalerie : 3e dragons (prince Charles), lieutenant-colonel de
 Gemmingen.

Artillerie divisionnaire.

Lieutenant-colonel de Théobald.

4 batteries lourdes.
1 batterie légère.

Brigade de cavalerie.

Colonel de Willisen.

Dragons du corps, major de Merhart.
2e dragons (margrave Maximilien), colonel **Wirth.**
1 batterie à cheval.

Artillerie de corps.

Major Rochlitz.

3 batteries légères.
1 batterie lourde.

3 colonnes de munitions d'artillerie, 2 colonnes de munitions d'infanterie, 10 batteries.
Equipage de ponts.
3 colonnes d'approvisionnement.
5 colonnes auxiliaires.
1 colonne de boulangerie.
1 ambulance.
5 hôpitaux de campagne,
Etc., etc.
Totaux pour la division badoise : 18 bataillons, 12 escadrons, 10 batteries.

B. *Troupes prussiennes combinées.*

Commandant : général-major baron von der Goltz.

Brigade combinée d'infanterie.

Colonel Wahlert.

30e d'infanterie, lieutenant-colonel Nachtigall.
34e d'infanterie, lieutenant-colonel baron d'Osten-Sacken.

Brigade combinée de cavalerie.

Major de Walther.

2e dragons de réserve, major de Walther.
2e hussards de réserve, major comte de Dohna.

Artillerie.

Major Ulrich.

2 batteries légères de réserve (Ulrich et Riemer).
1 batterie lourde de réserve (Fischer).

3 colonnes de munitions d'infanterie.
3 colonnes de munitions et une réserve d'artillerie.
1 détachement d'ambulance.
Totaux pour les troupes prussiennes combinées : 6 bataillons,
8 escadrons, 3 batteries.

C. 4e *division de réserve.*

(Nous n'indiquons pas les troupes détachées au corps de
siège.)

Commandant : général-major de Schmeling.
Officier d'état-major : major de Kretschmann II.

a) Brigade combinée d'infanterie.

Colonel Knappe de Knappstädt.

25e régiment d'infanterie, colonel de Loos.
2e régiment combiné de landwehr de la Prusse Orientale, colonel de Kranc (bataillons d'Osterode, d'Ortelsburg, de
Graudenz, de Thorn).

b) Appartenant à la 2e brigade d'infanterie de landwehr de la Prusse Orientale, détachée au corps de siège.

Bataillon de Wehlau.

4e brigade de cavalerie de réserve.

Général-major de Treskow II.

5 escadrons des 1er et 3e uhlans de réserve.

Artillerie divisionnaire.

Major de Schaper.

5 batteries de réserve (1 lourde et 4 légères).
1 colonne de munitions d'infanterie.
1 colonne de munitions d'artillerie.
2 hôpitaux de campagne.

1 colonne d'approvisionnement.

Etc., etc.

Totaux pour la 4ᵉ division de réserve : 8 bataillons, 5 escadrons, 5 batteries.

D. *Troupes d'étapes à la disposition du XIVᵉ corps.*

Infanterie.

2ᵉ bataillon (Eupen) du 1ᵉʳ régiment de landwehr du Rhin, major de Schak (6 compagnies).

1ᵉʳ bataillon de chasseurs de réserve (2 compagnies), major de Paczinski-Tenczin.

Cavalerie.

1ᵉʳ escadron du 4ᵉ hussards de réserve.

Artillerie.

1 batterie lourde de réserve prussienne.

1 batterie légère de réserve saxonne.

Totaux pour les troupes d'étapes : 2 bataillons, 1 escadron, 2 batteries.

RÉCAPITULATION.

	Bataillons.	Escadrons.	Batteries.
Division badoise. . .	18	12	10
Troupes prussiennes combinées......	6	8	3
4ᵉ division de réserve.	8	5	5
Trqupes d'étapes. . .	2	1	2
Totaux pour le XIVᵉ corps.........	34	26	20

TABLE DES MATIÈRES

                                                  Pages.

AVERTISSEMENT. 5
BIBLIOGRAPHIE. 15
INTRODUCTION. 17

Iʳᵉ PARTIE.

I. Situation générale vers le 20 décembre. 25
II. Transport et concentration de l'armée de l'Est. 37
III. Premiers mouvements du XIVᵉ corps. — Concentration
    à Vesoul. 43
IV. Les opérations du 30 décembre au 5 janvier. 51
V. La journée du 5 janvier. 70
VI. Les opérations du 6 au 8 janvier. — Les ordres pour le 9. 82

IIᵉ PARTIE.

Le combat de Villersexel.

Description du terrain. 105
I. La première phase. — Enlèvement de Villersexel par
    l'avant-garde de la 4ᵉ division de réserve. 109
II. Les débuts du combat sur la rive droite de l'Ognon. . . . 124
III. La situation sur la rive gauche de l'Ognon jusqu'à
    2 h. 1/2. — L'action des commandants en chef. 145
IV. Le combat de Villers-la-Ville jusqu'à 3 h. 1/2. 158
V. Rupture du combat de Villers-la-Ville. — Préliminaires
    de la première évacuation de Villersexel. 162
VI. Suite et fin du combat sur la rive droite. 170
VII. Offensive des Français et première évacuation de Vil-
    lersexel. 185
VIII. Retour offensif des Allemands et réoccupation de Vil-
    lersexel. 194
IX. Reprise du château par les landwehriens. 200
X. Ordres donnés entre 7 et 8 heures par les généraux en
    chef. 207
XI. Reprise du combat dans Villersexel. — Évacuation du
    château par la landwehr. 213
XII. Le 25ᵉ prussien reçoit l'ordre de rompre le combat. —
    Conquête définitive de la ville par les Français. 221
Épilogue. 231
Observations finales. 233

Notes et annexes.

	Pages.
Note 1. Horaire du combat de Villersexel	244
Note 2. Effectifs	247
Note 3. Pertes	251
Ordre de bataille de l'armée de l'Est	255
Ordre de bataille du XIVe corps allemand	262

Croquis.

No 1. Situation le 3 janvier	64
No 2. Situation le 4 janvier et dans la matinée du 5	72
No 3. Situation le 6 janvier au soir	88
No 4. Situation le 8 janvier au soir	96
No 5. Combat de Villersexel vers 1 h. 3/4	
No 6. Combat de Villersexel entre 4 heures et 4 h. 1/2	168
No 7. Combat de Villersexel vers 5 h. 1/2	
No 8. Situation dans la ville entre 7 h. 1/4 et 7 h. 1/2	204

Paris et Limoges. — Imp. milit. Henri CHARLES-LAVAUZELLE.

CARTE D'ENSEMBLE POUR LES OPÉRATIONS DU 3 AU 10 JANVIER

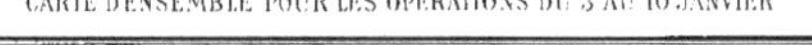

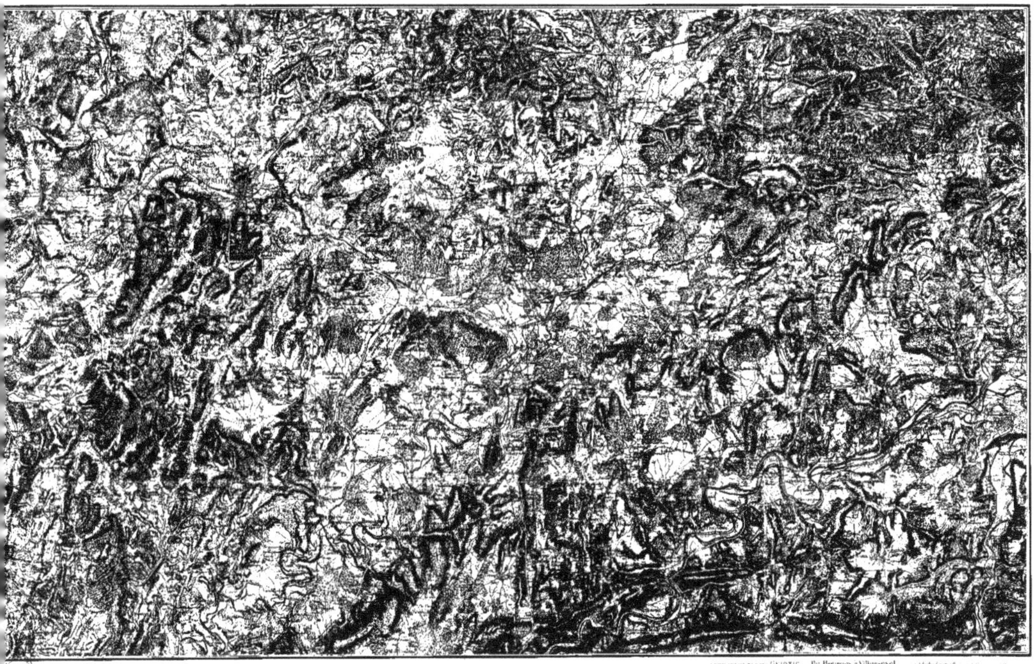

De Bourges à Villersexel